浙大城市学院古典学丛书

古罗马图书馆史

从罗马世界拉丁文学的起源到罗马帝国的私人图书馆

[希]康斯坦蒂诺斯·斯塔伊克斯 著

刘 伟 程洪宇 吕耀龙 译

中国出版集团
研究出版社

图书在版编目(CIP)数据

古罗马图书馆史：从罗马世界拉丁文学的起源到罗马帝国的私人图书馆 / (希) 康斯坦蒂诺斯·斯塔伊克斯著；刘伟, 程洪宇, 吕耀龙译. -- 北京：研究出版社, 2024.3
ISBN 978-7-5199-1637-4

Ⅰ.①古… Ⅱ.①康… ②刘… ③程… ④吕… Ⅲ.①图书馆史 – 古罗马 Ⅳ.①G259.546

中国国家版本馆CIP数据核字(2024)第050177号

出 品 人：陈建军
出版统筹：丁 波
责任编辑：寇颖丹
助理编辑：何雨格

古罗马图书馆史
GULUOMA TUSHUGUAN SHI

从罗马世界拉丁文学的起源到罗马帝国的私人图书馆

[希] 康斯坦蒂诺斯·斯塔伊克斯 著　刘 伟　程洪宇　吕耀龙 译

研究出版社 出版发行

(100006　北京市东城区灯市口大街100号华腾商务楼)
北京云浩印刷有限责任公司印刷　新华书店经销
2024年3月第1版　2024年3月第1次印刷
开本：710毫米×1000毫米　1/16　印张：21.25
字数：326千字
ISBN 978-7-5199-1637-4　定价：89.00元
电话 (010) 64217619　64217652 (发行部)

版权所有·侵权必究

凡购买本社图书，如有印制质量问题，我社负责调换。

序

刘伟博士的译著《古希腊图书馆史》《古罗马图书馆史》等讲述西方文明中图书馆历史的系列图书出版在即,邀我作序。我对古希腊罗马哲学与文化有些研究,亦深感近年来该研究领域新著迭出,故欣然命笔,写下些许文字,充为小序。

我与希腊著名历史学家斯塔伊克斯(Konstantinos Sp. Staikos)先生有过实际的合作。2015年3月,斯塔伊克斯先生到访清华大学,我有幸与他促膝长谈。这次短暂交流的直接成果是我于当年翻译了他的专著《书籍与理念:柏拉图的图书馆与学园》(*Books and Ideas: The Library of Plato and the Academy*, Athens, Oak Knoll Press, 2013),并由人民出版社出版。2015年10月我去雅典访问,有幸得到帕夫洛普洛斯总统(Προκόπης Παυλόπουλος)的接见。我把这本译著作为礼物赠送给了总统先生。2019年11月12日,我接到斯塔伊克斯先生的邮件。他说:"亲爱的王先生:我很高兴地告诉你,在中华人民共和国国家主席访问雅典期间,希腊总统把中文版的《书籍与理念》作为礼物赠送给了主席先生,我们用手工技艺把这本书重新做了装潢,用了羊皮纸作封面,书名烫了金字。"看到自己所做的学术工作能起到增进两国人民之间相互理解与互信的作用,我心里当然是很高兴的。

我是刘伟博士在清华大学哲学系做博士后研究时的合作导师(2015年9月—2017年7月)。刘伟博士后来去雅典访问,结识了斯塔伊克斯先生。斯塔伊克斯先生的学术成就主要是历史学科的,著有六卷本的皇皇巨著《西方图书馆史》(*The History of the Library in Western Civilization*, Vol I-VI, Athens, Oak Knoll

Press, 2004—2014)。刘伟博士出于对希腊古典学的浓厚兴趣,承担了翻译这些著作的重任。

我们在大学里工作,研究古希腊罗马哲学与文化是我们的职业,更是我们的志业。我们知道,公元前5世纪前后是人类社会发展的"轴心时代"。在这一时期,中国、希腊、印度等地都出现了伟大的思想领袖,在中国有老子、孔子,在希腊有苏格拉底、柏拉图,在印度有释迦牟尼。他们都对人类关切的根本问题提出了独到的见解,为其所属的文化传统的进一步发展奠定了方向。他们是思想家,也是哲学家,他们的思维方式给后人打下了深刻的烙印。他们的思想是人类宝贵的精神财富,值得我们花大力气去研究和推广。

习近平总书记指出,当今世界正经历百年未有之大变局。在当前的国际形势之下,加强中希文化交流具有十分重要的现实意义。中国与希腊同为文明古国,中国文化是东方文化的典范,希腊文化是西方文化的代表。这两种古文明发展到20世纪中叶,都面临着复兴本民族文化的重大任务。在这个意义上,中国与希腊可以互为镜鉴,可以从对方的文化传统中吸取有益的思想养料,促进本民族文化的转型与更新。中希文化交流的思想意义就在于此。

中希文化交流是文明互鉴的典范。中国与希腊建交49年来,两国人民之间保持着密切的来往。在全球化的大背景下,中国与希腊这两个有着悠久历史的伟大民族在新时代实现了全面互通,展现出中希两个伟大古老文明的和合之美。古老、灿烂、伟大的文明将两国人民的心紧紧联系在一起。中希两国人民对自身丰厚的文化根脉倍感自豪,对优秀传统文化的当代价值倍加珍惜。中国和希腊积淀千年的智慧孕育了两国顺应历史潮流的政策主张。双方发挥各自文化底蕴优势,共同打造不同文明以及各国人民和谐共处之道。

序

中希友好不仅是两个国家之间的合作，更是两大文明的对话。中国和希腊都坚决反对所谓"文明冲突论"，认为真正的文明之间不会发生冲突、制造隔阂，而会交流互鉴、和谐共存。无论是中国的历史文化传统，还是当今中国开放、进步、发展的事实，中国都有力回击了"文明冲突论"和"国强必霸论"。如果世界各国都秉持这样的理念，人类前进的道路将越走越宽广。

人文基础学科研究是人文交流的前提。中国学术界要通过深入广泛的人文交流，推动不同文明和国家包容互鉴，让古老文明的智慧照鉴未来，为促进世界和平繁荣、构建人类命运共同体作出应有的贡献。这就是刘伟博士这些论著的理论意义和现实意义。

是为序。

王晓朝

2021年7月5日

于浙大城市学院

目 录
CONTENTS

罗马文明的希腊根基
——关于早期拉丁文学发展的传说和传统 / 001
- 从希腊化世界到罗马的书籍世界 / 003
- 历史背景 / 008
- 拉丁文学的开端 / 011
- 早期的罗马历史编纂学 / 013
- 零星的书面记录 / 014

从李维乌斯·安德罗尼柯到西庇阿的圈子
——拉丁文学的起源及其对罗马文化生活发展的影响 / 019
- 李维乌斯·安德罗尼柯和第一个双语图书馆 / 021
- 恩尼乌斯：罗马的希腊诗人 / 025
- 普劳图斯的新喜剧 / 032
- 罗马戏剧的世界 / 035
- 加图时期的政治和社会动荡 / 039
- 贵族中的亲希腊圈子 / 043
- 培拉图书馆对罗马思想的影响 / 045
- 奥古斯都统治时期的教育和文化 / 047

从瓦罗到西塞罗
——私人图书馆与共和国末期的图书贸易 / 051

瓦罗的图书馆 / 054

语法学家的图书馆 / 058

一个"公共"图书馆:卢库鲁斯的例子 / 063

学术兴趣和米特拉达梯六世的图书馆 / 066

最早的私人图书馆:从西塞罗到阿提库斯 / 068

西塞罗别墅里的藏书 / 073

西塞罗的图书馆是如何组织起来的 / 074

书籍的交换 / 076

阿提库斯:西塞罗的出版商? / 077

阿提库斯的图书馆 / 084

作为"出版商"的阿提库斯 / 088

书籍之路 / 089

西塞罗时代有书店吗? / 090

凯撒时代
——罗马第一批公共图书馆与帝王、作家及其著作的关系 / 093

奥古斯都神 / 096

马凯纳斯的圈子和帝国的审查制度 / 097

奥古斯都与新文学 / 100

关于罗马第一个公共图书馆的事实 / 107

凯撒的第一批图书馆 / 109

| 提比略的图书馆 | / 115 |
| 公共阅读 | / 118 |

书籍的世界
——从公元1世纪到公元4世纪的广场图书馆和浴场图书馆 / 125

罗马的出版商和书商	/ 127
版本和知识产权	/ 135
文学赞助人	/ 140
诗人与出版的危害	/ 143
帝国议事广场的图书馆	/ 145
多米田和他对书籍的态度	/ 147
知识分子的环境与图拉真图书馆	/ 149
罗马皇家公共浴场图书馆	/ 154
尼禄浴场里的图书馆	/ 155
图拉真的浴场图书馆	/ 155
卡勒卡拉的浴场图书馆	/ 156
戴克里先的浴场图书馆	/ 156
罗马和各行省的私人图书馆	/ 158
伟大的罗马收藏家	/ 163

罗马帝国统治下的图书馆
——意大利和罗马各行省的公共和私人图书馆 / 171

| 意大利各行省的图书馆 | / 173 |

庞贝的图书馆	/ 174
赫丘兰努的帕比里庄园	/ 176
东罗马各行省的图书馆	/ 179
作为地中海"文化部长"的皇帝	/ 189
哈德良在雅典的图书馆	/ 194
哈德良在蒂布尔的图书馆	/ 200
哈德良别墅里的希腊语和拉丁语图书馆	/ 201
罗马文明博物馆图书馆	/ 203
亚历山大里亚的哈德良图书馆	/ 206
爱利亚·卡皮托林纳的档案图书馆	/ 206
塞萨洛尼基的公共图书馆	/ 208
希腊的私人图书馆	/ 210
狄翁的私人图书馆	/ 212
治疗中心的图书馆	/ 213
尼都斯的公共图书馆	/ 215
科斯的阿斯克勒皮厄姆图书馆	/ 216
埃皮道伦的阿斯克勒皮厄姆图书馆	/ 218
帕伽玛的阿斯克勒皮厄姆图书馆	/ 218
萨加拉萨斯的图书馆	/ 220
腓立比的公共图书馆	/ 224
卡里亚的图书馆	/ 226
北非的图书馆:塔穆加迪的图书馆	/ 229
迦太基的图书馆	/ 232
布拉雷吉雅(Bulla Regia)的公共图书馆	/ 234

帝国北部各行省有图书馆吗？ / 235

图书馆建筑
——罗马图书馆的类型、装饰、设施及其组织方式 / 239

罗马建筑的先行者 / 241
罗马的两位希腊建筑师 / 244
最早的罗马建筑师 / 245
维图维乌和奥古斯都统治时期的其他建筑师 / 247
帝国时代的建筑师 / 249
尼禄的建筑师塞维卢斯和凯莱尔 / 250
多米田的建筑师：拉比利乌 / 250
大马士革的阿波罗多洛斯的影响 / 251
建筑师皇帝 / 252
图书馆设计的基本规则 / 253
图书馆中的图书保护规则 / 254
大型图书馆的特征 / 256
奥古斯都、屋大维和多米田的双语图书馆 / 256
罗马帝国图书馆的类型 / 258
内部的设计与装饰 / 259
书柜 / 262
大型图书馆的巴洛克建筑特征 / 264
图书馆管理和日常工作 / 267

希腊罗马世界的图书馆
——从前苏格拉底时期到罗马帝国晚期　　　　／ 271

索引　　　　／ 277

后记　　　　／ 325

罗马文明的
希腊根基

——关于早期拉丁文学发展的
传说和传统

从提多拱门俯瞰
罗曼努姆广场

从希腊化世界到罗马的书籍世界

公元前47年,朱利乌斯·凯撒(Julius Caesar)占领了亚历山大里亚,推翻了最后一个继业者(*diadochi*,亚历山大大帝的继承者),将整个埃及并入罗马帝国。罗马真正的"书籍文化"可以追溯到这一时期。正是在这个历史转折点之后,罗马建立了第一批公共图书馆。就像很多文化习俗的传承一样,罗马人既借鉴了希腊人制作书籍的方式(如莎草纸书籍,但绝大多数由拉丁文写成),也继承了希腊人公共图书馆的建筑风格。

尽管从公元前4世纪中叶到公元前2世纪末期,各个希腊化的文化中心生产了成千上万卷的莎草纸书籍,但是人们对制作和出版这些书籍的行业体系却知之甚少。这主要归因于希腊古典时期和希腊化时期的写作和文学研究有着学院化和赞助制的特点,主要的哲学家、诗人和语法学家以及文人、科学家大多都附属于像柏拉图学园、吕克昂学园和斯多葛学派这样的哲学学校,或是附属于像亚历山大博物馆、帕珈玛图书馆和安提阿图书馆这样的皇家机构。在罗马世界(这里指从公元前3世纪到公元5世纪初罗马控制或影响下的疆域),生产和发行书籍的方法——"出版方式",以及文学作品的推广和决定出版作品性质的因素与希腊流行的出版理念完全不同。

然而,即使是在罗马世界,与图书出版和图书贸易相关的资料也是残缺不全和不成体系的。在奥维德(Ovid)和马提亚尔(Martial)时期(公元前1世纪)也是如此,当时文学作品的数量迅猛增长,人们可以以"世界文学"的名义进行创作，这两位诗人的读者群体范围甚广，包括从不列颠到黑海的书籍爱好者。一个不争的事实是，许多伟大的公共图书馆和私人图书馆是在罗马时期建立的，其中大部分在罗马。最早的文学圈子是在公元前2世纪中叶出现的，在对希腊的战役之后，罗马人获得了大量的战利品，在这些战利品中有许多书籍，学者往往会把这些书籍收集起来。

事实上，罗马世界在书籍的相关问题上已经具有了新的理念和习俗：从奥古斯都统治时期起，有地位或有抱负的作家要求保护知识产权，其中，"公开朗诵"（recitatio）是书籍出版的第一步，也是作家获得认可的重要方式。"这种程式化的文学"在希腊是未知的，而罗马人却在文学作品和其他体裁作品的发行和销售方面都进行了一些创新。[①]然而，据我们所知，尽管从西塞罗时代起，罗马和其他各行省的很多地方不仅有书店，而且还有编辑、抄写和出版中心（如贺拉斯和马尔西亚所述），但我们几乎没有证据证明它们拥有合法的地位。例如，我们并不知道作家和书商或出版商之间有着怎样的业务交流和往来，也不知道出版商在向罗马的主要图书馆或分散在罗马统治下的各地区的学术中心的其他图书馆提供书籍方面扮演了怎样的角色——我们必须记住，公元4世纪，仅罗马就有29个公共图书馆[②]。罗马帝国各地区现存的图书馆遗迹和废墟，证明了它们藏书的数量之多：雅典的哈德良图书馆、以弗所的凯尔苏图书馆和亚历山大里亚的奥古斯都图书馆都是这样的。然而，我们可以通过许多史实和典故追溯古希腊和罗马世界之间"图书之路"的形成路线，并由此推断在罗马帝国最遥远角落的图书贸易中心是否还存在其他路线。

在西塞罗写给阿提库斯的信中清楚地表明，公元前1世纪，在罗马贵族（patrician，旧时的罗马世家，大部分是那些祖先在过去曾经担任过执政官

---

① 大多数罗马作家来自外省：已知在罗马出生的只有卢克莱修（Lucretius）和朱利乌斯·凯撒（Julius Caesar）。
② 这是普伯里乌·维克特（Publius Victor）在描述君士坦丁大帝（Constantine the Great）统治时期罗马地区时给出的数字。

身份的人。元老院中的成员最后多半成为贵族）中，建立私人图书馆的想法已经得到了很好地发展。此外，他还告诉我们，不仅在罗马，在许多其他为罗马利益服务的城市里，都有图书交易的组织和场所。此外，从这些书信中，我们还了解到，在声誉良好的私人图书馆以及后来公共图书馆的建设中，作为图书馆馆长和图书馆馆员，希腊人起到了非常重要的作用。西塞罗至少有七个图书馆，每座别墅中各有一个（在阿皮尔诺、图斯库兰、安齐奥、福米埃、庞贝城和其他地方）。从那时起，几乎每一个罗马贵族和知识分子都拥有一个与他们的社会地位相称的图书馆，图书馆一般建在他们的私人别墅中，这已经成为一种社会地位和身份的象征。

另一个有助于私人"双语图书馆"（*diplobiliothecae*，即那些既有希腊语作品，也有拉丁语作品的图书馆）形成的促成因素是罗马的教育体系。罗马世界的教育最显著的特征是极端的保守主义，尽管西塞罗和昆提里安努力使其变得更加"自由"，但这种保守主义依然积重难返，难以改变。即使在公元5世纪，罗马学校仍然是仿照希腊化时期的学校模式来组织的，学生们还是要同时学习希腊语和拉丁语。"你应该同时掌握两种语言"，克劳狄皇帝曾对一个外国人这样说。在笔试中获奖的学生，通常会获得珍贵且稀有或具有很高价值的书籍作为奖赏，因此，他们在很小的时候就意识到拥有私人图书馆的重要性，以及图书馆在帮助他们拓宽知识方面所起到的作用。

那些比较富有的罗马人一般都会把他们的孩子送到希腊（通常是去雅典，后来也去罗德岛）深造。从公元前2世纪中叶起，有许多希腊修辞学家和哲学家来到罗马生活和工作，他们在罗马创办了私立学校，形成了各种类型的文学团体，他们中的许多人拥有收藏希腊书籍的图书馆。这些希腊人包括利维乌斯·安德罗尼柯、昆图斯·凯西留斯·伊庇鲁特、塔壬同（Tarentum，今意大利的塔兰托城）的卢西乌斯·克拉西昔乌·帕西尔斯（Lucius Crassicius Pasicles）、提拉尼奥、马卢斯的克拉底（Crates）、卢西乌斯·阿泰乌斯·普拉特克斯（Lucius Ateus Praetextatus）和阿佛洛狄西亚的斯利伯纽（Scribonius）等。

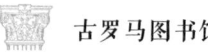

当卢西乌斯·艾米留斯·保卢斯·马其顿（Lucius Aemilius Paullus Macedonicus）在公元前168年决定把他从培拉的马其顿皇家图书馆中作为战利品劫掠来的书籍送给他的儿子们时，我们认为这不仅仅是一种象征性的姿态，更是一种非常务实的行动，因为这不仅为他儿子们的教育提供了帮助，而且也有助于更多的公众进行阅读。后来，正如我们看到的那样，这些精美的藏书成为罗马第一个公共图书馆书籍的核心组成部分。

那么，在古代，图书出版是一个无计划的和随意的过程吗？究竟在何种程度上，我们可以谈论受法律保护或基于道德传统的知识产权？甚至是某种书面形式的权利转让，如遗嘱。事实上，据我们所知，当时的出版行业没有任何通行的标准，这意味着拉丁语作家的写作基本上都是私事，它掌握在一群学者和一些小团体手中，或者，通常情况下，它仅仅是皇帝的随从抑或是皇帝本人所操控的政治宣传工具。当然，也有诗人深知诗歌对于受过教育的读者的作用，以及作家对自己作品的积极态度，他们期待自己的作品出版时能够广受好评，并可以通过阅读使人类精神永垂不朽。然而，总的来说，罗马作家更感兴趣的是看到他们的作品受到公众的欢迎和褒扬，而不是只是听到所谓的建设性的（可能是刻薄的）评议。

在古罗马的书籍世界中，公共图书馆扮演着特别重要的角色，它最初附属于神庙，后来附属于公共浴场，并处于皇帝的绝对控制之下。尽管从公元前1世纪开始，图书馆的数量迅速增多，但人们对它们的组织和使用规则却仍然知之甚少。例如，图书馆有着怎样的内部规定？是否出借图书？图书馆中是否保存着一个作家的多部抄本？图书馆用什么方法来添置新书和了解最新图书出版的状况？公元前1世纪奥维德被流放时，他的作品也随之统统从公共图书馆的书架上撤下来，从这一点可以明显看出，皇帝已经对帝国图书馆的图书内容进行了控制和审查。[①]

---

① 奥维德在公元前8年被奥古斯都流放，根据一项法令，他被流放到黑海的托弥（Tomi），可能在今天的罗马尼亚。据说，他被流放的原因是他的代表作《爱的艺术》（*Ars amatoria*）中包含许多"不道德"的因素，但真正的原因已无从考证。

对于书商的缮写室和"抄写员"(*tachygraphi*)来说,一个永不枯竭的源泉是各图书馆对新书持续不断的需求,因为除了乌尔比亚图书馆(Bibliotheca Ulpia)以外,罗马几乎所有的图书馆都曾被大火烧毁。多米田(Domitian)皇帝不仅重建了那些被烧毁的图书馆,而且还对帝国图书馆的书籍收集产生了浓厚的兴趣,他曾专门派遣手法熟练的抄写员到亚历山大里亚的博物馆抄写已经丢失的作品。

从早些年开始到公元5世纪,罗马文明发展的一个显著特征,就是其对双语文化的延续,这种现象在罗马公民的日常生活中更为明显,正如古罗马诗人贺拉斯(Horace,公元前85年—公元前8年)所言:"被征服的希腊,征服了它的征服者。"李维乌斯·安德罗尼柯(Livius Andronicus)曾把《奥德赛》翻译成拉丁文,从他那个时代,罗马世界第一个双语图书馆的建立,一直到公元5世纪,希腊语和拉丁语书籍都是独立存放的,所有的图书馆,无论是公共的还是私人的,都坚持"双语图书馆"的传统。这两种书籍的单独存放在一定程度上证明了希腊文明和罗马文明从来没有真正融合在一起,尽管人们经常引用希腊文学、希腊演讲以及希腊谚语和俗语——不仅在文学艺术中,而且在日常生活中也是如此——它不断提醒罗马人,他们从希腊文明中继承下来了厚重的遗产。正如西塞罗在公元前66年所评论的那样:"希腊诗歌在所有民族中被广泛阅读,而拉丁语则受其自身特点的限制,阅读范围很窄。"对希腊文明的依赖如此之重,以至于维吉尔在回击他的诋毁者指控他从荷马那里盗取了资料的辩词中说:"窃取荷马的一行字比从赫拉克勒斯那里窃取一根棍子还要难。"

正如昆提里安所言,在寻找罗马第一个私人图书馆的建立和公元前3世纪开始的图书贸易原因的过程中,我们必须牢记一些关于罗马知识分子普遍生活状况的事实,但同时也必须承认我们对某些事情的无知。

历史背景

应该强调的是，在罗马人开始发展自己的真正的文学体系与希腊文学并驾齐驱之前，他们已经花了大约500年的时间参与战争扩张，这种扩张起初只是在意大利半岛，后来又到了更远的地中海地区。尽管他们第一次接触希腊文明是在意大利本土，但从公元前8世纪初开始的许多个世纪，在古典时期和希腊化时期的伟大文化中心，如雅典、帕伽玛和安提阿，直到公元前240年，几乎没有人敢冒昧地用文学的形式记录罗马知识分子的生活。

第一个探索地中海西海岸的并不是古典时期的希腊人，而是在他们之前就曾远航至西西里岛和南意大利的迈锡尼探险家。他们甚至可能早在公元前1400年就在塔壬同建立了贸易站，并在该地区进行商贸往来，这种商贸往来大约持续了300年，直到迈锡尼文明崩溃。腓尼基人随后开始在北非和西西里岛的地中海沿岸进行勘探和定居，并可能在最北边的埃图利亚（Etruria）海岸（托斯卡纳）进行贸易。然而，到了公元前6世纪，腓尼基人在意大利的贸易减少了，他们的文化影响力也随之减弱。

从公元前8世纪初到公元前6世纪末，希腊人在西西里岛和意大利南部建立了许多殖民地，一端从塔壬同一直延伸到那不勒斯湾，另一端从亚得里亚海一直延伸到哈得里亚（Hadria）。以这些殖民地为基础，他们又拓展了与意大利北部地区的贸易，最远处甚至到达伊拙斯康的边界地区。这些贸易往来，不仅涉及陶器和家用器具的销售，而且还涉及其他商品的交易，如葡萄

• 1856年在卡西里（Caere）发现的科林斯式双耳细颈瓶。细颈瓶的上半部分画的是赫拉克勒斯正在参加国王的宴饮

树和橄榄树的培育和种植。因此，他们建立了非常稳固的贸易路线，一条从塔壬同延伸到亚平宁（Apennines），另一条从库迈经拉丁姆（Latium）延伸到托斯卡纳海岸和阿尔诺河（River Arno）腹地。事实上，有一个名叫德玛拉图（Demaratus）的希腊人，他是一个出身高贵的哥林多人，与罗马早期的国王有血缘关系。德玛拉图曾带着一些希腊陶工和花瓶画家从哥林多来到埃图利亚，最终在塔尔奎尼亚（Tarquinia）定居下来，在那里他娶了一位伊拙斯康贵族女子。据说，他们的儿子搬到了罗马，登上了王位，也就是塔奎纽斯·普利斯库（Tarquinius Priscus，公元前616—公元前579年）。这个故事反映了希腊人和伊拙斯康人之间多年来发展起来的密切关系，以及希腊文化对拉丁姆人（Latium）的影响。

公元前3世纪中叶，在一系列决定性的战争之后，罗马人开始在地中海地区扮演重要的政治角色。公元前510年，罗马人在与伊拙斯康人的战争中占据上风，并占领了罗马，在那里建立了寡头政府，最后，他们打败了包括萨宾人、奥斯坎人（Oscans）和萨莫奈人在内的各个敌对部族。公元前4世纪早期，罗马人受到了来自北方的掠夺者的威胁，他们将这些掠夺者称为高卢人。掠夺者于公元前391年洗劫了除卡皮托利山（Capitol）之外的大部分地区，但此后他们又被赶回伦巴第（Lombardy）以外的地区。

罗马人巩固了他们在拉丁姆的地位，征服了埃图利亚（公元前282年）和塔壬同（公元前272年），与各继业者王国（包括托勒密王朝的埃及）建立了外交关系。公元前241年，他们在第一次布匿战争中取得胜利，在与迦太基人的第二次对抗中，他们战胜了西班牙（公元前206年）。九年之后，即公元前197年，弗拉米纽斯在锡诺斯克法莱（Cynoscephalae）击败了马其顿的腓立五世。公元前168年，艾米留斯·保卢斯（Aemilius Paullus）在皮德纳（Pydna）击败了珀耳修斯（Perseus），马其顿被罗马吞并，成为罗马的一个行省。公元前133年，帕伽玛的阿塔路斯三世在他的遗嘱中将王国割让给了罗马。

公元前100年，罗马征服了整个伊比利亚半岛，凯撒的征服战争吞并了

| 古罗马图书馆史 | 从罗马世界拉丁文学的起源到罗马帝国的私人图书馆

• 前罗马时期意大利和西西里岛的地图

高卢。与此同时，本都、庇提尼亚、西里西亚、犹太地（Judaea）、塞浦路斯、克里特岛、努米底亚，最后，甚至埃及都被罗马所吞并。地中海真正成为"我们的海"（Mare Nostrum），罗马成为整个帝国的首都，一个拥有自己语言的希腊化世界的"一部分"。

在扩张的过程中，大量的艺术珍宝和文化珍宝作为战利品在罗马不断地集聚起来，其中大部分来自各希腊王国。这为富有阶层的出现铺平了道路。他们有着良好的组织纪律，擅长管理新发现的财富和罗马管辖之下的庞大领土。这个阶层中的一部分成员沉浸在希腊文化传统中，因为希腊语是整个东地中海地区公认的通用语，因此，也是每个参与公共事务的人所必需的基本工具。

拉丁文学的开端

今天，我们没有任何一段来自公元前3世纪以前的可以称之为散文或诗歌的文学作品。假设这种文学确实存在的话，我们不得不相信西塞罗的话——他曾经努力尝试去发掘有多少这样的文学作品——他说这些早期的文学作品是人们能想象到的最枯燥干瘪文字的拼凑，没有任何文体上的价值。但是，帝国早期的学生们可能已经接触到了某个历史时期的著作，就像意大利其他说拉丁语的民族一样，这个历史时期的罗马人已经开始为后世的人们保存一些关于各种人物或事物的记录。所有这些文本，尽管用不同的方言书写，但使用的却都是相同的字母：这些字母都是从希腊人那里借来的。

据老加图（Cato the Elder）说，除了那些很难确定具体日期的早期书面记录之外，意大利还有一种流行的民间诗歌，这种民间诗歌主要是通过口述的方式流传下来的，这些诗歌可以用来创作史诗。即使这些民族（包括早期的罗马人）的民间诗歌还没有上升到文学作品的水准，但他们肯定知道如何阅读和写作，可以用诗歌的形式来创作虚构的故事，他们习惯于向神吟诵优美的圣歌,并在彼此之间唱歌嬉闹。此外,这些民族花了很长时间来发展自己的语言,使之成为一种适合文学创作的载体,同时,他们对来自下意大利(Lower Italy)的各种希腊语"文学"体裁非常熟悉。希腊语的影响是显而易见的,比如,在古典时期早期的亚提拉闹剧(Atellan farce,这是一种很短的闹剧,最初在罗马南部地区发展起来。它的故事大多是在讽刺时事,人物大约有几种特定的类型,如丑角、贪吃的食客或傻瓜等),这些闹剧可能来自坎帕尼亚(Campania),这个地区曾受到过在塔壬同比较流行的滑稽娱乐,如菲力雅士剧(phlyax)的影响。在公元4世纪的陶瓶上就有这样的菲力雅士剧绘画。菲力雅士剧具有"下等表演"的特点:虽然粗俗、下流,但却十分可笑,充满欢乐的气氛,具有强烈的喜剧色彩。它的风格与亚提拉闹剧有一些共通之处。具有类似文学价值的是"粗俗诗歌"(versus Fescennini),也许它是用某种韵律写成的,主要在各种凯旋仪式、婚礼或节日庆典上吟唱。最重要的前文学抒情诗是一首歌,它起源于祈求神灵庇护社群的古老仪式(有一首曾被奥古斯都改编),其中,最为人所熟知的就是"阿瓦尔兄弟之歌"(Song of the Arval Brethren)。尽管这首诗歌是由词语简单堆砌起来,为演唱而创作的,但它每行都带有表示节奏的韵尾,因此,表演起来的时候还是非常有意思的。

许多前文学的曲目,包括可以追溯到李维时期的民歌和远古神话以及牧师兄弟会唱的圣歌,现在都消失了。我们对早期"文学"认识的鸿沟,以及它们的影响和能够代代相传的方式都是不理解的,因为直到

• 在意大利发现的细颈瓶,刻有希腊铭文(Ευλιν[ος])

非常晚近的时期，罗马人才开始记载它们的历史。

早期的罗马历史编纂学

所有早期的罗马历史学家都用希腊语写作，之所以如此，可能他们是为了向讲希腊语的公众宣传罗马人的成就，这就是为什么"历史"是一种文学体裁，当时几乎没有一位作家冒昧地用拉丁语写作，第一位这样的历史学家是昆图斯·法比乌斯·庇克托尔（Quintus Fabius Pictor），他在公元前3世纪末写作，在他的著作中，主要记录了罗马人的历史，从罗马的建立（根据他的计算，可以追溯到公元前747年）到第二次布匿战争时期，此外，庇克托尔还借鉴了希腊的很多资源，如赫拉尼库斯、希洛尼谟、拉栖代蒙的凯瑞阿斯（Chaereas）和索绪卢斯（Sosylus）。第一位用自己的语言拉丁文写作的罗马历史学家是监察官老加图，他在其著作《起源》（Origines）中描述了古罗马的历史。从老加图（于公元前149年去世）时代到苏拉时代的编年史学家和盖乌斯·李锡尼·玛凯尔（Gaius Licinius Macer，公元前1世纪），现存最重要的著作是以书籍形式出版的编年史，这些编年史可能是由普伯里乌·穆西乌斯·斯卡沃拉（Publius Mucius Scaevola）倡议出版的，标题为《大年代记》（Annales Maximi）。

两位编年史学家对罗马早期历史进行了最详尽的记载，分别是用拉丁语写作的李维和用希腊语写作的狄奥尼修斯。李维花了40余年的时间完成了他的鸿篇巨制，共分为142卷，他主要记录了从罗马建立一直到他自己时代的罗马人民的历史。手稿的标题是《建城以来史》（Ab urbe condita）。其中，大部分都已经丢失了，只有第1卷到第10卷和第21卷到第45卷幸存了下来。来自哈利卡尔纳苏斯的狄奥尼修斯在他的《罗马古代史》（Antiquitates Romanae）中记录了从罗马建立到第一次布匿战争结束（公元前241年）时期的历史。这部著作有10卷被完整保存了下来，第11卷也被保存了下来，但有一些不完整的地方。尽管他给我们提供了大量在别处找不到的信息，但他对早期编年史和其他资料来源的可靠性缺乏判断力，并因此散播了许多真实性值得商榷的"史实"。

我们从对罗马历史的简要回顾中得出的结论是，当罗马人在大约公元前200年开始书写他们的历史时，也就是塔奎纽斯·普利斯库（公元前616—公元前579年）统治后的四百年，他们书写的只是一种介于神话和流行传统之间的历史。这些早期的编年史大多已经遗失，或者只以残缺的形式存在，李维和狄奥尼修斯的作品是我们了解罗马历史的主要来源。然而，正如我们前面所提到的，他们的很大一部分作品遗失了，因此，在书面传统中存在着巨大的空白，这一点并不奇怪，甚至在西塞罗时代就存在这样的情况。当然，对于这些空白，人们有许多不同的解释和猜想。

零星的书面记录

至公元前3世纪中叶，在第一批罗马作家创作标志着拉丁文学开端的书籍之前，很多关于人物与事物的信息都被记录在各种无机或有机材料上。甚至还有一些可以追溯到努玛·庞皮留斯（Numa Pompilius）时代保存下来的记录。努玛·庞皮留斯是一位牧师，他后来继承了罗莫洛（Romulus）的王位，这一时期大概可以追溯到公元7世纪初。

根据老普林尼在其《自然史》（*Natural History*）中记载，卡西乌斯·海米娜（Hemina）在编年史中有一段话，在普伯里乌·高奈留·凯塞古斯（Publius Cornelius Cethegus）和马库斯·拜庇乌斯·坦皮鲁斯（Marcus Baebius Tamphilus）做执政官期间（公元前181年），有一位名叫特伦提乌斯（Terentius）的抄写员在雅尼库卢（罗马城中的一小丘，在台伯河左岸）山脚下发现了努玛的石棺，里面存放着很多莎草纸卷。哈利卡尔纳苏斯的狄奥尼修斯还说，罗马第四任国王安库斯·玛修斯（Ancus Martius，公元前642—公元前617年）收集了很多记录在橡木板上的努玛的与法律事务相关的文本，并把这些文本粘贴在公共场所。

根据狄奥尼修斯的说法，最后，这些木板上的字迹变得模糊且难以辨认，因此，在国王被驱逐（公元前510或公元前509年）之后，"一位祭司长，所有祭司的首领（祭司团长）格奈乌斯·帕皮留斯（Gnaeus Papirius）又重写了这些文字"。此外，还有另一个书面文本的法律，即"十二铜表法"（duodecim tabulae）。根据古代的传统，罗马的法律最早是在公元前450年由十人团（decemviri，古代罗马由十名行政官员组成的委员会）编纂的，然后经过民众

• 《哈利卡纳塞斯狄奥尼修斯》

大会（acta populi）批准，张贴在广场上的十二块橡木板或石板上。根据李维的记载，在该立法项目完成前三年，罗马人派遣了一个代表团前往希腊进行实况调研，主要调研的是希腊城邦的法律。这个故事也许是真实的，因为我们知道希腊人一般都会写下并编纂他们的法律，尤其是（但不仅是）民主城邦更是如此。

除了法律之外，还有一些早期的散文作品，主要是一些档案，如官方的公共记录、治安官名单、将领的凯旋庆典记录，以及出生、结婚和死亡登记册、重大事件记录、年鉴、节日日历等。后来，民众大会通过的决议被刻在铜版上，并被保存于萨图恩神庙（Templeof Saturn）。根据李维的说法，从公元

- 努玛·庞皮留斯(Numa Pompilius, 罗马的第二位国王, 公元前715年—公元前673年) 和安库斯·玛修斯 (Ancus Martius, 罗马第四位国王, 公元前642年—公元前617年)

- 女神刻瑞斯

前449年起, 元老院(*senatus consulta*)的法令抄本就保存在阿文廷山河畔的刻瑞斯谷神庙(Templeof Ceres)中。塞维乌斯告诉我们, 不知道从什么时候开始, 祭司团长(Pontifex Maximus)必须在一个刷白的板上记录下治安官的姓名, 以及他们生活中的一些重要事件, 有点类似于日历或记事簿。在普伯里乌·穆西乌斯·斯卡沃拉(Publius Mucius Scaevola)的倡议下, 所有这些石板和木板都被编纂收集起来, 被抄写成80卷莎草纸卷, 称之为《大祭司大事记》(*Annales Maximi*)。狄奥尼修斯告诉我们, 这些文献成为后来历史学家的重要资料来源。

还有另一种由亚麻布制成的"书籍"(*Libri lintei*), 它们是被用来记录历史数据的登记册(例如, 罗马地方官员的名单), 盖乌斯·李锡尼·玛凯尔(Gaius Licinius Macer)在写《编年纪》(*Annals*)时借鉴了这些资料。此外, 还有一些"诸神分类簿"(Indigitamenta)。

关于这些记录和上面提到的其他材料, 李维曾抱怨说, 保存下来的关于

• 亚麻书的复制品

罗马历史的早期资料都是碎片式的。在李维那个时代（公元前1世纪）甚至很难找到这些残片，他把这些史料的损失归咎于公元前391年高卢人对罗马的破坏和烧毁。同时，西塞罗对幸存下来的资料的不可靠性也感到非常痛惜。

从李维乌斯·安德罗尼柯到西庇阿的圈子

——拉丁文学的起源及其对罗马文化生活发展的影响

国家公共档案馆
的拱廊

李维乌斯·安德罗尼柯和第一个双语图书馆

在古罗马历史的早期,希腊在文化上对其产生了重要的影响。古罗马的诗学传统是由一个来自塔壬同(塔拉斯)的希腊人安德罗尼柯(Andronicus)奠定的,而且他并没有试图创作自己的史诗作品,而是选择将荷马史诗《奥德赛》翻译成古拉丁语版的《奥德赛》(Odyssia),并将其融入罗马的史前神话中,这并不令人惊讶,也绝非仅仅是巧合。

李维乌斯·安德罗尼柯"倡议"的意义不仅是文学上的,它发生在罗马重大文化变革时期,即公元前3世纪中叶。公元前240年,当安德罗尼柯正在进行他的第一个翻译项目时①,第一次布匿战争刚刚结束,这时罗马正在推行一项希腊化的政策,政策推行的原因是为了简化对其新获得领土的行政管理,但更主要的是为了把它的权能和力量披上希腊化的外衣,这样起码在名义上他们就成为"继业者"的合法继承人。

值得强调的是,李维乌斯·安德罗尼柯在公元前240年所发起的将希腊语翻译成拉丁语的倡议,对罗马人来说不仅仅是一项语言的工程,更是一种宗教行为,一种抚慰或赎罪的行为(piaculum),正如他们在共和国时期的大多数文化活动一样,比如库柏勒(Cybele,最初为弗里吉亚女神,后来对她的崇拜于公元前204年被罗马引入,有时被当作众神之母,有时被等同为大

---

① 李维乌斯·安德罗尼柯在九月的罗马节(ludi romani)期间首次戏剧舞台表演的日期一直存在争议,实际上是在公元前240年。

地女神)的"黑石"①和《西彼拉圣书》(*Sibylline books*)中预言的引入。

安德罗尼柯的文学生涯始于公元前249年的塔兰提尼赛会(*ludi Tarentini*),这个节日主要是为了纪念两位新引入的神祇,即冥王狄斯帕特和冥后普洛塞尔皮娜(Proserpina,尤皮特与刻瑞斯之女)。正是在公元前249年之后的某个时期,他受委托写了一首赞美诗,由27个女孩组成的唱诗团来演唱。

关于第一位"罗马"诗人安德罗尼柯生活境况的资料,我们掌握得很少。他大约在公元前280年出生于塔壬同,当这座城市于公元前272年被古罗马人占领时,安德罗尼柯刚刚8岁,他被马库斯·利维乌斯·萨利那托尔(Marcus Livius Salinator)收买为奴。利维乌斯家族为年轻的安德罗尼柯提供了良好的教育,安排他在罗马一所专门为奴隶开设的学校里学习拉丁语和希腊语。当时,在这些学校完成学业的年轻奴隶可以有资格担任抄写员、监督员、档案管理员或图书管理员,其中,许多人受雇于罗马政府或被罗马征服的地方政府。

安德罗尼柯的主人,即马库斯·利维乌斯·萨利那托尔,虽然是一个平民(Plebeian),但却是高贵的利维亚氏族(*gens Livia*)的成员,他对希腊文化非常着迷,并以亲希腊的情怀而闻名。可以说,正是他塑造了安德罗尼柯。安德罗尼柯是传记作家苏维托尼乌斯(Suetonius,公元2世纪)所指的典型的"半个希腊人"(*semigraecus*)的缩影:一个将自己与希腊联系起来的诗人。完成学业后,安德罗尼柯留在萨利那托尔家,给他的儿子当家教。公元前240年,当小萨利那托尔(生于公元前254年)被授予成人托迦(*toga virilis*)时,安德罗尼柯才被赦免,取名李维乌斯(Livius)②。

回应亚得里亚海上各希腊城邦的呼吁,遏制伊利里亚王国(Illyrian

---

① 译者注:对库柏勒的崇拜在小亚细亚十分盛行,并从那里传遍了整个希腊,随后又传入了罗马。公元前204年罗马议会决定把库柏勒女神的标志"黑石"从珀西努斯城运到罗马,并在帕拉丁山上为她建立神庙。

② 译者注:按照古罗马的法律,安德罗尼柯使用的名字是以前奴隶主的姓。

kingdom)的领土扩张,小萨利那托尔被选为执政官。公元前207年,他第二次担任执政官,并因战胜迦太基而获得嘉奖,而李维乌斯·安德罗尼柯则受"十人团"(decemviri)的委托,为纪念朱诺·里贾纳(Juno Regina)谱写了一首赞美诗。①后来,为了表彰其所做的工作,他被授予成立一个作家和演员协会的权利(Collegium scribarum et histrionum)。②这就是我们所知道的所有关于安德罗尼柯的生平,他可能在公元前206年去世,享年74岁。

安德罗尼柯最重要的作品就是古拉丁语版的《奥德赛》,这部作品享有很高的地位,与《伊利亚特》齐名。关于这一点,我们可以从以下这一事实中判断出来,即罗马诗人贺拉斯童年的时候,这部作品仍然被当作学校的教科书。对安德罗尼柯的《奥德赛》,我们可以从农神萨图耳努斯的那首仅存的长诗看到一些文学批评:这首诗歌的长度最多有四十五个片段,其中,四个片段在一行以上,只有一个片段有三行左右。安德罗尼柯并不是对《奥德赛》进行逐字逐句的翻译,而是用拉丁文进行了创造性的发挥,并且采用了古希腊语的格律,这样就会使读者感到他们正在读的是一部真正的拉丁史诗。例如,他选择将希腊语单词"*Mousa*"翻译为"Camena",这是关于泉水和溪流的各种神的名称,这些神在卡佩那大门(Porta Capena)有一座祭坛。尽管"荷马史诗"中的很多语词与拉丁语中的对等词在词源学上存在差异,但安德罗尼柯仍旧以耐心的态度来对待这些问题,以至于在罗马诗人维吉尔(Virgil)所著的史诗《埃涅阿斯纪》中都可以看到他影响的痕迹。

然而,在这里,我们并不是太关心作为一个作家和翻译家的作品,也不是安德罗尼柯为拉丁文学奠定的诗学道路,而是他所拥有的书籍。为了完成他的计划,安德罗尼柯不仅可以接触到"荷马史诗"、希腊悲剧家的戏剧,还可以接触到各种文法、百科全书和其他有关罗马文明的书籍。人们

---

① decemviri,古代罗马由十名行政官员组成的委员会,他们的主要工作是查阅《西彼拉圣书》。参见Dumézil, *La religion*, 479—483。
② *Collegium scribarum et histrionum*, 会聚的地点是在阿文廷山密涅瓦的神庙里。公元前207年,其名字被改为*Collegium poetarum*,并搬到了位于帕拉丁山的赫拉克勒斯神庙和缪斯神庙。

普遍认为，他把希腊神的名字拉丁化是恰当的，如将"*Mousa*"（缪斯）变成"*Camena*"，将"*Moira*"（命运）变成"*Morta*"，将"*Mnemosyne*"（记忆）变成"*Moneta*"。

罗马的宗教礼节不允许诗人神化人类，就像希腊人经常习惯的那样：因此，"*theophin mestor atalantos*"（意为"诸神的同侪"）被转化为"*vir summus adprimus*"（意为"最优秀的人"）。安德罗尼柯所有的作品，不仅在《奥德赛》中，而且在他所写的关于特洛伊战争诸英雄（如阿喀琉斯、埃吉斯托斯）的悲剧中，都表明他能够接触到关于人和事物的标准化文本（书籍），无论是世俗的还是神圣的。因此，我想我们可以假定李维乌斯·安德罗尼柯可能是第一个拥有双语图书馆的"罗马人"，而且这个图书馆包括两部分：希腊语区域和拉丁语区域。在写作过程中，他从这个图书馆中引证了许多参考资料。可以合理地假设，安德罗尼柯的双语图书馆支撑起了作家和演员协会的工作，这个图书馆是在密涅瓦[①]神庙的基础上建立起来的，因为智慧和技艺女神也是演员的赞助人。不管怎样，要么通过舞台表演，要么通过书面文字的方式，安德罗尼柯的戏剧和诗歌以及与之相关的哲学，吸引到了罗马公众的注意，至少《奥德赛》就是这样，因为它是一部教育性的作品。罗马人对希腊传统的感受和需求，在一定程度上反映了罗马化的进程，因为他把原初的宗教思想（荷马的《奥德赛》）引介到罗马人的神圣语言中，这标志着罗马文学的开端。

---

① 译者注：Minerva，罗马智慧和技艺女神，混同于希腊人的雅典娜。

恩尼乌斯：罗马的希腊诗人

双语图书馆的形成几乎是一个理所当然的结果，作为文学活动的一个基本工具——就像李维乌斯·安德罗尼柯那样，旨在帮助他写作和教学，并为他的协会提供参考文献，在恩尼乌斯那里比以往任何时候都更加明显。后者标志着一种文学形式的开始，其灵感几乎完全是希腊式的，并受到上流社会最开明的成员的青睐和支持。那些写作这类文学作品的人努力把罗马人粗糙的、未经修饰的演讲，转化成可以与希腊散文的优雅相媲美的风格。

昆图斯·恩尼乌斯（Quintus Ennius），公元前239年出生在卡拉布里亚小镇鲁底亚（Rudiae，位于意大利南部），也就是大希腊（Magna Graecia）。公元前204年，他与老加图离开撒丁岛（Sardinia）前往罗马，起初他根本不懂拉丁语。他与一些罗马的上层人物，如大西庇阿和马·伏尔维乌·诺比利俄（Marcus Fulvius Nobilior）等保持着亲密的关系。在恩尼乌斯的影响下，赫拉克勒斯（Heracles）神庙和缪斯神庙都被改造成了希腊风格的博学园（mouseion）或博物馆。这些神庙本来是为摆放赫拉克勒斯的雕像和从皮洛斯（Pyrrhus）那里俘获的其他战利品。

恩尼乌斯的计划是建立一个学习中心，这个学习中心可以与亚历山大博物馆具有同等的声望和象征地位。很明显，这座庙宇的主要功能是被当作知识分子的聚会场所，这些知识分子也许只是某一个小圈子的成员。学习中心可能有一个档案图书馆，因为诺比利俄（Nobilior）曾在神庙里存放了一部他所写作品的抄本，这是一部被称为 *fasti* 的书籍（月份名称的词源学解释）。

从恩尼乌斯的文学活动中可以清楚地看出，他主要是在希腊原著的基础上进行写作。在罗马还有一个特殊的读者群体（即使这个群体并不是很大），这个读者群体不满足于不加选择地阅读希腊作家的作品，而是表现出对与意大利南部有关联的作家的偏爱，这种关联性表现在：这些作品的主题与意大利南部相关，或者他们出生或居住在意大利南部。因此，

古罗马图书馆史 | 从罗马世界拉丁文学的起源到罗马帝国的私人图书馆

PLAN DE ROME qui comprend ses divers accroissements dep...

1. La Grande Place de Rome.
2. La Voye Sacrée.
3. Les Carines.
4. Le Grand Cirque.
5. Le Marché aux Bœufs.
6. Le Velabre, rue des Tusques.
7. La Rue Neuve.
8. Temple de Vesta.
9. Curia Hostilia.
10. Temple de Jupiter Statteur.
11. Temple de Quirinus.
12. Temple dédié à la Fortune.
13. Temple dédié à la Fortune Virile.
14. Temple de Jupiter Capitolin.
15. Temple de Fidius.
16. Temple de Quirinus.
17. Temple du Salut.
18. Temple de Saturne.
19. Palais d'Hostilius.
20. Temple de Junon Lucine.
21. Palais de Servius Tullius.
22. Temple de la Paix.
23. Temple de Jupiter Férétrien.
24. Temple de Diane.
25. Temple de la Victoire.
26. Temple de Junon Reine.
27. Champ Scelerat.
28. Temple de Vénus Erycine.
29. Temple d'Apollon.

- 从塞维乌斯·图利乌斯时期到高卢人征服罗马城时期的罗马城市平面图

s Tullius jusqu'à la prise de cette Ville par les Gaulois. Hist. Univers. Tom. 18. Pag. 160.

30. Temple de Cérès, de Bacchus, et de Proserpine
31. Temple de Castor et Pollux
32. Temple de la Foy
33. Temple de la Fortune, la Bonne
34. Temple de la Fortune l'Aînée
35. Temple de la Fortune Obéissante
36. Temple d'Hercule
37. Temple de Janus
38. Temple de Jupiter garand ou Sponsor
39. Temple de Libitine
40. Temple de Mars
41. Temple de Mercure
42. Temple de Murcia
43. Temple de Neptune Equestre
44. Le Comice
45. Temple de Vénus Cluacine, Bâti par Tatius
46. Temple de Vulcain
47. Temple Carmenta
48. Temple de la Déesse Carna
49. Temple de la Concorde
50. La Fontaine de Mercure
51. Tribu Palatine
52. La Roche Tarpéia

古罗马图书馆史 | 从罗马世界拉丁文学的起源到罗马帝国的私人图书馆

• 恩尼乌斯在赫利肯山与荷马相遇

恩尼乌斯把他的注意力集中在厄庇卡尔谟（Epicharmus）、阿奇斯特拉图（Archestratus）和欧赫墨鲁（Euhemerus）身上，而后来的罗马人不仅骄傲地指出特奥克利托斯（Theocritus）的"西西里缪斯"，甚至把毕达哥拉斯当作"意大利"哲学家。

出于对其赞助人的感激之情，也为了展现自己独特的喜好，回应大众对戏剧作品的需求，恩尼乌斯翻译和改编了许多希腊戏剧作品，这些作品大部分都是欧里庇得斯的。但最重要的，也是他花了大部分心血和时间的作品，是他的十八卷的《编年纪》（*Annales*），这部著作主要记述了整个罗马的历史，从罗莫洛（罗马城的创建者）时代一直到他自己的时代。恩尼乌斯还写了一些与哲学主题相关的作品，在他的《编年纪》中的某些段落和诗歌《厄庇卡尔谟》（*Epicharmus*）中，他引用了一些希腊喜剧剧作家的观点。实际上，这些观点大部分都是克利索格努（Chrysogonus）和阿希索皮斯托斯（Axiopistus）的哲学格言。①

恩尼乌斯在阿文廷山上的家里过着俭朴的生活，人们可能会好奇在他进行翻译时，有哪些书籍是由他可以自行随意支配的，以及他在写作《编年纪》之前，哪些书籍是他必须提前要做的研究。他有没有自己从家乡购买过莎草纸书籍？或者有没有从他的那些上流社会的贵族朋友和赞助人那里查阅资料？根据现存的关于那个时期的材料，有一件事情我们是可以肯定的，即许多希腊作品是第一次在恩尼乌斯的著作中被提及，例如，在其《欧赫墨鲁或圣史》（*Euhemerus sive Sacra historia*）中，他介绍了西西里岛希腊作家欧赫墨鲁关于宗教起源史的观点②；在《厄庇卡尔谟》中，他将厄庇卡尔谟戏剧中的一些格言翻译成了拉丁语，这些戏剧在他那个时代是很受欢迎的（以至于柏拉图曾特意去叙拉古看他的戏剧）。最后，他翻译了索塔德斯

---

① 克利索格努是一位生活在公元前5—公元前4世纪的作家，他以厄庇卡尔谟的名义写了一部伪作，阿希索皮斯托斯也是如此。
② 欧赫墨鲁作品的标题为《圣书》（*HieraAnagraphe*），可能是在恩尼乌斯出生前50年写的。这部作品的残篇是从拉克唐修的散文摘要中流传下来的。

（Sotades）的一些有趣但粗俗下流的抑扬格，恩尼乌斯不仅首次向罗马人介绍了这位出生于色雷斯的亚历山大学派诗人，而且在他的翻译中加入了另一种文学风格。

就希腊三大悲剧诗人（埃斯库罗斯、索福克勒斯和欧里庇得斯）而言，我们没有证据（直接或间接的）证明在李维乌斯·安德罗尼柯和恩尼乌斯之前他们的作品曾在罗马出现过。之后，流行的主要是欧里庇得斯，他的戏剧最受罗马读者欢迎。人们认为欧里庇得斯是三大悲剧诗人中"最悲惨的"。同样是从恩尼乌斯（在他的《阿喀琉斯》中）的笔下，那些受过教育的罗马人第一次认识了另一位悲剧诗人，即太盖亚（Tegea，古希腊阿卡狄亚东南的城市）的阿里斯塔库

• 欧里庇得斯

（Aristarchus），他与欧里庇得斯是同时代的人。人们还通过恩尼乌斯的美食滑稽剧《赫迪法哥提卡》(Hedyphagetica)，认识了格拉（Gela）的阿奇斯特拉图。在继续讨论恩尼乌斯的写作和翻译所参考的书籍这一主题之前，值得一提的是他的《萨图拉》(Saturae)，这是一部主要以讽刺的形式为写作风格的诗学杂集。在这部作品的某些段落中，他很可能模仿了卡利马库斯的抑扬格。

恩尼乌斯在写《编年纪》(Annales)时所使用资料来源的问题，仍有待商榷。在罗马君主制时期（公元前616—公元前510年），有大量的"希腊

・荷马

参考书目"可用，此外，还有一些罗马系谱传统、大祭司名单和其他历法和编年史，但在更早的时期，我们并不知道是否还有其他可用的资料。考虑到恩尼乌斯把罗马建立的日期定在公元前1100年左右，因此，他似乎还受到了厄拉托斯塞尼（Eratosthenes）的影响。厄拉托斯塞尼在他的《地理学》（Geographica）中将特洛伊的陷落追溯至公元前1184年，而且认为罗莫洛是埃涅阿斯（Aeneas）的孙子。埃涅阿斯是传说中的罗马人的祖先，在荷马史诗《伊利亚特》中，他是特洛伊一方的重要领袖，特洛伊城沦陷后率领他的家族逃往意大利。

恩尼乌斯将希腊原著视为典范，他试图通过罗马文化使希腊文学焕发新的生机。恩尼乌斯相信自己是荷马的转世，这个想法是在他做了一个梦所产生的幻象后出现的，在梦里游吟诗人的灵魂出现在他脑海中。希腊传统认为，荷马是每一类文学流派的开端（这种观点在普里耶涅被称为"对荷马的礼赞或神化"）。

普劳图斯的新喜剧

在李维乌斯·安德罗尼柯和恩尼乌斯等的积极倡议下，罗马文学开始效仿希腊古典主义时期和希腊化时期的风格。到公元前241年，当第一次布匿战争结束时，西西里岛已经掌控在罗马人手中，几乎整个意大利都在罗马的统治之下。大部分南意大利各城市的文化传统也融入罗马文化中。

我们在这里并不打算研究希腊文化对那些效仿作家的影响程度，或者他们对希腊原著的依赖程度，因为那是拉丁文学史所研究的对象，已经超出了本书的探讨范围。然而，普劳图斯却是一位我们绕不过去的作家，因为他是古罗马喜剧的先驱。

提多·马西乌斯·普劳图斯（Titus Maccius Plautus），来自翁布里亚（Umbria）的萨尔西纳（Sarsina）。大约出生于公元前250年，年轻时靠做剧场舞台木匠和技师谋生。据说，在奈维乌斯（Naevius，罗马戏剧家和诗

• 普劳图斯，Comoediae，9世纪（藏于梵蒂冈图书馆）

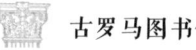

人)和李维乌斯·安德罗尼柯的影响下,他学会了希腊语,但也有人说他是自学的。在古代以他的名义流传的剧本有130部,尽管在卢西乌斯·埃利乌斯·斯提罗(Lucius Aelius Stilo)和马·特伦提乌斯·瓦罗(M. Terentius Varro)这两位学者所编撰的目录中,认为这130部喜剧中,只有不超过25部是他写的。①

普劳图斯借鉴了传统喜剧的很多情节,保留了希腊新喜剧的结构,他坦然地承认,自己的作品是对希腊喜剧的改编。然而,在细节安排方面,则根据罗马人的口味作了增删,他赋予了喜剧独特的风格和特征。其中,米南德(Menander)是他灵感的主要来源,普劳图斯至少有三部作品——《巴克基斯》(*Bacchides*)、《匣子》(*Cistellaria*)和《斯提库斯》(*Stichus*)——是以这位希腊喜剧诗人的剧本为范本的,它们分别是米南德的《双料骗子》(*Dis Exapaton*)、《一起吃早餐的女人们》(*Synaristosai*)和《两兄弟》(*Adelphoi*)。普劳图斯还借鉴狄菲卢斯(Diphilus)的剧本完成了他的三部作品,这三部作品分别是:《缆绳》(*Rudens*)、《卡西娜》(*Casina*)和《行囊》(*Vidularia*)。他的两部喜剧来自斐勒蒙(Philemon),分别是《商人》(*Mercator*)、《三块钱一天》(*Trinummus*);有一部来自阿莱克斯(Alexis)的《布匿人》(*Poenulus*);还有一部来自一位不知名的剧作家德蒙菲勒斯(Demophilus)的《驴的喜剧》(*Asinaria*)。

普劳图斯的喜剧用词很有特色,不仅因为拉丁语同义词的丰富性和多样性,还因为他使用了大量的希腊语或半希腊语词汇。令人惊讶的不是他如此轻松地在拉丁语和希腊语这两种语言之间的自由转换,而是即使在那样早的时期,公众显然已经对他的双语词汇相当熟悉。这就引发出了两个问题:普劳图斯的喜剧是针对什么样的受众群体的?这个受众群体的数量肯定

---

① 第一个研究普劳图斯戏剧的真实性的人物是埃利乌斯·斯提罗,随后是他的学生瓦罗。显然,斯提罗和瓦罗都没有接触到关于普劳图斯的可靠资料。斯提罗认为,有25部喜剧是普劳图斯写的,而瓦罗则认为只有21部。实际情况可能更复杂,因为当时有很多戏剧作家与普劳图斯重名。

是非常可观的，因为从公元前2世纪以他名义出版的喜剧大约就有110部。还有一个问题就是，这些喜剧是在怎样的环境条件下上演的？

罗马戏剧的世界

根据李维所说，在瘟疫暴发期间（公元前364年），伊拙斯康的舞者第一次在仪式中伴随着笛子的音乐表演拟剧，以此安抚众神的愠怒，185年后，也就是在公元前179年，罗马人才建造了他们的第一座剧院。关于第一次建造的结果，我们不太清楚。至于第二次的建造，据说这座建筑是在恩尼乌斯的一个朋友西庇阿·纳西卡（Scipio Nasica）的唆使下被元老院下令拆除的，理由是它有害于公共道德（nociturum publicis moribus）。但纳西卡的这种反启蒙主义的干预并没有任何效果，由此引发了公众强烈抗议。到了公元前170年，罗马有了一个独立的"戏剧人"团体。从那时起，戏剧已经逐渐成为社会生活中必不可少的一部分，是政治家们希望赢得公众青睐的跳板，也是戏剧经营者非常有利可图的生意，更是平民百姓消遣娱乐的一种新形式。考虑到帝国时期社会结构的发展方式，平民可以在剧院和竞技场度过他们一生的大部分时间。例如，在马克西米安（Marcus Aurelius）统治时期，每年有135个公共假日；大约200年后，公元354年，日历上仍列出了不少于175个的假日，其中101个与剧院有关。

在庞培（Pompey）于公元前55年建造自己的剧院之前，演出是在室外临时搭建起的木质结构舞台上举行的，看台是一排排由普通木板制成的倾斜长凳组成，到处都有供演员进出的开口。然而，罗马并没有现代意义上的戏剧生活，因为戏剧表演在当时总是某种仪式庆典的一部分，比如凯旋式、寺庙的献祭仪式、葬礼，尤其是官方的国家节日，如：四月的麦伽勒西亚节（举行角斗表演，以纪念女神Magna Mater），七月的阿波罗节（ludi Apollinares），九月的罗马节（Ludi Romani，在9月4日至19日），以及十一月举行的平民节（ludi Plebeii）。

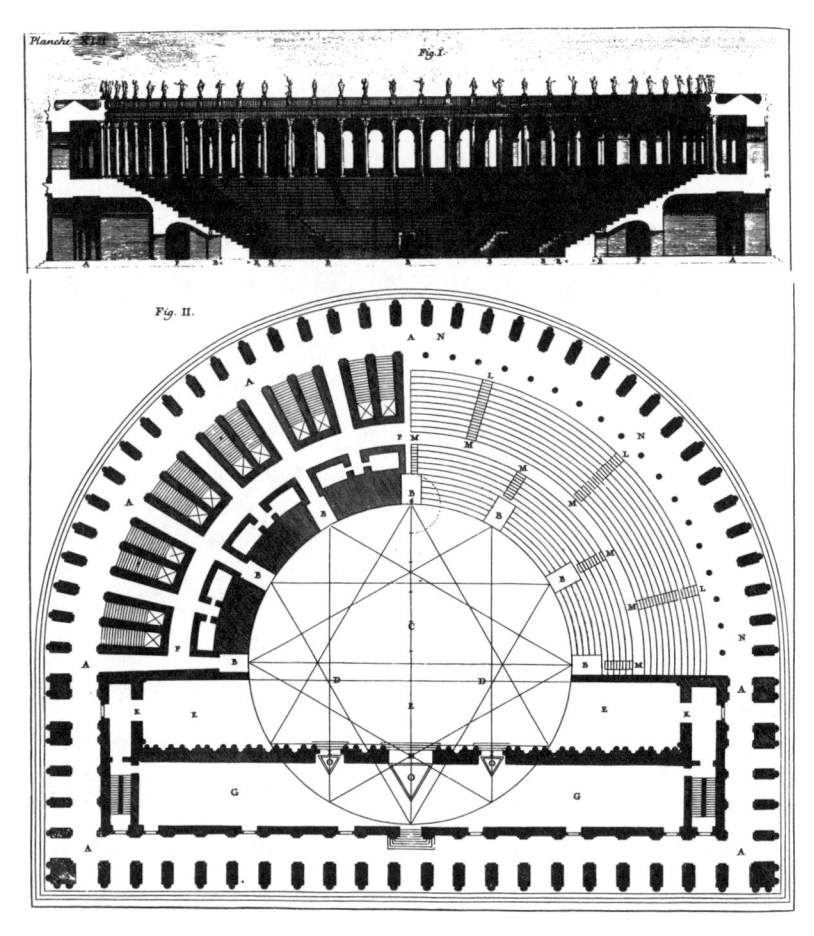

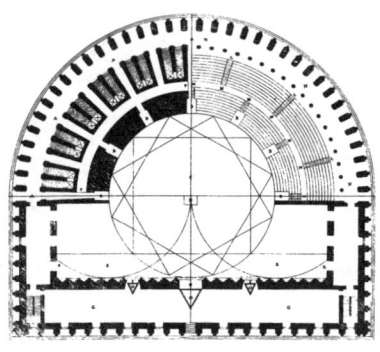

En haut, le théâtre romain,
plan et vue des gradins.
Ci-contre,
plan du théâtre grec.

• 罗马剧院与希腊剧院的垂直立面图和平面图（摘自Vitruve, *Les dix livres d'architecture*, 巴黎, André Balland, 第130–131页, 插图XLII）

在这里，我们遇到了一个矛盾，尽管罗马人大量涌向剧院以支持这一伟大的社会文化活动，但直到帝国时期，戏剧界的主角——演员和音乐家并没有享有他们应有的社会地位。事实上，总督发布的一项命令规定："上台表演或那些背诵台词的人，将被视为不光彩的人。"当然，这也不仅仅是道德地位的问题，因为这种耻辱对演员的生活产生了重大影响：审查员会把他们的名字从部落名单上抹去，他们也会因此失去很多法定权利和公民权利。

· 米南德

普劳图斯的《布匿人》（*Poenulus*）和特伦斯（Terence）的《婆母》（*Hecyra*）的序言暗示了演出者们试图触及的观众的本质。尽管戏剧表演从公元前194年开始有了更好的声誉，最好的座位是留给元老院的议员和贵族的，但观众群体仍然很混杂，因为没有阶级、性别或年龄的歧视。从普劳图斯时代起，一部戏剧不止表演一场，或许这在一定程度上可以反映出人们对戏剧拥有了更多的兴趣，于是人们开始以更严肃的方式对待戏剧创作，但即使在那时，广大公众对戏剧表演所依据的原著文本也不感兴趣。普劳图斯、特伦斯和凯西留斯[①]时期去剧院的公众，根本无法与重大节日时去看戏剧的观众相比，如德尔斐的索特里亚节（*Soteria*，即"救星"节庆之意），因为后者已经阅读过他们将要观看的戏剧作者的其他作品，因此，他们也有能力对这些戏剧进行明智的文艺批评。

戏剧生活的总体结构表明，戏剧题材的书籍在其中起着不可或缺的作用。我们发现，公元前207年，元老院颁布了一项法令，为了纪念李维乌斯·安德罗尼柯，准许成立一个在名义上具有宗教性质的剧作家和演员行会。从

---

① 译者注：Caecilius，全名Caecilius Statius，罗马喜剧诗人，死于公元前168年。他在同时代人中得到高度赞扬，但他所写的四十部戏剧均佚失，只留下一些残篇。

以公元前1世纪以喜剧为背景的舞台壁画（藏于纽约大都会博物馆）

我们所知的安德罗尼柯对书籍的兴趣来看，很可能行会有一些希腊语和拉丁语的诗歌和戏剧书籍，有社会地位的剧作家会把他们作品的抄本存放在那里。特伦斯告诉我们，在他那个时代，正式阅读戏剧剧本和出售它们的权利，有一个标准的程序。另外，其他的行会也会被允许参加宣读会，并就其他各方有关技术问题的投标提出异议。换句话说，那时候有一系列的规定，从剧本的编写到在舞台上最终呈现出来，整个过程都要对戏剧进行监督。

我们可能想知道是什么因素激励着这些剧作家，以及他们对观众的态度是什么。贺拉斯劝诫罗马讽刺作家以希腊原创戏剧为蓝本，并补充说，他们是否成功地让观众发笑并不重要，重要的是专家们的意见，即戏剧是否按照亚历山大文学学者们制定的规则进行写作。毕竟，真正重要的是树立一块文学丰碑，以此作为罗马人对希腊人集体记忆的延续。因此，剧作家会着眼于他们的声誉和他们在文学史上的地位。此外，剧作家不仅依赖于戏剧的公共舞台表演，而且还开拓了许多其他途径，比如向小规模、精选的观众公开朗诵，并在富人别墅和知识分子群体中进行舞台表演。然后，在这些场合听取了建设性的"文学"批评后，他们会修改并完善剧本的风格和语言。作为文学作品，这些剧本获得了一些实质内容，并在书店和后来的图书馆中赢得了一席之地。

加图时期的政治和社会动荡

公元前2世纪中叶，与文化活动齐头并进，罗马开始了一场势不可挡的扩张运动，这不仅改变了东西方的地缘政治局势，而且影响了他们自己的政治和社会制度，除了毛里塔尼亚和巴尔干半岛的君主国以外，所有地中海国家都以这样或那样的方式与罗马建立了密切的政治联系。因此，来自意大利的一股地域性力量，罗马已经崛起成为一个世界大国，按当时的标准，它负责管理覆盖整个地中海的广袤地区。罗马人所建立的制度很适合小而紧凑的国家的需要，但在治理一个大的帝国时，它的缺点就日益暴露出来。这将对罗马政治和社会结构产生深远的影响。在公共事务层面上，旧的世袭贵族逐渐被官吏贵族所取代。以这种方式产生的具有严格等级差别的社会制度是为了控制各种法定政治职位的选举，包括执政官。①

在文化层面上，罗马人的生活方式和他们的整个行为都被西庇阿（Scipio）的亲希腊主义改变。无论是他们学术群体的影响，还是这些学者对斯多亚学派和帕奈提乌（Panaetius）的依赖，以及作为每一个受过教育的罗马公民的基本工具，希腊语开始占据支配地位，从此开启了以希腊为导向的教育体系的建立和将希腊习俗输入罗马人日常生活的过程。同时，各种珍本藏书也运抵罗马，这在一定程度上拓宽了罗马学者的知识视野，随之而来的还有大量的艺术珍品，尤其是雕像。从公元前2世纪末开始，地位较高的罗马人和贵族开始用他们从雅典和哥林多的作坊购买的古典时期和希腊化时期的雕像来装饰他们的别墅，很快罗马就成了一个巨大的"希腊艺术博物馆"。当然，也有人坚决反对这种希腊化趋势，如老加图，他曾竭尽全力地维护古罗马清教徒式的行为规范（*mos maiorum*）。但是，他的努力显然无济于事，但我们在这里要特别提及一下他，不仅因为老加图在社会问题上的立场，而且因为他的政治和文学活动完全符合当时的需要。同时，老加图也是那个时代阅读最广泛的人。

马库斯·波喜乌斯·加图（Marcus Porcius Cato），公元前234年出生于图斯库鲁姆（Tusculum），公元前149年在罗马去世，他与恩尼乌斯（Ennius）年龄相仿。在他年龄不大的时候，大约在公元前214年，就被任命为士兵的保民官（*tribunus militum*），当时在意大利南部进行的战役使他接触到了毕达哥拉斯学派，毕达哥拉斯学派的思想影响了他的一些作品。正如我们之前提到的，正是加图把恩尼乌斯从撒丁岛（Sardinia）带到了罗马，他后来也正是从恩尼乌斯那里学会了希腊语。作为拉丁语和罗马文化的坚定拥护者，他去

---

① 三名最出名的政治新贵（*novi homines*）分别是加图（他可能会把自己的社会地位归功于贵族瓦勒留·福拉库斯）、西庇阿的党羽莱利乌斯（Laelius）和玛尼乌斯·格拉里奥（Manius Glabrio）。

雅典反驳希腊人的反罗马宣传,当他在那里发表演讲时,令雅典人感到震惊的是,希腊翻译用了比拉丁语更多的词语来表达他的意思。

"对希腊人来说,话语来自嘴唇;对于罗马人,则来自内心",这是他的一句格言。

加图在公元前184年达到了他职业生涯的顶峰,当时他与瓦勒留·福拉库斯(L.Valerius Flaccus)一起被选为监察官,并开始实施他所宣称的计划,之后,他也以监察官的形象被载入史册。①当罗马人公开谈论向罗德岛宣战时,他毫不畏惧地斥责了罗马人的傲慢自大(superbia),他在这个场合所说的话是提倡人道主义的政治演讲的早期例子。

• 马库斯·波喜乌斯·加图(来自普卢塔克《希腊罗马名人传》)

尽管在政治生涯中很得势,但加图仍能抽出一半的时间用于写作,他的作品标志着拉丁史学的开始。首先,作为一个"新人"(*novus homo*)②,他是第一个将自己的演讲稿抄写并保存在私人图书馆的罗马人。西塞罗在他的七个图书馆中的一个图书馆里有150本加图的演讲稿,除此之外,我们知道的还有80多本。

加图不想把儿子马库斯的教育托付给希腊奴隶,于是他亲自辅导自己的

---

① 译者注:后来人们习惯称其为监察官加图或老加图,以区别于他的曾孙小加图。
② 译者注:加图的祖先没有担任过什么重要的公职,但他却受到年轻贵族福拉库斯的赏识和提携,加图于公元前204年当选为财务官,从而正式进入了罗马的晋升体系。因此,这里的"新人"意为"通过自己的成就获得贵族地位的人"。

孩子，并且写了一本关于罗马的历史作品作为孩子的教科书。① 无论如何，他生来就是个教师，他的观点可以用西庇阿的评价来概括，即"他对学习或教学有着非凡的热情"（summum vel discendi studium vel docendi）。

　　加图生活的时代，普遍性的知识仍然是人人都能掌握的，我们可以从他的著作和百科全书式的知识中明显地看出这一点，即使他年事已高，但仍在不断地学习和积累知识。这一时期，雅典哲学学校的各大图书馆仍然安然无恙，帕伽玛图书馆和亚历山大托勒密的"世界图书馆"也都完好无损，这意味着那些馆藏的有价值的资料可供那些希望利用它们进行研究的学者使用。加图似乎也有机会接触到保存在寺庙和贵族家庭图书馆中的珍贵档案记录，这些档案在后来的内战期间逐渐遗失。我们既可以从他作品的数量和范围，也可以从他在其伟大的著作《起源》（Origines）中给出的事实细节看出这一点。其中，《起源》主要讲述了从罗马的创建直至公元前149年的历史演变。这部作品的标题不仅借用了希腊语Ktiseis（"城市创建的故事"），而且它的许多方法论也都借自希腊。然而，我们在这里感兴趣的是，如果没有参考希腊的历史资料，这部作品就不可能完成，因此，加图手头一定有很多希腊的历史资料。这些资料可能包括叙拉

• 艾米留斯·保卢斯（来自普卢塔克《希腊罗马名人传》）

---

① 这里指的当然不是他的作品《起源》，但是，加图在为他的儿子编写教科书上确实花费了很多时间（Libri ad Marcum filium）。

古的卡里亚（Callias）的作品，瑞吉姆的吕库斯（Lycus）和伊利昂的波勒蒙的作品。今天我们只知道这些学者的名字，他们的作品都已经失传了。然而，在意大利建立城市的时候，加图可能已经能够从陶洛美纽（Tauromenium，位于西西里岛）的提迈俄斯那里获得很多有用的资料和信息。①

加图在瓦罗出生前30年去世，毫无疑问，他阅读和查阅的希腊书籍比他同时代或更早时期的任何一个罗马人都多。更重要的是，在作为家长和元老院议员的生活方式中，他生动地体现了色诺芬的格言："判断一个杰出人物不仅要看他在公众场合的行为，还要看他在业余时间的所作所为（*A prominent man should be judged not only by his publication but also by what he does in his spare time*）。"

贵族中的亲希腊圈子

从安德罗尼柯、恩尼乌斯、奈维乌斯、普劳图斯和特伦斯为罗马戏剧创作的早期作品中，我们发现，从公元前240年起，罗马就有一种自觉的希腊化倾向。这一趋势的存在也意味着，罗马作家能够阅读希腊原著，同时，这也加强了他们的信念，即他们认为有必要建立一个希腊语和拉丁语书籍的图书馆，两个世纪之后，也就是公元前39年后不久，在罗马建立了第一个公共双语图书馆。这种亲希腊的气氛被称为"西庇阿的圈子"，或者被肯尼称为"上流社会的亲希腊的圈子"。尽管许多文学学者反对使用这一术语，但事实上，普伯里乌·高奈留·西庇阿（Publius Cornelius Scipio Aemilianus，小西庇阿）确实在他周围聚集了一批希腊和罗马后裔，尽管他们并非都与西庇阿属于同一阶级。这些成员之间存在着巨大的鸿沟，比如在小盖乌斯·莱利乌斯

---

① 公元前300年左右，叙拉古的卡里亚生活在叙拉古统治者阿伽索克莱（Agathocles）的宫廷里，他写了名为《阿伽索克莱历史》的书，书中包含了大量有关罗马早期的历史。这部作品的残篇由萨摩斯的杜里斯和陶洛美纽的提迈俄斯保存着。

(Gaius Laelius，公元前140年的罗马执政官)①和讽刺诗人盖乌斯·鲁西留斯(Gaius Lucilius，出身于一个富有的骑士阶层)之间，②以及哲学家帕奈提乌③和历史学家波里比乌(Polybius)之间④，等等。在波里比乌的《通史》(*Histories*)中有一段，作者描述了他自己和小西庇阿之间的关系，小西庇阿将他视为自己的导师。

泰伦斯对采用希腊方式和形成学术团体的倾向进行了评述，他认为希腊人文精神应是罗马教育大纲的一个必修部分。⑤这种思维方式显然得到了艾米留斯·保卢斯的支持，他不满足于为他的儿子提供最好的希腊教师，在他战胜马其顿国王珀耳修斯之后，他还给他的儿子修建了一个皇家图书馆。马其顿皇家图书馆可能提供了一些重要的书籍。毕竟，所有属于这种环境的人都有一个共同的特点，那就是对研究希腊传统有着浓厚的兴趣，他们希望这有助于提升罗马人的品格。

---

① 盖乌斯·莱利乌斯(小)出生于公元前190年左右，主要作为一名政治家和演说家而声名鹊起。他是西庇阿的密友(正是他在西庇阿的葬礼进行了致辞)，西塞罗在他题为《论友谊》的对话中歌颂了他们之间的友谊。由于他与希腊斯多葛哲学家的交往，因此，他被称为智者(*Sapiens*)。他还是特伦斯的赞助人。后来，西塞罗把他列为西庇阿圈子里的领袖之一。
② 盖乌斯·鲁西留斯可能出生于公元前180年，接受过全面的教育，还可能在雅典学习过一段时间，并且他在雅典与学园中的柏拉图主义者混在一起。盖乌斯·鲁西留斯以严肃的讽刺诗人的身份而闻名。他是西庇阿的密友，经常为朋友辩护，当受到挑战时，他也并不怕与别人进行交锋，表现出一种罗马诗人所不常见的精神独立性。从科里托马库斯(Cleitomachus)为他撰写的作品来看，鲁西留斯是一位知识分子和激进的诗人，有着深刻的思想。
③ 帕奈提乌，大约于公元前185年出生在罗德岛，在帕伽玛学习，去罗马之前在雅典跟随斯多葛学派学习。在罗马，他与很多社会上的显赫人物交上了朋友，如西庇阿和莱利乌斯(Laelius)。他的作品标志着斯多葛文学的一个转折点，开创了被称为"中斯多葛"的时代。
④ 波里比乌，大约于公元前200年出生于伯罗奔尼撒的麦格拉波利(Megalopolis)，在亚该亚同盟(Achaean League)中也拥有政治和军事权威的职位，在公元前168年彼得那战役(Battle of Pydna)之后，他被作为人质带到罗马。然而，尽管他的地位不高，他仍然受到罗马贵族的高度评价，并与许多活跃在政治领域的名流交上了朋友，尤其是西庇阿，因此，他对罗马的政治结构和行政制度有了详细深入的了解。他的作品《通史》有相当一部分流传了下来，这部作品主要论述了从公元前220年到公元前140年的历史，在书中，他描述和解释了罗马崛起成为地中海地区的主导力量的过程。
⑤ 在公元前180年至公元前160年间，在特伦斯成长的希腊圈子里，humanitas这个词显然是一个标准用法的流行语，用来传达米南德戏剧中的anthropos和anthropinos的含义，这两个词都被纳入了罗马教育大纲之中。

这种"亲希腊"的倾向因很多人的知识取向而变得更加强烈，这些人就是西塞罗[在《论友谊》(De Amicitia)中]所称的西庇阿"群体"的成员，即西塞罗的《论共和国》(De re publica)对话的参与者：昆图斯·埃利乌斯·图伯洛(Quintus Aelius Tubero)，一位受到帕奈提乌影响的政治家和哲学家；卢西乌斯·富里乌斯·菲鲁斯(Lucius Furius Philus)和普·苏皮西乌·鲁富斯(P.Sulpicius Rufus)，前者受过良好的哲学教育，后者是他那个时代的著名演说家；盖乌斯·芳尼乌斯(Gaius Fannius)，是另一位帕奈提乌的学生，也是一部名为《编年纪》的重要历史著作的作者；昆图斯·穆西乌斯·斯卡沃拉(Quintus Mucius Scaevola)，以占卜官著称，是盖乌斯·莱利乌斯的女婿，斯多葛学派的哲学家和法学家，西塞罗曾听过他的演讲；还有另一位罗马社会的杰出成员，玛尼乌斯·玛尼留斯(Manius Manilius)，他是"罗马法"的创始人之一。

除此之外，我们必须谈几句关于这场运动的核心人物，也就是普伯里乌·高奈留·西庇阿(Publius Cornelius Scipio)本人，他大约出生在公元前185年，公元前147年担任执政官，一年后占领了迦太基，并于公元前129年因不明原因去世。从他幸存下来的作品来看，他对文学的爱好只表现在关于修辞学的演讲上，他写这些演讲主要是为了纪念他政治生涯中发生的重要事件。除了对文学的兴趣，尤其是对希腊文化有着浓厚的兴趣外，我们从西塞罗那里了解到，西庇阿天生就有创造友好气氛和聚集朋友的天赋和魅力，让即使是最底层的平民也能在他的面前感到自由自在和无拘无束。从我们对他的了解来看，西庇阿最关心的是塑造理想的罗马公民，这样的公民具有丰富的公共事务经验，也懂得希腊的文化和学识。

培拉图书馆对罗马思想的影响

我们已经谈到了培拉图书馆对西庇阿的圈子和教育界的影响（这方面的影响更晚），此外，其丰富的藏书也有助于唤起罗马公众对哲学的兴趣。罗马人现在开始了解他们从未听说过的书籍以及各种人物和事物，因此，希腊哲学在罗马获得了一大批的追随者。不仅仅在西庇阿的圈子里，而且还有那些尝试和拥护斯多葛哲学的人也是如此。

把斯多葛哲学引入罗马的人正是帕奈提乌①，他除了与西庇阿和罗马贵族保持着友好的关系，还帮助普及了一种广泛按照斯多葛学派指示的思维方式，即一种严格的道德准则，表现为随时准备为罗马人民和国家利益而牺牲。②这里应该提到的是，根据评论家阿克龙（Acron）的说法，奥古斯都诗人和文学学者斯塔提乌斯（Stertinius）写了220本拉丁诗集，阐述了斯多葛学派的教义。除了通过帕奈提乌在斯多葛学派与雅典之间建立的联系，从公元前2世纪中叶起，罗马与希腊世界的另外两个哲学中心也紧密联系在一起，它们分别是罗德岛和帕伽玛。

罗德岛共和国是一个相当大的海上强国，从公元前2世纪中叶开始，托勒密王朝变得更加"埃及化"，很多博物馆的文学学者离开了亚历山大里亚，前往罗德岛。因此，罗德岛可能成为继雅典之后最重要的哲学和教育中心。这一传统自亚里士多德的学生欧德谟斯时代就一直保持着，由著名的修辞学家和哲学家继续教授罗马的政治家，包括凯撒和西塞罗的老师莫隆③，以及阿帕美亚的波西多纽（Posidonius）。④

---

① 将哲学引入罗马的先驱是诗人，他们受到了"大希腊"文化素养的启发，特别是受到其剧作家和哲学家的启发，正如我们在恩尼乌斯的例子中所看到的那样。
② 从帕奈提乌时代起，在罗马与斯多葛学派有联系的人中有：小莱利乌斯（Laelius）、埃利乌斯·图伯洛（Q. Aelius Tubero）、芳尼乌斯（C. Fannius）、斯普利乌·姆米乌斯（Spurius Mummius）、布劳西乌（C. Blossius）、鲁提留斯·鲁富斯（P. Rutilius Rufus）、瓦勒留·索拉努斯（Valerius Soranus）、埃利乌斯·斯提罗（L. Aelius Stilo）、斯卡沃拉（Q. Mucius Scaevola）、塞克·庞培（Sextus Pompeius）、小加图（Cato the Younger）、苏皮西乌·鲁富斯（Servius Sulpicius Rufus）、德尔图良（Tertullian）和特伦斯（Terence）。
③ 阿波罗尼乌斯是莫隆的儿子，后来改名为莫隆，他在公元前1世纪是一名修辞学教师，在罗德岛开始了他的职业生涯。公元前87年至公元前81年，他在罗马担任罗德岛的大使，西塞罗、凯撒、法伏纽斯（Favonius）和托夸图斯等人都聆听过他的演讲。
④ 波西多纽，公元前2世纪、公元前1世纪的哲学家，生于公元前135年左右，在罗德岛的帕奈提乌门下学习。后来波西多纽在罗德岛开了一所自己的学校。公元前85年，他作为一个外交使团的成员去了罗马，可能在那里见过西塞罗。他在罗德岛继续他的教学生涯，直到公元前51年，参加他讲座的学生和听众有很多，其中，包括霍腾修斯等。

罗马与帕伽玛的密切联系的一个结果是，罗马人没有遵循严格的科学方法进行文本研究，但这却是亚历山大学者的特点。罗马人受到来自马卢斯的克拉底语言教学的影响。①马卢斯于公元前168年作为帕伽玛的外交使节访问了罗马，并利用他在那里访问的时间做了大量的教学工作。事实上，在访问期间，他出了一次意外事故，因此，不得不延长在罗马的逗留时间，康复期间，在他周围形成了一个"学校"。在教学中，他专注于斯多葛学说和考据学，培养了罗马考据学的斯多葛取向和文学的语言学方法。正如我们曾在《古希腊图书馆史》一书中所提及过的，克拉底还发明了处理毛皮的新方法，采用这种方法可以用来生产出更精细的牛皮纸，并将它们出口到罗马。

毋庸讳言，经过了各种斗争，哲学和各种学派才最终在罗马建立和发展起来。公元前173年，伊壁鸠鲁主义者阿凯乌斯②和菲利斯库斯被驱逐出城。12年后，也就是公元前161年，哲学和修辞学的教师被禁止住在罗马。公元前155年，雅典派来的哲学家代表团，包括卡尔涅亚得（当时是柏拉图学园的园长）、塞琉西亚（Seleucia）的斯多葛派哲学家第欧根尼（Diogenes），以及法赛里斯（Phaselis）的逍遥学派学者克里托劳斯（Critolaus），他们都被勒令离开罗马，因为卡尔涅亚得（Carneades）说明传统价值观诸多不足的陈述给人们造成了不良的印象。③

奥古斯都统治时期的教育和文化

艾米留斯·保卢斯将马其顿皇家图书馆保留下来，供他的儿子们使用，这并不是罗马人从公元前2世纪开始就已经对文字和书籍的热爱的唯一证明，它只是体现了罗马贵族们决心为学校教育提供一切可能的援助的一种方

---

① 苏维托尼乌斯认为，克拉底是将系统的语法研究引入到罗马的人：Suet., De gram. II.。
② 这是来自墨西涅的阿凯乌斯（*fl. ca.* 200 B.C.），《帕拉丁文集》中诸多政治警句的作者，这些警句的尖刻语气后来被卡图卢斯（古罗马诗人）模仿过。
③ 传统观点认为，哲学家代表团被驱逐是因为卡尔涅亚得连续两天对政治中的"正义"这个概念提出了两种相互矛盾的解释，因此加图命令他们立即离开。

式。这就是为什么富有的罗马人聘请希腊哲学家、修辞学家和语法学家作为他们孩子导师的原因。

反过来，这些导师也会得到丰厚的报酬，并因他们的学识而受到尊重，因为能够为贵族们服务，他们也会因此换取到一定的自由，正如我们上面看到的安德罗尼柯的例子就属于这种情况。例如，西庇阿聘请了一批专门研究不同学科的希腊教师，而革拉古兄弟（Gracchi）的母亲高奈莉娅（Cornelia）则聘请了来自米提利尼的著名修辞学教师狄奥芬尼（Diophanes）①，来自库迈（Cyme）的斯多葛哲学家布劳西乌（Blossius）②为他们的大儿子提比略做家庭教师。另外，布劳西乌也是提比略的顾问和导师。有证据表明，年轻的罗马人接触到了伟大的图书馆（不仅是培拉的图书馆，还有其他图书馆，例如希腊哲学家和语法学家的图书馆，尽管这些图书馆小一些，但是也非常重要），同时，在西塞罗那个时代，人们开始意识到拥有私人图书馆的重要性，这可以从西塞罗时代的教育活动中看出来，比如，在威留斯·福拉库斯（M.Verrius Flaccus）③举办写作比赛时，获奖者得到的奖品是一本精美且稀有的旧书。由于整个的学校教育基本上都是模仿希腊的教育方法，甚至孩子们在学习拉丁语语法之前就开始学习希腊语语法了，因此，可以合理地得出这样的结论，年轻人在刚开始上学时就意识到拥有双语图书馆的重要性。

如前所述，罗马的教育实践是仿效希腊的，即使在奥古斯都统治时期，罗马教育仍然是希腊式的，也就是说，他们的教育是以希腊诗歌和修辞为基础的。更重要的是，即使是在李维乌斯·安德罗尼柯和恩尼乌斯基础上发展起来的拉丁诗歌，也是为了在学校环境中支持说教推理而创作的，它们是古

---

① 当狄奥芬尼（西塞罗认为他是希腊最著名的演说家之一）被驱逐出其出生地米提利尼后，他以难民身份前往罗马，并在那里招收了一大批学生。他支持提比略·革拉古的政治纲领。
② 布劳西乌是斯卡沃拉家族的密友，是提比略·革拉古最坚定的支持者和朋友之一。他因教唆后者的政治阴谋而被定罪，逃到帕伽玛国王阿里斯托尼卡（Aristonicus）的宫廷。公元前133年罗马征服帕伽玛王国时，他领导一场反抗罗马人的起义，于公元前129年被俘，在罗马被处决。
③ M.Verrius Flaccus，自由民，他以其教学方法而闻名于世，为此奥古斯都任命他为其孙子做家庭教育。

罗马教育的重要课程。至少在学校教育的起始阶段，学习诗歌的目的是改善语言表达，这就是昆提里安（Quintilian）在谈到"正确说话的艺术和诗人的阐述"（recte loquendi scientiam et poetarum enarrationem）时的想法。对罗马的年轻人来说，小学教育阶段以语法学家（grammaticus）结束，高等教育阶段以演说家（rhetor）结束。事实上，苏维托尼乌斯主张"早期的罗马不要对语法进行研究"，"语法的技艺"直到公元前2世纪中叶才成为研究的对象，他认为把语法引入罗马的人是克拉底。

在结束这一章时，我要重申，那些追求以希腊文化为导向的教育的人并不一定满足于罗马所提供给他们的基础设施，许多贵族成员会在希腊世界的各个学习中心继续深造。至少在公元前119年，罗马的年轻人会在雅典的青年会所（Ephebeion，而ephebe尤指古希腊刚成公民的男青年）学习各种课程，然后到雅典或罗德岛的一所或另一所哲学学校听课，这在当时是相当普遍的。

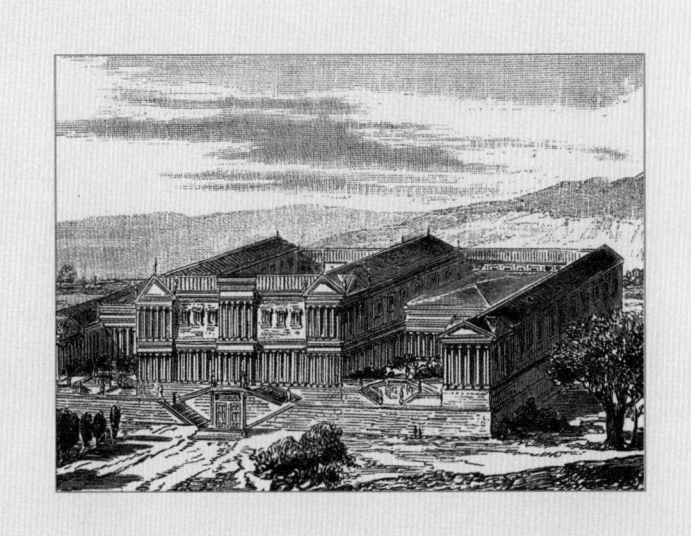

从瓦罗到西塞罗

——私人图书馆与共和国末期的图书贸易

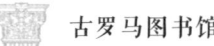

• 缪斯和哲学家,有雕饰的石棺(sarcophagus)(藏于罗马托洛尼亚博物馆)

在普伯里乌·高奈留·西庇阿·艾米利亚努（Publius Cornelius Scipio Aemilianus the Younger）去世之后的大约100年内，罗马一直处于内乱之中，阴谋诡计、政治动乱和财富再分配，所有这些最终导致了共和国（公元前31年）的逐渐衰落。这一历史时期的第一个事件主要体现在盖乌斯和提比略·革拉古（Tiberius Gracchus）兄弟的悲惨命运中，他们试图通过社会改革和土地重新分配来建立新的社会政治秩序，但最终却都成为徒劳。公元前122年盖乌斯遇刺后，寡头政治逐渐恢复了政治仲裁者的角色，并将禁卫军变成了自己的爪牙和棋子。国家的最高职位由一些有权势但生性多疑的人担任，随之而来的是一波流放和被禁的浪潮，受害者大多是元老院成员。在这种情况下，维系元老院团结的纽带不久就开始松动，直到最后沦为一帮混乱的走卒。把土地重新分配给退伍军人的威胁，使那些逃脱了流放和被宣布为公敌的人感到恐惧，因此，在这种动荡不定的大环境下，许多罗马人开始将对外部世界的关注转向于他们的内心生活。①

贵族们从喧嚣的公共生活中隐退，他们隐居到罗马城外或小城镇里的别墅中。这一时期，统治阶级积累的巨额财富，逐渐将罗马传统的"温和"社会风尚转变为在公共事务和贵族私生活中肆无忌惮地挥霍和炫耀。例如，罗马贵族通常不仅在首都拥有一座住宅——他们更愿意将房子建在帕拉丁山上，人们认为那里是最黄金的地段，而且在某些风景秀丽的乡村和西海岸的

---

① 关于革拉古兄弟的主要资料来自普罗塔克的《希腊名人传》（*Lives*）和阿庇安的《罗马史》（*Roman History*）。

海滨圣地，最南达那不勒斯湾，还会有一座或多座别墅。例如，即使并不以财富著称的西塞罗，也曾花了75万便士在帕拉丁山上购买了房子，另外，他还在其他地方有七套别墅。罗马的别墅大多是按照希腊的建筑风格设计的，它是一个豪华的休养隐居之地，可以为它的主人及家庭和朋友提供一切可能的舒适和便利。柱廊保护着别墅的庭院和花园，使之免受旁人的窥视，别墅里面有体育馆（私人"健身房"，用于摔跤和其他形式的体育锻炼）、娱乐室、浴室、豪华卧室和图书馆。在这种雅致优美的环境中，主人可以在闲暇时追求自己的文学兴趣。这种气氛也非常适合进行学术讨论，一些有抱负的诗人和散文作家会在这里介绍他们新创作的作品，并接受听众的批判。

当古罗马的社会结构崩溃时，知识分子感到惶恐不安。卢克莱修（Lucretius）在他的《物性论》（De Rerum Natura）的开头，对维纳斯的祈祷实际上是对和平的期待和寄托，在最后的部分，他借用修昔底德笔下的雅典大瘟疫作了可怕的描述。在这两者之间，卢克莱修努力从哲学上寻求慰藉，并赞美了他的导师伊壁鸠鲁的智慧。而其他人，如卡图卢斯（Catullus，古罗马诗人）则在爱中寻求满足；尼吉底乌·菲古卢斯开始复兴毕达哥拉斯主义；从公元前53年起，美米乌斯流亡至雅典，他经常光顾伊壁鸠鲁主义者（享乐主义）的圈子。在这种充满不确定性和惶恐不安的氛围中，瓦罗和西塞罗的图书馆也被拆除。这两座图书馆曾是收藏各类作品的前沿阵地，从这些作品中，人们可以窥探罗马文学的起源，也可以了解它的希腊渊源。

瓦罗的图书馆

朱利乌斯·凯撒委托瓦罗为罗马公共图书馆挑选书籍，该图书馆的代表性文献是希腊文学和拉丁文学。如果那座公共图书馆能够幸存下来，或者我们有瓦罗自己的私人图书馆里的馆藏目录，我们对古代图书馆和伟大的莎草纸卷收藏家的了解将远远超过现在的水平。

据圣·奥古斯丁记载，马库斯·特伦提乌斯·瓦罗（Marcus Terentius

Varro），公元前116年出生于罗马，公元前27年去世，他的一生都与罗马文化生活的一个重要篇章有关：他比西塞罗大十岁，奥古斯都成为皇帝时，他依然在世。在文学上，他跨越了两个不同的时期。在青年时，他将《古代文物》（*De antiquitate litterarum*）献给阿西乌斯（Accius），而在晚年时，他又有幸可以读到维吉尔的《农事诗》（*Georg.*）。瓦罗是按照严格的罗马行为准则被教育长大的，伟大的语法学家卢西乌斯·埃利乌斯·斯提罗曾引导他学习斯多葛学派的学术传统。后来，他去了雅典，在那里参加了阿斯卡隆的安提奥库斯（Antiochus，公元前130—公元前68年，学园派哲学家，西塞罗的老师）的讲座，并研究柏拉图哲学的传统，同时，他在某些方面表现出对斯多葛学派思想的偏好。靠着这些资历，瓦罗以各种政治身份为罗马政府服务，之后，他又回到自己的庄园，潜心致力于学术研究（公元前59—公元前50年），他的周围也聚集了一大批学生。公元前47年，凯撒攻克亚历山大里亚，他亲眼看见了托勒密的图书馆在知识分子生活中所起的主导作用，当从埃及回到罗马后，凯撒命令瓦罗（凯

• 马库斯·特伦提乌斯·瓦罗

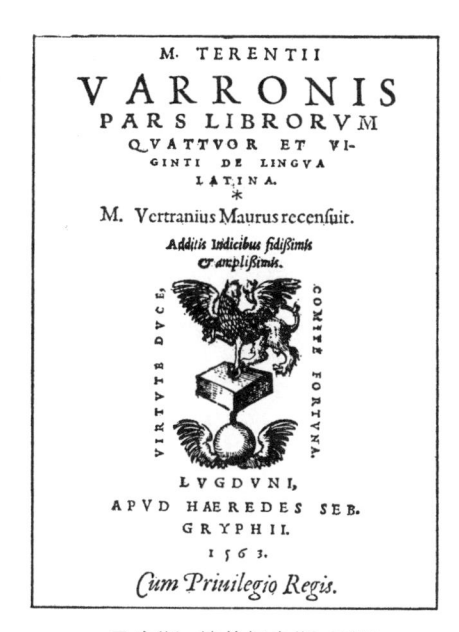

• 马库斯·特伦提乌斯·瓦罗

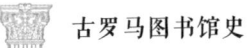

撒比较信任瓦罗的学识)收集寻找各种书籍(希腊语和拉丁语书籍),并让他对之进行整理和分类,最终目标是在罗马建立第一个公立图书馆。凯撒之所以将建立图书馆的任务委托给他,不仅因为瓦罗的博学获得了公众的认可,而且这是一个全国性规模的项目,任务非常艰巨,只有瓦罗能够胜任。苏维托尼乌斯对这项计划只是简要地提及,并没有解释凯撒最初的想法,也没有说明瓦罗所做的实质性工作。人们也没有发现任何证据表明瓦罗是否曾在他遗失的著作《论图书馆》(*De bibliothecis*)中总结了他自己的研究成果。

值得在此重申的是,凯撒创建第一个罗马公共图书馆的倡议,可能与亚历山大里亚被阿基拉斯(Achillas)围困时,皇室仓库中被大火烧毁的四万卷莎草纸卷有关;还有一种说法是,托勒密的世界图书馆是因凯撒的防御策略而被火烧毁。

因为瓦罗的著作范围极广,所以人们将他视为"最博学的罗马人"[①],他是一个诗人、讽刺作家、博古学者、法学家、地理学家、文法家及科学家,同时还精通语言学、历史学、诗歌、农学、数学等,并著有关于教育和哲学的作品,因此,他是罗马人学习的最完美的百科全书式榜样。瓦罗力图掌握全部希腊文化并用罗马的精神将之加以改造。当然,人们也注意到了他的作品与希腊原作的关系,以及他从希腊借用来的方法论。瓦罗并没有仅仅满足于编纂百科全书式的著作,他还根据他的老师安提奥库斯的理论和古希腊各学园的摘录,写作了一些哲学作品。[②]在阅读他的一些非常综合性的作品时,人们总是想知道他查阅了哪些参考书目,他自己的图书馆有着怎样的规模,最重要的是,他如何得到希腊书籍的,这些希腊书籍在公元前1世纪早期的罗马就存在。

瓦罗最伟大的百科全书是九卷本的《学科要义九书》(*Disciplinae*),这

---

① 译者注:修辞大师昆提里安将瓦罗誉为"最博学的罗马人",西塞罗则称其为"一切人中最敏锐、最博学"。
② 有学者估计,瓦罗大约写了74部作品,总计近620卷。

是一部有关人文科学的作品，即那些构成通识教育基础的研究。根据瓦罗的说法，每一个自由民都应该进行学习。在他的语法著作中，最值得注意的也许是《海伯多马底》（*Hebdomades*）或十五卷的《意象》（*Imagines*），其中《意象》中有七百幅希腊和罗马著名政治家和学者的人物素描，每一个人的画像后面都附了简短的传记。这是我们所知的第一本附有插图的罗马书籍。在瓦罗的著作中，最突出的是他关于古文物和历史题材的作品《人神制度稽古录》，这是一部有关罗马历史和宗教的汇编，有四十一卷，以独立文章的形式进行编排。这部伟大著作是罗马人的百科全书，一个关于人、制度和神的所有事实的知识宝库。在这部著作中，瓦罗运用了斯多葛式的方法来处理和解释事物，呈现出了一个综合性的语料库，其中包含了在此之前单独研究过的每一个知识分支。

瓦罗有一部关于农业的著作《论农业》（*De re rustica*），其中只有三卷幸存下来。这本书之所以有趣，是因为第三卷是献给他的一位年轻朋友的，他是提·庞纽斯（T.Pinnius）的儿子，是一个"非常好学而且博学"（*mire studiosus et eruditus*）的人。瓦罗告诉我们，庞纽斯拥有一座华丽的别墅，在那里他有一些自己的藏书，大概保存在别墅中的私人图书馆里。

考虑到当时的罗马或意大利半岛的其他地方并没有公共图书馆，也没有任何其他类型的国家图书馆，因此，瓦罗在写作时，身边肯定有丰富的文献资料。从公元前1世纪中期，他开始避世隐居，他在雅典的时候一定已经收藏了一大批精美的书籍和一些可供他研究和写作所用的原始材料。当然，我们必须记住，他对拉丁文学传统的深刻了解是他能够继续进行文本研究的重要基础，就像他编写普劳图斯的喜剧目录一样。还应该指出的是，尽管瓦罗公开支持庞培，但凯撒还是赦免了他，也许是因为凯撒意识到，在罗马统治下的所有领土上，没有人比瓦罗更有资格来实现他的图书馆计划。然而，在凯撒遇刺后，瓦罗被安东尼（公元前43年）禁锢，他在卡西努（Casinum）的别墅也被夷为平地，他那些珍贵的藏书也随之散佚。瓦罗在他的朋友昆图斯·富菲乌斯·卡勒努斯（Q.Fufius Calenus）的帮助下逃脱，免于一死。当屋大维最终获胜时，瓦罗在他的挚友阿提库斯的支持下，再次成为受公众欢迎的人物（persona grata），并一直受到人们的青睐，直到公元前27年去世。

如果我们试图从瓦罗的著作中来推断他写作时所参考的那些藏书，我们一定会发现，其中肯定有阿帕美亚（Apamea）的斯多葛哲学家波西多纽和教授过瓦罗的语法学家埃利乌斯·斯提罗（Aelius Stilo）的大量关于科学和历史的书籍。此外，他一定还有来自伽达拉（Gadara）的美尼普斯（Menippus）的讽刺小品，来自迦太基的玛戈（Mago）的关于农业方面的论著（在卡西乌斯·狄奥尼修斯的改编本或狄奥芬尼的节略本中），来自罗德岛的斯托耳（Castor）的《编年记》（Chronica）和狄凯亚库（Dicaearchus）的《希腊生活》（Life in Greece）。在哲学部分，他可能有来自拉利萨（Larissa）的斐洛的作品，当然还有他的老师安提奥库斯（来自阿斯卡隆的）的对话（Sosus）。此外，赫米普斯（Hermippus）的《以学术著称的人的生活》（Lives of Men Famous for their Learning）和来自卡桑德里亚（Cassandreia）亚提蒙的《藏书》（Collection of Books）和《书籍的使用》（The Uses of Books），肯定也都在他的藏书里面。另外，还有一些来自下意大利（Lower Italy）的学者所写的历史和科学著作，这些书籍在从安德罗尼柯到恩尼乌斯的那个年代经常被罗马的编译者当作参考书目。

语法学家的图书馆

公元前2世纪中叶，语法学家开始受到人们的关注，在此之前，罗马的文人都依赖于藏书丰富的图书馆。语法学家（grammatici）和修辞学教师（rhetores）并没有局限于自己的教学任务，他们在拉丁文学和希腊文学的广泛传播方面起到了重要的推动作用。除了在语法和修辞学方面的贡献，他们还让学生阅读诗歌，并在不同标题下对知识进行分类。在语言学和文本研究方面，他们还为古罗马学校规则纪律的制定做出了重要的贡献。据苏维托尼乌斯讲，当时的罗马，有超过二十多所学校。语法学家并没有把所有的时间都放在准备课程上,他们对现有的作品进行评注、摘要和注解,即使那些卓越的诗人也认为这些评注和注解是非常具有参考价值的。早期很多拉丁语著作中的一些段落会以这种方式保存在这些语法学家的作品中,从而得以流传至今。许多语法学家都有很高的声誉,不过他们会像希腊的智者那样收取非常高额的费用。他们把获得早期的拉丁文学作品当作自己的生意,在加上注释之后,再将这些作品进行出版。不管他们的优缺点是什么,他们工作的性质就是以利用书籍作为其谋生的基本工具。

正如我们所看到的,对语法和文学批评的研究是由来自马卢斯的克拉底介绍的,公元前168年,恩尼乌斯去世后不久,克拉底在罗马待了一段时间。在那里,他开办了一所学校,其课程包括对那些鲜为人知、鲜为人读的诗学作品进行系统的评议和批判,从而为广大读者所知。例如,盖乌斯·屋大维·兰帕迪奥(Gaius Octavius Lampadio)编辑了奈维乌斯的史诗《布匿战纪》(*Bellum Poenicum*),并分为七卷进行了出版,而此前这部史诗只有一卷。与此同时,其他语法学家开始向广大读者提供历史和诗学作品,并

• 语法教师与学生,T. 苏维托尼乌斯的木刻画

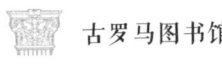

对其进行评论和解读，从而将这些标题添加到已确立的作品中。瓦恭泰乌斯（Vargunteius）就是这样的，他会在指定的日子里阅读恩尼乌斯《编年纪》的摘录。早期语法学家圈子里的另一个成员是列拿尤斯·庞培（Lenaeus Pompeius），他可能是罗马一所私立学校的经营者，可以接触到米特拉达梯六世的图书馆（library of Mithradates VI），并能利用它来写作药理学书籍。

人们公认的早期最杰出的语法学家是卢西乌斯·埃利乌斯·斯提罗·赖柯尼努斯（Lucius Aelius Stilo Praeconinus），他生活在公元前154年至公元前90年，事实上，斯提罗（Stilo）只是他的绰号（来自stylus，是一种书写的工具）。当时，斯提罗还为很多有名望的人写作演讲稿，同时，他也是贵族党的坚定支持者，曾自愿陪同昆图斯·麦特鲁斯·努米狄库（Quintus Metellus Numidicus）流放到罗德岛，在那里他可能遇到了色雷斯人狄奥尼修斯（Dionysius）。受斯多葛学派的影响，斯提罗将希腊语语法的很多方法改造成拉丁语的方法。他还教他的朋友们语法，包括瓦罗和西塞罗，并在空闲时对早期作家的著作进行编辑。斯提罗收藏了很多书籍，自己也有条件可以进入藏书丰富的图书馆或者档案馆，这就解释了他是如何能够根据一些内在证据，在130部归属于普劳图斯的剧作中辨认出哪些是真正普劳图斯本人所写的剧作。

另一个转向语法研究的人是斯提罗的女婿塞维乌斯·克劳狄（Servius Claudius），他也曾编纂过普劳图斯的著作目录。苏维托尼乌斯告诉我们：塞维乌斯在斯提罗的一本书出版前将其偷走，真相败露后，这件事情给他带来了极大的耻辱，于是，他不得不离开罗马，不久之后就去世了。正

• T. 苏托尼乌斯

如我们将看到的，塞维乌斯在流放时所携带的那些书，被西塞罗的仰慕者卢·帕皮留斯·派图斯（L.Papirius Paetus）得到，后来，派图斯又将这些书给了西塞罗。这两个关于塞维乌斯的故事是很重要的，因为它告诉了我们很多关于语法学家的私人图书馆的事情，以及那一时期保护未出版作品的道德规范和知识产权的相关问题。

庞皮留斯·安德罗尼柯（M. Pompilius Andronicus），是公元前1世纪来自叙利亚的语法学家，他在罗马当老师时，因为不太受到重视，于是便决定搬到库迈（Cumae）。在那里，庞皮留斯写了很多作品，但他的生活非常困窘，经常入不敷出，于是，便被迫以一万六千塞斯特币（Sesterius，小银币，是罗马的辅币）的价格把他那首非常优秀的短诗《对恩尼乌斯编年纪的批评》（*Criticisms of the Annales of Ennius*）随便出售给了一个买家。奥比利厄斯（Orbilius）后来买下了庞皮留斯的作品，这不仅仅使得这部作品免于湮没，而且也确保了它能够以作者本人的名义出版。奥比留·普皮勒斯（Lucius Orbilius Pupillus），与庞皮留斯处于同一时代，出生于本尼凡都（Beneventum），他50岁时去了罗马，并在那里教授课程。苏维托尼乌斯告诉我们，在本尼凡都的都城左侧有一尊他的雕像，他静静地坐在那里，戴着希腊式的斗篷，旁边放着两个书箱。

卢西乌斯·阿泰乌斯·普拉特克斯塔斯（Lucius Ateius Praetextatus）自称"非罗罗古"（*Philologus*，意为"对字母或单词热爱的人"），出生于雅典，在公元前1世纪以语法学家和修辞学家的身份崭露头角。公元前86年，他作为战俘来到罗马，在那里过着自由民的生活，并以博学而闻名。他还为撒路斯特（Sallust）和阿昔纽斯·波里奥（Asinius Pollio）提供了许多写作材料。在写给莱利乌斯·赫尔姆斯（Laelius Hermas）的一封信中，他要求赫尔姆斯宣传自己的书："记得把我的*Hyle*推荐给其他人；正如你所知，它包含了各种各样的材料，集中在800本书中。"

高奈留·伊皮卡迪乌斯（Cornelius Epicadius）与阿泰乌斯（Ateius）处于同一时期，是L.高奈留·苏拉（L. Cornelius Sulla）的自由民，也是苏拉儿子福斯图斯（Faustus）的宠臣。他完成了苏拉自传的最后一卷，也许他还以图书馆管理员的身份管理着苏拉的著名图书馆。昆图斯·凯西留斯·埃皮罗塔（Quintus Caecilius Epirota），公元前1世纪出生于图斯库鲁姆。据说他是第一个用拉丁语进行即席讨论的人，并介绍了阅读维吉尔和其他新诗人的方式。奥古斯都时代文学领域的一个重要人物是马库斯·伏尔维乌·福拉库斯（Marcus Fulvius Flaccus），一位语法学家和古文学家。他在身边召集了一大群学生，福拉库斯经常给他们安排考试，以锻炼他们的思维能力，如前所述，获胜者将会得到一本精美漂亮的稀有古籍作为奖品。福拉库斯被奥古斯都选为他孙子的导师，并把他的学校搬到了皇宫。据说，福拉库斯收取的学费非常高，大约每年有十万塞斯特。

塔壬同的卢西乌斯·克拉西昔乌（Lucius Crassicius）是帝国时期的自由民，他在一所学校里以语法学教师的身份教书，他曾对赫尔维乌斯·秦纳

·图书馆阅览室

（Helvius Cinna）的小叙事诗《密拉》发表过一个评论，并因此而声誉鹊起。已知的第一个在罗马公共图书馆担任正式馆长职务的人是盖乌斯·朱利乌斯·海基努斯（Gaius Julius Hyginus），他是奥古斯都的西班牙自由民，是亚历山大·波里希斯托（米利都）的学生。他被敕令任命为帕拉丁图书馆馆长，兼任教师，也是一位多产的作家。从他的著作中，人们可以看出他学识的广博和深度。同一时期的另一位语法学家和诗人盖乌斯·麦里梭（Gaius Melissus）是马凯纳斯的自由民，他承担了在奥塔维亚的波提亚（Porticus Octaviae，罗马的古老建筑）中建立图书馆的任务。麦里梭在晚年开始写作，完成了一部名为《琐事》（*Ineptiae*）的作品，这部作品共有150卷。

当然，语法学家对促进学习、教育年轻人和文学传播的贡献并没有随着共和国的瓦解而结束，因为他们在帝国统治下仍然比较活跃，其中许多人受雇于宫廷。比如，马库斯·瓦勒留·普罗布斯（Marcus Valerius Probus），他出生于贝鲁特（Berytus），在公元前1世纪比较活跃，他在军队里没能谋得一份事业，于是就专注于研究，起初是在他的家乡，在那里他了解了共和国时期的文学传统。苏维托尼乌斯告诉我们，普罗布斯阅读了大量的早期学者的书籍，这些书籍在很多地方图书馆还可以看到，但是在罗马已经基本遗失了。普罗布斯收集了大量前帝国时期作家的书籍，如特伦斯、卢克莱修、贺拉斯和维吉尔，并以与他之前亚历山大学者相同的方式编辑文本，即为这些文本添加批判性的评论和注释。他有许多追随者而不是学生，他会在家里一次给三四个追随者"辅导"，有时候，他会像智者那样斜靠在沙发上，与他们进行长时间的交谈，偶尔也会读一些文学作品。

一个"公共"图书馆：卢库鲁斯的例子

在公元前1世纪罗马最好的图书馆中，有一些是对公众开放的，比如，卢库鲁斯的图书馆。卢西乌斯·李锡尼·卢库鲁斯的祖父曾在公元前151年担任执政官，他曾在苏拉手下服役，是唯一一位支持苏拉进军罗马的高级官员。

他是苏拉的密友，也是他儿子福斯图斯的导师。后来又被任命为非洲的总督。他在反对本都的米特拉达梯（Mithridates）六世（公元前74年）的战争中发挥了主导作用。公元前63年，卢库鲁斯一回到罗马，就醉心于对知识的追求和奢华生活的享受，他于公元前57年去世。

卢库鲁斯深受希腊哲学流派和所有有关希腊事物的影响，他认为精神文明和物质文明是不可分割的。由于他标榜自己在非洲养成的古怪品味，阿塞奈乌斯将卢库鲁斯的名字与当时罗马对奢侈的热爱联系在一起。普鲁塔克甚至把卢库鲁斯的生活方式比作"一部古老的阿提卡喜剧"，他指的是卢库鲁斯从政和从军生涯的开启方式，最后以一场"科摩斯"（comus，希腊神话中司酒宴之神和庆祝之神，在此，意指各种酒会和各种娱乐活动）告终。普鲁塔克接着说，卢库鲁斯挪用了巨额财富，购买了绘画、雕塑和其他艺术品用以装饰和美化他的别墅。为了享受生活，他会吃各种珍馐美味，因此，他的名字已经成了一个奢侈的代名词。但也因此而招致了平民的怨恨和小加图的责备。

然而，西塞罗（《学园派》Academica，第2卷）却极力夸耀卢库鲁斯的学术志趣以及他对文学和哲学的热爱。卢库鲁斯决心把一种希腊式的生活方式强加给他的家庭，这种生活方式与他自己的奢侈标准相适应。他将其位于图斯库鲁姆的别墅变成了一个"缪斯的居所"，至少，在那

• 李锡尼·卢库鲁斯（普卢塔克雕刻）

里,他让所有生活在罗马或在那里短暂停留的希腊人可以自由地居住,这些希腊人会感觉到这像是他们自己的家一样温暖舒适,那些访问罗马的人称它为"希腊式的公共会堂"。

卢库鲁斯在罗马拥有一座华丽的别墅,即后来被梅萨利纳(Messalina)收购的卢库鲁斯花园(*Horti Lucullani*),另外,他在图斯库鲁姆、密塞努(Misenum)、尼亚玻里和奈西斯等地,还有一些乡村别墅。卢库鲁斯的密友中有一个名为阿尔基亚(Archias)的人,他可能住在图斯库鲁姆,负责管理那里的图书馆。① 几乎可以肯定的是,他把大部分的藏书都放在图斯库鲁姆的别墅里,普鲁塔克把这里比作是一个开放的博物馆。关于他是如何获得那些藏书的,并没有记载。但是,除了他为自己买的"写得很好"的书籍之外,他从东方带回的战利品中无疑包括很多属于地方统治者的图书馆藏书,甚至还有米特拉达梯六世图书馆的一部分藏品。

关于卢库鲁斯的藏书和图书馆,我们只有两个具体的参考文献:一个是西塞罗的,另一个是普鲁塔克的。第一个出现在西塞罗的哲学作品《善恶之尽》(*De finibus bonorum et malorum*)中,作者拜访了卢库鲁斯位于图斯库鲁姆(Tusculum)的别墅(靠近他自己的别墅),在别墅的图书馆中,他意外地遇到了马库斯·波喜乌斯·加图,即老加图(监察官)的孙子。当加图询问西塞罗来访的原因时,西塞罗解释说他是来借书的,他还说他希望年轻的卢库鲁斯现在已经熟悉了解这些书的内容了。西塞罗接着说,他想把亚里士多德的一些书带回家,他知道那里有,"我想在我空闲时阅读这些书,尽管空闲时间不常有"。在第二段相关的段落中,普鲁塔克被卢库鲁斯的文学造诣所吸引,并强调,他所拥有的书籍不仅很多,而且"写得很好"。

---

① 阿尔基亚(Aulus Licinius Archias)大约在公元前118年出生于安提奥启(Antiochis),通过卢库鲁斯的斡旋获得了罗马公民身份。

学术兴趣和米特拉达梯六世的图书馆

• 米特拉达梯（Spoor雕刻）

古罗马时期的学者对米特拉达梯的图书馆及其收藏的书籍做了大量的探讨和研究。这些学者给我们流传下来的资料和信息非常值得总结。米特拉达梯六世尤帕托尔（Eupator），生活在公元前132年至公元前63年，是米特拉达梯战争的主要人物，这场战争从公元前89年一直持续到他去世（即公元前63年）。他与同盟国对罗马霸权发动的战争并不仅限于安纳托利亚（Anatolia），许多希腊城市也都卷入其中，包括雅典（公元前86年春，苏拉曾对雅典进行了洗劫）。在那次战役之后，苏拉将大量战利品运往罗马，其中包括亚贝里康的藏书，这些藏书中有亚里士多德自己的"秘传性"著作手稿（即他的教学书籍）和一些塞奥弗拉斯特的著作。

米特拉达梯在他周围创造了一个完全希腊化的环境，尽管他自己来自波斯家庭。他任命希腊军官指挥他的陆军和海军，他在自己的王国也做了大量的工作来传播希腊文化。米特拉达梯会说希腊语以及其他22种语言，还有普林尼曾记载，他禁止臣民通过翻译向他讲话。从已知的关于米特拉达梯的少数史实来看，我们可以推测，他与专门研究植物学、药理学和医学的希腊作家也相识。

我们还了解到，米特拉达梯对解毒方面的药物制剂极感兴趣，在他的宫廷里有植物学家和药理学家克拉泰夫阿斯（Crateuas），克拉泰夫阿斯的绰号为"Rhizotomos"，意为"根须切割器"，他曾写过一些关于植物学和草药药用特性的书籍。克拉泰夫阿斯的第一本书用了大量的植物图画插图，这本书曾被狄奥斯科里迪斯（Pedanius Dioscraides）用来作为他的《药物志》（*Materia Medica*）的参考资料。普林尼对克拉泰夫阿斯书中的插图有自己的看法，他认为拙劣的抄写者所做的粗糙的图画只会使文本的清晰度变得模糊，因此呈现出一幅混乱无序的图景。

米特拉达梯与西乌斯（Cius）的阿司克勒彼亚得（Asclepiades）保持着通信联系，他也是阿司克勒彼亚得的著作中要致献的那个人。阿司克勒彼亚得离开本都，最终定居在罗马，在那里他成为一名非常成功的医生，专攻外科和营养学。

另一个可能在本都皇室圈子里活动的博学者是来自阿米苏的老提拉尼奥①，他在第二次米特拉达梯战争中被卢库鲁斯的军队俘虏，后来可能与卢西乌斯·李锡尼·穆瑞纳（Lucius Licinius Murena）去了罗马。提拉尼奥在罗马做语法教师，赢得了良好的声誉。他的图书馆非常宏伟，在历史上也非常知名，图书馆藏有三万多卷图书，大部分都是从他的家乡本都带来的。

在这方面，应当指出的是，在本都（都城昔诺佩）整个王国里，有一些城市保留着浓厚的希腊文化传统，其中，包括阿玛斯特里斯（Amastris）、阿米苏和劳迪凯亚等。米特拉达梯在卡帕多西亚、庇提尼亚、弗里吉亚（Phrggia）和其他小亚细亚地区发动的军事行动，让他有机会接触到许多有名望的人。这些军事行动经常引起当地民众的叛乱，这些民众认为他是一位可以将他们从罗马统治中解放出来的领袖。

在《卢库鲁斯传》（*Life of Lucullus*）中，普鲁塔克（Plutarch）是第一个描写罗马将军与米特拉达梯和提格拉尼斯在本都和庇提尼亚战役中带回的惊人财富的人。在占领了一些大城市，如昔诺佩、阿米苏、尼西比斯（Nisibis）、提格雷诺塞塔（Tigranocerta，亚美尼亚首都）和卡比拉

---

① 老提拉尼奥经常与一位同名者（小提拉尼奥）混淆，后者也在同一时期生活在罗马。

(Cabira)等地方之后，罗马将军带走了各种各样的战利品，包括一些来自希腊和波斯的价值不菲的艺术品。根据塞维利亚的伊西多尔记载，这座图书馆的一部分藏书，连同来自本都地区各个城市的其他书籍，都被带到罗马，这部分书籍构成了卢库鲁斯那个著名图书馆的核心部分。

普鲁塔克还说，公元前66年，在第四次米特拉达梯战争开始时，庞培被派去指挥罗马军队，他占领了卡比拉附近的一座堡垒，并在那里发现了米特拉达梯的私人图书馆。庞培愉快地阅读图书馆中的这些书籍，尤其对米特拉达梯用毒药杀死他儿子阿里亚拉塞斯（Ariarathes）的记录特别感兴趣。这些藏书中还有一部分是关于释梦的书籍和来自莫尼姆（Monime）的淫秽信件，莫尼姆是米特拉达梯的一个妻子，来自米利都。庞培将来自米特拉达梯私人藏书中的一部分或者全部带回了罗马，并命令列拿尤斯·庞培（Lenaeus Pompeius）对这些书籍进行翻译。① 根据老普林尼的说法，列拿尤斯·庞培是第一个写草药制备方法的人。而且，罗马作家对从国外来的资料非常感兴趣，撒路斯特在一篇关于非洲古代部落的文章中证实了这一点，为了让读者相信他的作品的价值，他解释说，他的描述是基于某些"布匿书"（Punic books）的翻译，据说这些书是希普萨尔（Hiempsal，非洲努米底亚部分地区的国王）国王的。

最早的私人图书馆：从西塞罗到阿提库斯

在试图推断从公元前3世纪中期到公元前1世纪罗马贵族私人图书馆的存在——除了西庇奥、卢库鲁斯和瓦罗之外，我主要依靠的证据来自罗马文学和语法学先驱的著作。

在许多情况下，我把一个看似不言而喻的结论当作事实，但实际上并没有得到证实。西塞罗的书信，尤其是他写给阿提库斯的信，不仅提供了关于

---

① 庞培有两栋别墅，一栋在库迈，另一栋在阿尔巴，但是否在这两栋别墅中都有图书馆，我们并不清楚。

他自己的私人图书馆和他们的布置方式的信息，而且还涉及与书籍世界及其发行有关的许多其他相关主题。

西塞罗，公元前106年出生于阿尔皮诺（Arpinum，今Arpino）。他是一个主张减少罗马文化对希腊和亚历山大里亚依赖的人，但是他又是一个特别喜欢希腊和对希腊特别友善的人。与加图一样，西塞罗也是一个"新人"（*novus homo*），他的成功完全归功于他卓越的才华和自己的个人努力。西塞罗在那个时代最伟大的学术中心学习和研究，如罗马、雅典和罗德岛，他的老师很多都是当时最著名的希腊知识分子。

西塞罗在讲坛上聆听伟大的罗马演说家的演讲，通过这种方式他学会了希腊修辞学。他曾经听过法学家和预言家昆图斯·穆西乌斯·斯卡沃拉（Q.Mucius Scaevola，罗马政治家、克拉苏的岳父）的演讲。西塞罗热爱哲学，并成为拉利萨哲学家斐洛的追随者①，后者于公元前88年定居罗马，并教会他从对立的观点思考问题。公元前85年斐洛去世后，西塞罗成为斯多葛哲学家狄奥多图（Diodotus）的信徒，狄奥多图给了西塞罗一所自己的房子，让其安享晚年。

公元前79年，西塞罗中断了他的法律诉讼生涯②，前往希腊和小亚细亚进行了一次"教育之旅"，于公元前77年返回罗马。在雅典，西塞罗作为阿里

· 西塞罗

---

① 译者注：据普鲁塔克记载，斐洛是柏拉图学派的哲学家，出生于拉利萨，大约在公元前88年前往罗马讲学，西塞罗就在他的门下学习。
② 译者注：据普鲁塔克记载，西塞罗曾经作为律师为罗斯修斯做过辩护，而苏拉正是罗斯修斯的指控方。尽管最后西塞罗打赢了这场官司，但是他害怕遭到苏拉邪恶势力的报复，因此，假称自己身体有疾病，才前往希腊旅行的。苏拉去世后，他才重新返回到罗马。

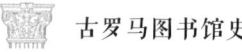

斯通的宾客，在他家中待了六个月。① 同时，聆听了安提奥库斯（阿斯卡隆）的演讲，就像瓦罗在他之前所做的那样。离开雅典之后，他又去了罗德岛，跟随修辞学家阿波罗尼乌斯·莫隆学习演说技艺，阿波罗尼乌斯·莫隆用一个非常特殊的方式对他进行训练，教会了他如何用一种优雅的方式在公共场合进行演讲，这种方式给他以后的演说才能留下了深刻的印记，莫隆更是对他的演说才能赞叹不已。从公元前76年起，西塞罗开始活跃于罗马政坛。在庞培和克拉苏（公元前70年）的执政时期，西塞罗（公元前66年出任裁判官）在其以《论格奈·庞培的指挥权》（*De imperio Cn. Pompei*）为题的作品中，自称是庞培的政治支持者。公元前63年，西塞罗迎来了他政治生涯的高峰，在贵族的支持下，他被选为罗马的执政官（执政官是罗马官职的最高点）。在接下来的几年里，他成功地粉碎了以破落贵族喀提林（全名Catiline, Lucius Sergius，卢西乌斯·塞吉乌斯·喀提林，罗马政治家，西塞罗的政敌）为首的企图篡夺国家权力的阴谋，使他的政治声誉达到巅峰。西塞罗被视为共和国的拯救者和"国父"。但在揭露和粉碎喀提林的阴谋过程中只凭元老院的一般决议，未经正常的法律程序处死阴谋分子的做法成为反对派攻击他的口实，很快他在政治上便被迫处于守势，最终他自动放逐国外（公元前58—公元前57年）。

回到罗马后，他主要写了两部作品：《论演说家》（*De oratore*，公元前55年）和《论共和国》（*De re publica*，公元前54—公元前51年），此外，还有两篇精彩的演讲，即《反皮索》（*In Pisonem*）和《为米罗辩护》（*Pro Milone*）。庞培和凯撒（公元前50年）争夺权力内战爆发后的三年，对于西塞罗来说是最困难的，充满了波折与坎坷，甚至受到了人身威胁，直到公元前47年凯撒赦免了他。西塞罗的修辞学作品《布鲁图》和《论演说家》证明了他

---

① 这可能是亚历山大里亚的阿里斯通，他是公元前1世纪的哲学家，跟随阿斯卡隆的安提奥库斯（Antiochus of Ascalon，学园派哲学家，公元前130—公元前68年）学习，后来又加入逍遥学派。西塞罗在一封写于公元前50年10月15日的信中告诉阿提库斯，他住在雅典全城最好的地方——雅典卫城。

- P. Manutius, In Epistolas Ciceronis ad Atticum······ Commentarius, 威尼斯, apud Aldi filios, 1547年

- M. T. 西塞罗, Epistolarum ad Atticum, ad Brutum, ad Quintum Fratrem Libri XX, 威尼斯, in aedibus Aldi et Andreae Soceri, 1521年

- M. T.西塞罗, *De philosophia*, 威尼斯, apud Aldi filios, 1552年

- M. T. 西塞罗, *De Oratore, De optimo genere Oratorum, De claris Oratoribus*, 威尼斯, 奥尔德斯, 1569年

的语法水平。公元前45年,西塞罗的女儿图利娅(Tullia)突然离世,这使他非常伤心,这在一定程度上激发了他的灵感和创作力。凯撒的遇刺为西塞罗敲响了丧钟,作为一个坚定地维护共和制的人,他致力于反对安东尼的运动,不久之后,安东尼和屋大维把他的名字列入了不受保护的公敌名单,结果他在公元前43年惨遭杀害。

西塞罗多元化的著作是一座信息宝库,它为我们提供了与古罗马早期历史文化相关的人物和事物的独特视角;但是只有在《致阿提库斯的信》中,我们才能找到关于他购买书籍和图书馆组织的相关信息。关于罗马书籍世界的信息可以在西塞罗的《霍腾修斯》和《卢库鲁斯》(分别包含苏拉和卢库鲁斯图书馆的参考文献)中找到,也可以在他的哲学论文《论至善与至恶》和《致亲友书》中找到。

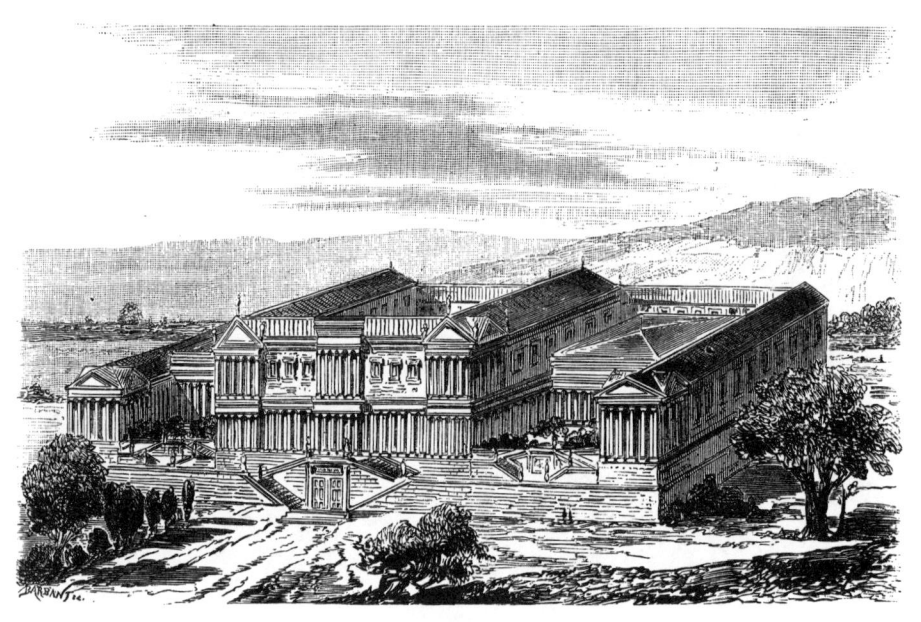

• 西塞罗图斯库鲁姆别墅的重建图

西塞罗别墅里的藏书

和其他贵族成员一样,西塞罗拥有很多栋别墅,因此,他可以在一个别墅里待一段时间以后,再换到别的别墅里。在这样安静舒适的条件下,他只是与朋友保持信件往来,不会被外界干扰,也有足够的时间和自由来思考自己的政治计划,或者进行自己的学术写作。西塞罗所有的别墅都在罗马南部,西海岸有四座,内陆至少还有三座(分别在阿尔皮诺、图斯库鲁姆、安齐奥、库迈、福米埃、庞贝和普特利)。西塞罗还有一栋别墅在阿图拉(Astura),他也是在那里遇刺身亡的。① 除了市区的房子以外,他的这些别墅都是在罗马的帕拉丁山上建造的,之前我们对此也有过介绍,他总共花了750000便士(*denarii*,古罗马货币)。写给阿提库斯的信件,大多数都是在这些别墅里完成的,西塞罗和阿提库斯之间保持着极其密切的关系。阿提库斯在西塞罗一生中扮演了重要的角色,他不仅是西塞罗实现政治抱负的亲信和心腹,在文学和艺术领域也是他的导师和顾问。他们两人之间的这几百封书信,不仅揭示了阿提库斯对罗马和希腊文学传统的深刻认识,而且揭示了其高度的艺术品格。

• 西塞罗在他的图书馆中

---

① 西塞罗在公元前46年在阿图拉买下了这座别墅,正是在那里,他在女儿去世后便隐居起来。

西塞罗的图书馆是如何组织起来的

西塞罗是一个如饥似渴的读者，在他所有的别墅中都有藏书，包括在帕拉丁山上的别墅。事实上，对政治事务的大量参与，意味着他必须经常出行。当我们试图估量西塞罗藏书的总数时，我们不应忘记，公元前58年，他被流放，克劳狄·浦尔契（Claudius Pulcher）抢劫并烧毁了他在帕拉丁山上的别墅和图斯库鲁姆的别墅。没有任何证据明确指出说他的藏书遗失或者被毁坏，但这也并不意味着它们被保存的完好无损。

从西塞罗与阿提库斯的书信中可以看出，阿提库斯是西塞罗图书馆书籍的主要供应者，并通过帮助西塞罗在东西方发行他的书籍，确保其长久的声誉。公元前67年前的某个时期，西塞罗从罗马写信给阿提库斯，要求他尽快把他为其购买的东西寄出去。这里所谓的"购买的东西"，大概就是阿提库斯为西塞罗购买的一批书籍。

公元前66年，西塞罗再次从罗马写信提醒阿提库斯，要求阿提库斯信守自己的诺言，将书籍分批寄给西塞罗。西塞罗认为，在他的晚年，这些藏书可以给他带来持久的幸福感与安全感。公元前60年5月，他对书籍仍然充满渴望，西塞罗写信告诉阿提库斯，说他已经获得了塞·克劳狄的藏书，这是他的朋友和崇拜者卢·帕皮留斯·派图斯送给他的。克劳狄的书籍都在雅典，有拉丁文的，也有希腊文的，这些书籍都是西塞罗急需要参考和查阅的。因此，他要求当时可能住在雅典的阿提库斯尽其所能地确保这些书籍完好无损。

在同一年（公元前60年），西塞罗提到了他弟弟昆图斯（Quintus，比西塞罗小6岁）收集的图书，阿提库斯曾接触过这些书，同时，西塞罗要求阿提库斯从昆图斯的图书馆给他寄一本塞奥弗拉斯特的书（De ambitione）。昆图斯早前告诉西塞罗他打算通过交换一些书籍的方式，扩大其图书馆的规模，并请求他帮助扩大希腊语图书的部分和购买更多拉丁语书籍的意愿。在提拉尼奥的支持下，西塞罗愿意为他提供帮助，但他同时又告诫昆图斯，他很难买到昆图斯想要的书。

公元前55年，也就是西塞罗完成《论演说家》（De oratore）的那一年，他从库迈写信给阿提库斯说自己正在翻阅福斯图斯·苏拉（Faustus Sulla）的藏书——苏拉的这些藏书中，有亚里士多德的一些原始手稿——并透露说，他发现自己离政治行动中心越远，他从书籍阅读中得到的提升就越大；西塞罗还说，在亚里士多德的半身塑像的见证下，他会毫不犹豫地把元老院的席位换成阿提库斯图书馆的椅子。

西塞罗雇用了很多优秀的助手对其图书馆中的藏书进行分类和整理，并帮助他抄写著作、书信以及他借给或寄给阿提库斯的文学评论或其他的评论书籍。或许，西塞罗是他那个时代最伟大的收藏家，斯特拉波说西塞罗的藏书达30000卷。如果真的是同一个人（也就是负责编辑和出版亚里士多德的教学书籍的那个人），即可以自由出入贵族图书馆的那个人，包括苏拉和卢库鲁斯的图书馆，斯特拉波还可能给西塞罗提供过自己的书籍。在西塞罗的随从之中，最重要的是一个名为提拉尼奥的人。不管事情的真相如何，公元前66年，在阿提库斯要求下，提拉尼奥承担起了为西塞罗位于安齐奥的别墅图书馆中的藏书进行分类整理的任务。西塞罗对提拉尼奥的工作非常满意，他在一封信中宣称，他确信阿提库斯自己会对提拉尼奥的工作质量感到惊讶，并补充说，他的房子"似乎被放进了一个灵魂"（mens addita videtum meis aedibus）。公元前65年，西塞罗写信（也是从安齐奥寄出）要求阿提库斯派两名图书馆奴隶（librarioli）来帮助他粘书页、制作标签和书籍的标题名单。阿提库斯积极回应了西塞罗的要求，他的两位图书管理员，美诺菲鲁和狄奥尼修斯，按照要求做了他们所做的工作，"没有什么比你的那些书柜（pegmata）更令人愉快的了，现在这些书都有他们的标题名单"。

另一个在西塞罗图书馆有重要地位的奴隶是狄奥尼修斯，他担任西塞罗的图书管理员。然而，他却辜负了主人的信任，偷走了图书馆一些有价值的书籍，并潜逃。过了一段时间，他又出现在达玛提亚（Dalmatia），在那里，他声称西塞罗给了他自由。担任西塞罗"读书人"一职的可能是某个叫索西塞乌

（Sositheus）的人，西塞罗对他的死感到非常悲恸。

书籍的交换

阿提库斯向西塞罗提供书籍，其中，不仅有收藏性的书籍，还有一些为其写作准备的参考性作品。公元前59年，西塞罗从罗马写信给阿提库斯，确认其收到了"维比乌斯的书"（维比乌斯通过阿提库斯交给他的书）[①]，这些书是以弗所的亚历山大所作，亚历山大的绰号为Lychnos（意为"灯"），他是一个说理诗（didactic poems）作家，西塞罗对他评价很低，他把亚历山大描述为一个粗心的作家和一个可怜的诗人。

公元前49年，在西塞罗作为小亚细亚的西里西亚（Cilicia）地方总督的任期结束后，他要求阿提库斯寄给他一本《论康科德》（On Concord）的抄本，这是一本由德美特利（玛格奈昔亚）专门为阿提库斯写的书；西塞罗随后又让他的抄写员斐洛提姆（Philotimus）亲手归还。公元前45年，在一封于图斯库鲁姆写的信中，西塞罗告诉阿提库斯，他打算仿照阿提库斯的"老朋友"狄凯亚库的方式写一篇政治演讲稿，因此，他要求阿提库斯寄给他三本狄凯亚库的书：《论灵魂》

• 西塞罗在他的一个图书馆中（来自M.T. Cicero的雕刻，1684年）

---

① 可能是阿提库斯其中的一个奴隶。

《论下降》(*On the Descent*)和《三头政治》(*Tripoliticus*)。

在当时西塞罗写给阿提库斯的信中，我们发现有几处提到了他打算给凯撒写的一封"劝告信"，他试图借鉴亚里士多德和塞奥波普（Theopompus）写给亚历山大大帝的两封类似的信中一些合适的想法。

西塞罗还写了一些关于提拉尼奥的长篇大论，并称赞他的博学。在其中一封信中，西塞罗抱怨阿提库斯没能做到的一些事情，要求他纠正这些事，并恳求他寄给自己一本提拉尼奥的书，这本书大概是关于《荷马史诗》标点符号用法的。西塞罗还补充说："你对这本书的赞赏会比这本书本身给我带来更多的快乐。"然后，他称赞阿提库斯是一个伟大的知识爱好者，也认同阿提库斯所秉持的信仰，即"知识是智力的唯一营养"。在同一年于图斯库鲁姆写的另一封信中，西塞罗说，如果阿提库斯能寄给他一本凯留斯·安蒂帕特（Caelius Antipater）的著作《汉尼拔战争史》（*Bellum Punicum*），他将不胜感激。①

阿提库斯：西塞罗的出版商？

人们常说，阿提库斯是西塞罗作品的出版商，因为他与西塞罗关系非常好，并且在文学批评和书籍出版方面，都给西塞罗提供了很多帮助和建议。此外，西塞罗把阿提库斯当作自己的导师，西塞罗在政治事务、哲学问题等方面都会对阿提库斯敞开心扉。除了从给阿提库斯的信件中收集到的相关信息外，我们没有任何证据表明西塞罗和他同时代的人有过书籍方面的往来。阿提库斯在文学方面给西塞罗提供了很多批判性的建议，同时，他还掌控着西塞罗的著作在罗马以外的其他地区（从希腊西部到近东）的营销和发行。

---

① 安蒂帕特是一位律师、演说家和历史学家，生于公元前180年至公元前170年间，居住在罗马，主要从事修辞学方面的教学工作。布鲁图的作品是他七卷本的《汉尼拔战争史》（*history of the wars against Hannibal*）的节本，据西塞罗称，这本作品的书名为*Bellum Punicum*。

• M. T. 西塞罗，《论共和国》（De re publica）摘录

公元前59年，当西塞罗为瓦勒留·福拉库斯写作演讲稿进行辩护时，他向阿提库斯透露，他已经开始以厄拉托斯塞尼的作品为范本撰写一部地理专著，尽管塞拉皮奥和希帕库斯并不认为厄拉托斯塞尼是地理学家。就在几个月之前，西塞罗还告诉阿提库斯，他对亚里士多德和塞奥弗拉斯特的学生狄凯亚库有着无限的钦佩："我手里拿着关于佩莱奈宪法的论文，脚下还有一大堆狄凯亚库的书籍。他是一个多么伟大的学者啊！"西塞罗接着说，他认为其在罗马的家里一定有一些关于哥林多和雅典宪法的书。这证实了我们在本章早些时候提出的一个观点：西塞罗并不是很清楚他在罗马的各类图书馆和别墅里都具体有哪些书。我们可以假设，西塞罗的各种藏书在主题方面是具有一致性的。

• 西塞罗正在写信给他的朋友（木刻，1511年）

西塞罗可能是在寻找地理参考书的过程中提到了来自安提阿的塞拉皮奥的书，这本书是公元前59年阿提库斯从安齐奥寄给他的。大约十年后，即公元前50年，西塞罗仍在研究狄凯亚库，特别是他的著作《地图》(*Maps*)。

西塞罗将狄凯亚库给出的港口名称与荷马的"船只目录"中所列的港口名称进行了比较，并要求阿提库斯在其抄本中进行必要的更正。公元前55年，西塞罗在图斯库鲁姆写道，他正在撰写修辞学论文《论演说家》，他刻苦钻研，并对这篇论文作了大量的修改。西塞罗告诉阿提库斯："你可以将它们进行抄写（*describas licet*）。"

公元前49年2月底，当西塞罗在福米埃（Formiae）的别墅中休养时，他写信告诉阿提库斯，他不在乎自己的作品是否被广泛发表，因为他允许人们对他的作品进行抄写。

西塞罗还与凯撒的副手奥鲁斯·希尔提乌（Aulus Hirtius）通信，希尔提乌在凯撒的指示下，列出了加图的所有过错，并写了一篇对他进行攻击的文章。西塞罗告诉阿提库斯，他已经把希尔提乌的书寄给穆斯卡（Musca，可能是阿提库斯的一个奴隶），并下令将其交给阿提库斯的抄写员，"既然我希望公开，请命令你的人促成此事"。公元前45年，也就是西塞罗给阿提库斯写下这些话的那一年，他遭受到了一个痛苦的打击，他的女儿图利娅突然离世。在另一封信中，他向阿提库斯倾诉了自己的悲恸之情："没有任何人写过关于如何减轻悲痛的文字，我的悲伤太深了，没有任何慰藉。事实上，我做了以前从来没有人做过的事，我试着写一本书来安慰自己，一经抄写完成，我会将它寄给你。"这本书就是《图斯库兰谈话集》（*Tusculan Disputations*），这是一部五卷本的哲学论著，主要阐述了实现幸福的条件。其中，在名为"当我想到死亡"的第一卷中，西塞罗指出了他对罗马哲学书籍的两点印象：第一，有些拉丁语哲学书籍是由一些不能胜任写作这类主题的作者写的，这些书籍写得非常粗糙；第二，这类作品的读者只有作者本人和他们的朋友。

这是西塞罗重新迸发创造力的时期，部分灵感来自公元前45年他女儿的英年早逝（正如我们之前提到的）。西塞罗从阿尔皮诺写信给阿提库斯，第一个问题就是:"你认为在没有征得我同意的情况下,就对我的作品进行出版是对的吗?赫谟多洛斯自己以前不这么做——他经常传阅柏拉图的著作。巴尔布斯(Balbus)写信告诉我,你允许他抄写《论至善与至恶》(De finibus)的第五卷,实际上,这一卷我还没有来得及做过修改。如果你能把其他的书收起来,我将非常感激你,这样巴尔布斯就不会再抄写我没有修改过的作品了。"他接着说,他非常想把他写的东西寄给瓦罗,正如阿提库斯所建议的那样,他已经把它送到罗马去抄写了。"如果你愿意的话,你应该会马上得到它们。因为我写信告诉抄写员,如果由你们自己人抄写的话,也是可以的。"几天后,西塞罗又从图斯库鲁姆再次写信给阿提库斯:"给瓦罗的书不会耽搁太久的。如你所见,它们已经完成了。现在只剩下对抄写错误的校勘了。"他补充道:"抄写员手中还有我献给布鲁图的书籍(即《论至善与至恶》)。"不久之后,西塞罗又在图斯库鲁姆的别墅里写信:"我在演讲中将利伽里乌(Ligarius)说成了考费迪乌(Corfidius),这是我的一个口误,也就是所谓的记忆缺失。我知道'Corfidius'与'Ligarius'非常相似,但是'Corfidius'早已经去世了。因此,请让法那凯斯(Pharnaces)、安泰俄斯(Antaeus)和萨维乌斯(Salvius)①从所有抄本中将他的名字删掉。"西

• 西塞罗在他的一个图书馆中(来自M. T. Cicero的雕刻,*Tusculanae quaestiones*,威尼斯,Philippus Pincius,1510年)

---

① 这三个人,还有狄奥尼修斯(Dionysius)、美诺菲鲁(Menophilus)和阿劳斯(Araus)可能都是为阿提库斯工作的抄写员。

塞罗在另一封信中再一次提到了《为利伽瑞乌斯辩护》(*Pro Ligario*)，他对阿提库斯在图书销售方面为他提供的帮助表示了信任和感谢："从此以后，无论我何时写东西，我都会将宣传的任务委托给你。"

　　一年后，也就是公元前44年7月，西塞罗从阿尔皮诺写信说，他很快就要把他的书《论荣誉》(*De gloria*，现已遗失)寄出，并补充说："我要用赫拉克利德的血脉锤炼出一些东西，珍藏在你们的宝库里。"同年11月，在普特利(Puteoli)寄出的一封信中，他提到了瓦罗的《意象》(*Imagines*)，他认为这是令人愉快的，并告诉阿提库斯，他已经完成了两卷本的《论义务》(*De officiis*)。"这个话题是由波西多纽提出的。然而，我将波西多纽的作品寄给了雅典诺多洛(Athenodorus)①，并让他写一篇对这部作品的分析……你所说的关于标题的问题，毫无疑问，*officium*即καθÉκον，除非你能提出其他更好的译法。"

- 西塞罗在他的一个图书馆中（来自M. T. Cicero的雕刻，1525年）

---

① 这是大数(Tarsus)的雅典诺多洛，公元前1世纪的斯多葛哲学家，阿帕美亚(Apamea)的波西多纽的学生，也是奥古斯都的老师。

一个典型的干预编辑的例子是,西塞罗指示阿提库斯在他自己本人的抄本和为其顾客出售的抄本中,用《演说家》(*Orator*)中的"阿里斯托芬"替代阿提卡喜剧作家的名字"欧波利斯"(Eupolis)。显然,实际也是按照西塞罗的要求做的,因为在所有现存的《演说家》抄本中,我们可以在第29节找到"阿里斯托芬"这个词。但为了更好地了解西塞罗和阿提库斯之间的合作编辑过程,我们最好看看公元前45年写的一封信,当时,西塞罗正在研究他的《学园派》(*Academica*)一书。他希望找到一个拉丁语的隐喻来传达卡尔涅亚得所用的希腊语单词"中止审判"的意思,于是他按照鲁西留斯的用法,选择了动词"sustinere"。阿提库斯对此提出异议,并希望用"inhibere",这是一个从划船中得来的隐喻。西塞罗在看到一艘船驶来并停靠在他的别墅附近时,他决定采纳阿提库斯的观点:"我认为一艘船被停靠下来(*sustineri*),当划船的人被命令停靠(*inhibere*)的时候。"毋庸置疑的是,西塞罗一生致力于促进人文主义学习,对哲学的兴趣如此之大,以至于他把柏拉图称为"上帝",他既想成为一个有影响力的作家,也想成为一个非凡的政治家,因此,他需要一个有独特理论观点的人来润色打磨他的作品,更重要的是,让他的作品广为人知。

阿提库斯有足够的时间为西塞罗寻找书籍,甚至可以为他收集所有藏书,显然在当时他可以接触到雅典各哲学学校的藏书,以及各图书馆和体育馆图书馆的藏书,公元前1世纪,在整个希腊世界有很多这样的图书馆。他借给西塞罗要查阅的书,并与他交换书籍,编辑他写作的作品,就内容和书名标题向他提供建议,还向西塞罗提供抄写员,并在罗马和各行省宣传他的著作。我们必须记住,尽管西塞罗时代的罗马没有公共图书馆,也没有任何其他面向公众开放的图书馆,但罗马贵族和文人墨客都很熟悉雅典以及亚历山大里亚和罗德岛的书香气息。在《论至善与至恶》的"序言"中,西塞罗提到了他年轻时与自己的弟弟、表弟、阿提库斯和另一位朋友在雅典闲逛时的情景,他说:"无论我们走到哪里,我们脚下都在踏着历史的道路。"

与其说罗马人创造和建立了任何开创性的东西,不如说他们只是遵循了

• 西塞罗在他的一座别墅中写作（来自M. T. Cicero的雕刻, De officiis, 米兰, Johannes Tacuinus, 1506年）

希腊的模式——他们确实也是这样做的。毫无疑问，在公元前1世纪中叶，有一个庞大的群体，他们的工作与书籍有关：作家、研究人员、语法学家、教师、抄写员、收藏家、出版商和书商，另外，还有一个庞大的学生群体。但是，这些作品究竟是如何以及在什么条件下进入市场或被潜在买家收购的？作家和他们的"出版商"之间究竟存在着什么样的关系？这些都只是臆想和猜测的问题。很有可能，他们的处理方式与我们今天所知道的方式大相径庭。例如，尽管阿提库斯离开罗马很长一段时间，但他在市区内的房子里却仍保留了一个很好的图书馆，他不断地购买同时代作家的书籍，让图书馆始终保持更新，有一次，西塞罗写信向他索要瓦罗在罗马图书馆中的藏书目录。而且，正如我们之前所提到的，他对阿提库斯在未经西塞罗同意的情况下对《论至善与至恶》进行了重写而感到非常恼火。

从西塞罗写给阿提库斯的信中，我挑选了一些段落来说明一个有着远大抱负的且想成为作家的人，在文献与文学上的交往：一个人在追求自己的政治抱负的同时——可能会把他带向高处，也有可能会让他四处流亡或走向战场——会抽空编辑整理庞大而多样的作品。西塞罗过着游荡的生活,在频繁活动的间隙里,他会在自己的别墅里写作。他热衷于将他钦佩的哲学和地理学融入希腊文学的每一种流派。书籍对西塞罗来说意义非凡,当他的政治生涯一蹶不振时,他写信给瓦罗:"让我告诉你……我和我的老朋友达成了和解,我是说我的书……它们原谅了我,它们让我想起我们以前的亲密关系。"

阿提库斯的图书馆

提多·庞波纽斯·阿提库斯在拉丁文学界是一位杰出的人物,他不光在文学方面有很多作品,是一位杰出的文学家,而且他还是古罗马时期的"文艺复兴人"(*Renaissance Man*)[①]的代表。按照我们今天的理解,他是佛罗伦萨文艺复兴时期的学者尼科尔·尼克利(Niccole Niccoli)的早期化身。由于从父亲和其他亲戚那里继承了大笔财产,因此,阿提库斯过上了非常舒适无忧的生活,他把自己的时间分配在罗马、雅典和其在伊庇鲁斯(Epirus)的别墅中。在绘画、雕塑和其他艺术作品的包围下,他大部分时间都在收集和研究希腊和拉丁文学作品。阿提库斯与当时最伟大的文人墨客关系融洽,并通过自己的"出版"网络帮助他们进行宣传,支持他们的工作。

阿提库斯出生于公元前109年的一个马术家庭,于公元前32年屋大维(奥古斯都)上台后去世。在苏拉掌权的动荡年代,他宁愿尽可能远离政治纷争和阴谋,公元前88年,他决定搬到雅典,并带走大部分个人财产。阿提库斯在雅典生活的时间主要是公元前88年到公元前65年,他之所以能得到"阿提库斯"这个姓氏,一部分原因是他在雅典的长期逗留,另一部分原因是他对雅典人的慷慨。[②]阿提库斯精通希腊语,对希腊文学史有着广泛的了解,并成为伊壁鸠鲁哲学学派的信徒。

---

① 文艺复兴人,即彻底解放人类精神,提倡科学文化,创立人类新思想的人。
② 阿提库斯曾多次帮助雅典解决了财政的问题。

阿提库斯作为一个有极高判断力且品味高雅的人，在他周围聚集了一大帮朋友，他们喜欢在一起宴饮，宴会上的娱乐活动就是阅读、机智和诙谐的谈话。除了西塞罗以外，阿提库斯还有很多其他的朋友，如西塞罗的弟弟昆图斯（他与阿提库斯的妹妹庞波尼娅结婚）、瓦罗、霍腾修斯和涅波斯（Nepos）。涅波斯是一位历史学者，他曾为阿提库斯写过一部传记。

除了对学术感兴趣以外，阿提库斯还从事与艺术相关的工作。例如，他曾从雅典和哥林多的工作坊向西塞罗寄送了许多绘画和雕塑，他很可能还买卖了一些古代建筑的残片，

• 高奈留·涅波斯

以及古典和希腊化时期的古文物。西塞罗总是对阿提库斯位于北伊庇鲁斯（Epirus）的考尼亚（Chaonia）的别墅充满热情，这座别墅名为"阿玛提亚"①，他称其为"人间天堂"。阿提库斯用各种艺术品和古代碑铭装饰这座别墅，这些可能都是从附近的希腊城市中收集来的。阿提库斯本人也是一个作家，在某种程度上，他所有的作品都是事实信息的摘要。其中一本名为《意象》（*Imagines*）的书，这本书可能是仿照瓦罗的同名作品而写的，主要记录的是一些罗马名人的诗歌传记。阿提库斯还根据罗马贵族家庭的家谱和罗马简史《自由年鉴》（*Liber annalis*）写了一系列专著，供每一个受过教育的罗马人使用。

---

① 译者注：Amalthea，神话人物，宙斯在伊达山诞生时的保姆之一，掩护宙斯躲过克洛诺斯的搜索，后来变成星辰。在有些神话传说中她是母山羊。

古罗马图书馆史 | 从罗马世界拉丁文学的起源到罗马帝国的私人图书馆

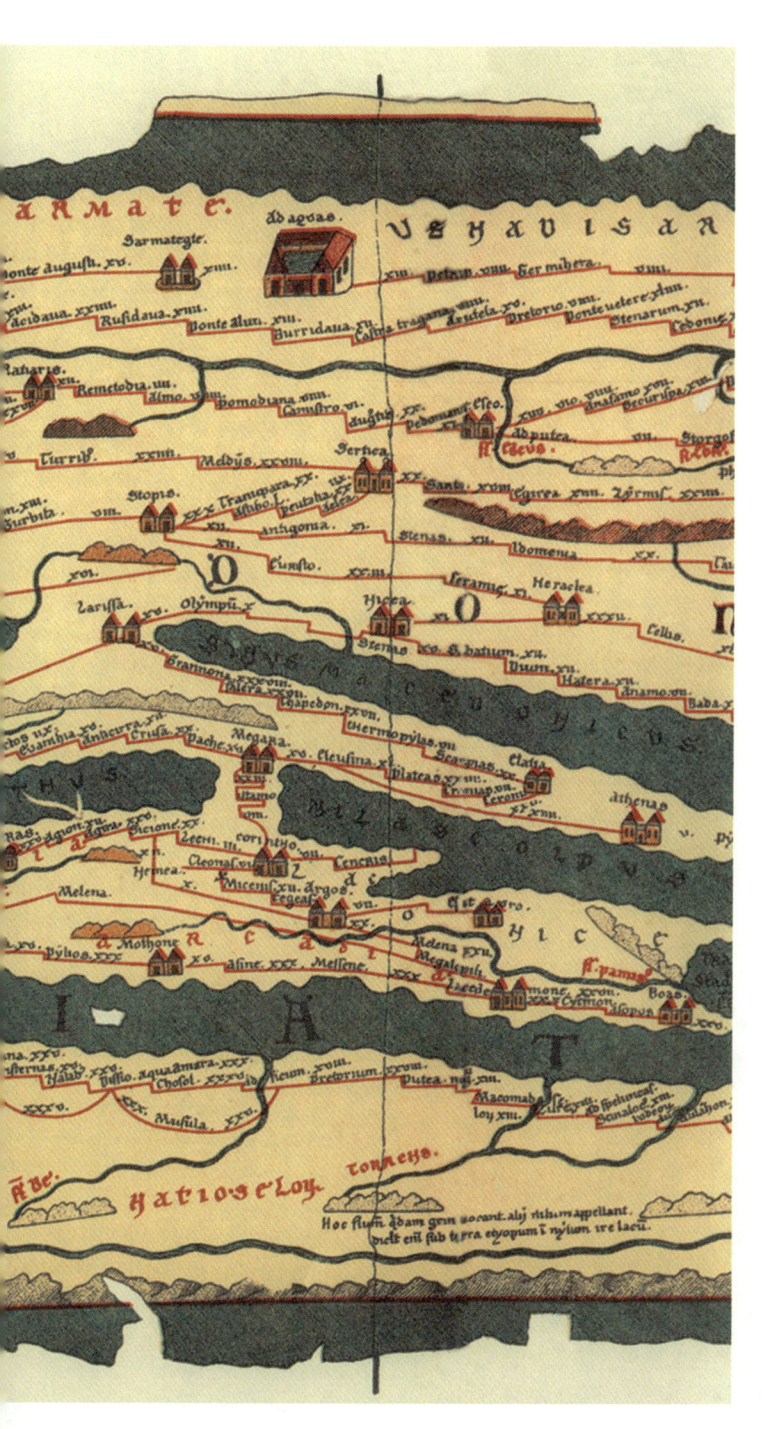

・希腊西部的一部分

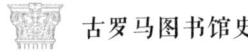

毫无疑问，阿提库斯拥有一个藏书丰富的图书馆，他似乎比任何人都更了解各希腊图书馆和罗马私人藏书中的书籍目录。然而，我们对他图书馆的规模和藏书目录一无所知，涅波斯也并没有提及。从他的活动以及与西塞罗的通信中可以清楚地看出，他至少有三个图书馆，分别位于他的三座别墅中，即罗马的别墅（由坦皮鲁斯所建）、雅典的别墅和伊庇鲁斯（Epirus）的别墅。他也把这三座别墅当作制作书籍的工作室。很有可能在布隆狄西（Brundisium）的别墅中还有一些书店、缮写堂和书库，因为布隆狄西港是通往希腊和黎凡特（Levant）①的主要港口。

在书籍的制作、出版和传播方面，阿提库斯是一个非常关键的人物，他对与他同时代的西塞罗，甚至更早的作家的作品都起到了重要作用。因为并没有证据证明那时候有书店或专业书商的存在，所以我们的目的是想重构共和国时期的图书发行机制。

作为"出版商"的阿提库斯

涅波斯在他所写的关于阿提库斯传记中说，在奎里那尔山丘（Quirinal）的别墅里，阿提库斯雇用了大量的奴隶，包括受过很高教育的年轻人、优秀的读者和众多的抄写员（*librarii*）。

我们从阿提库斯与西塞罗的通信以及其他证据中得知，他建立了一个正规的出版机构，在他当时生活的时代，罗马并没有任何公共图书馆，从事图书贸易的人也都只是业余爱好者。在阿提库斯周围聚集了一批作家，他把他们的作品抄写出来，必要时会先进行编辑，然后不但将这些作品卖给他的朋友，而且还卖给更广泛的公众，包括像赫洛尼乌（Helonius）、希拉鲁斯（Hilarus）和叙依鲁斯（Thyillus）等人。其中，叙依鲁斯曾请求西塞罗从阿提库斯那里为他购买一些关于欧谟匹戴亚人（Eumolpidae）古代知识

---

① 译者注：Levant是一个不精确的历史上的地理名称，它指的是中东托罗斯山脉以南、地中海西岸、阿拉伯沙漠以北、美索不达米亚以东的一大片地区。

（*patria*）的书籍。除了西塞罗将他的《论至善与至恶》托付给阿提库斯进行"出版"以外，还有瓦罗的《意向》（*Imagines*）、涅波斯的《加图》、凯撒的《斥加图》（*Anticatones*）、希尔提乌的《反加图》（*Against Cato*），可能还有霍腾修斯（Hortensius）的书籍。

书籍之路

阿提库斯对图书界的贡献并不局限于他的出版活动，除此之外，他还是罗马与各个希腊图书中心之间的桥梁，使哲学家和语法学家、作家和抄写员、读者和图书管理员之间建立了联系，还把亚里士多德时代以来雅典的书香气息带到了罗马。罗马文人对他的普遍接受与认可，他与西塞罗的友谊，雅典人对他的感激之情，再加上他对书籍的热爱、舒适的经济环境，以及他

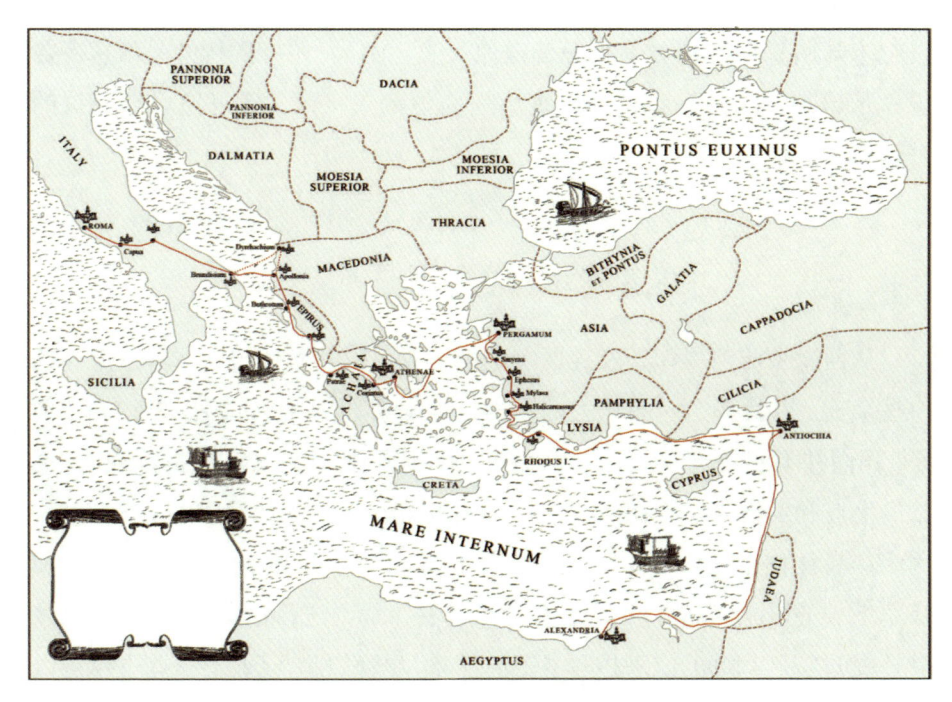

• 地中海地图，展示出奥古斯都时期的"书籍之路"

决定长期居住在伊庇鲁斯，所有这些加起来构建了一条连接东西方的"书籍之路"。从罗马南部开始，沿着阿皮亚城（Appia），经过不同的城镇，一直到达布隆狄西（Brundisium）。根据盖留斯（Gellius）的说法，这座城市与书籍有着传统的联系，那里有出售早期作家书籍的书店。我们从贺拉斯那里了解到，那些市场价值不高或者品相比较差的书籍将会在各行省被卖掉。阿提库斯以其著名的"阿玛提亚"（Amalthea）和布特罗图姆（Buthrotum）别墅为基地，在伊庇鲁斯周边进行着各种各样的活动。伊庇鲁斯地区从考居拉（Corcyra）向北一直延伸到阿德里安堡（Adrianople），向南延伸到阿刻罗俄斯河口。还有一个补给中转站是帕特莱（Patrae），盖留斯告诉我们这里有一个图书馆，里面藏有即使在罗马也很难找到的书籍，如安德罗尼柯的《奥德赛》。从帕特莱到雅典，包括昔居翁、哥林多、麦加拉和厄琉息斯等沿路城市，阿提库斯跟他们都有商业往来。然而，我们没有证据表明阿提库斯曾在这些城市买卖书籍（除了哥林多，因为那里可能有一个图书馆，至少从公元1世纪末开始就存在着），我们只知道他买卖艺术品，唯一的例外是西塞罗曾说叙依鲁斯（Thyillus）曾让阿提库斯为他购买一部关于厄琉息斯秘仪的书籍。

西塞罗时代有书店吗？

从西塞罗与阿提库斯及其朋友的书信中可以找到关于罗马书籍世界的一些信息，以及那个时期伟大的图书收藏家（瓦罗、卢库鲁斯和苏拉），但是，我们并不能得出那个时代存在书店。相反，所有现有的证据都表明，书籍的生产和发行都掌握在一帮文人手中，但是这帮文人的角色是不确定的，因为作者往往也是自己的出版商。并不排除语法学家和"书商"买卖旧书和莎草纸卷的可能性，这些旧书和莎草纸卷在市场上进行拍卖，或者他们也接受让受过特殊训练的奴隶抄写书籍的任务。尽管如此，还是有一些书籍可以买到——尽管这些书中到处都充斥着错误——还有一些书籍的节略版本和

Cicero (M. Tullius), *Epistolæ familiares*; Nicolaus Jenson, 1471
(Paris, Bibl. Nat.)

• 马尔库斯·图利乌斯·西塞罗,《书信集》,尼古拉斯·杰森,1471年

其他未出版作品。

瓦罗的暗示、西塞罗的证词、斯特拉波的评论以及狄奥多洛·西库卢斯的明确声明，使我们对书店和书商的存在是确认无疑的。瓦罗甚至暗示，要找到一个能够可靠地抄写他的《论拉丁语》（De lingua latina）一书的抄写员是不可能的。西塞罗告诉他的弟弟昆图斯，他怀疑是否有可能找到可靠的拉丁文书籍的抄本，因为所有现有的抄本都充斥着错误。狄奥多洛·西库卢斯提到了他在罗马时（大约公元前56年）书籍的伪造和抄袭非常盛行。当他对他自己的作品《历史丛书》进行最后的修订时，这部作品的一些盗版已经在流通，因此他被迫出版了一份内容目录，并重新确定了他的《历史丛书》的范围。我们并不知道这些作者指的是哪些抄写员和缮写室，尽管西塞罗和卡图卢斯提到了在"讲坛"附近的一个"商店"或缮写室，在这里，卡图卢斯买到了一些"坏"诗人的诗。

凯撒时代

——罗马第一批公共图书馆与
帝王、作家及其著作的关系

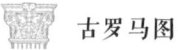

古罗马图书馆史 | 从罗马世界拉丁文学的起源到罗马帝国的私人图书馆

- 屋大维·奥古斯都，罗马第一位皇帝，身着罗马将军的全副盔甲（藏于梵蒂冈博物馆）

公元前29年8月，屋大维·奥古斯都回到罗马庆祝胜利，他征服了伊利里亚（Illyria），吞并了埃及，在阿克兴（Actium）也获得了胜利。他现在已经变得无所不能。在经历了长达100年之久的内战之后，他的这种无所不能给罗马人民带来了极大的安慰。屋大维不断巩固自己的地位，他是罗马帝国元首政制的创始人，也是第一位元首（*Princeps*），公元前12年，他成为国家的首席宗教领袖，即祭司团长（*Pontifex maximus*），公元前2年，又得到"祖国之父"（*Pater Patriae*）称号。

与此同时，罗马的政治舞台也在发生着变化。在政治生活中一向至关重要的修辞学技艺，已不足以保证一个人可以在政府机构中擢升到更高级的行政官位。权力完全掌握在一个人手中，而且也只有那一个人，即使是最有能力的公民也很难有希望在正常的体制内获得发展或晋升。如果有人想赢得最高统治者的青睐，并在他手下谋得一个职位，那么他所需要的策略和能力就不同于过去人们常用的方法，即通过选举的方式获得成功。

在这种新的环境下，对于那些有才智的人而言，他们所面临的前景发生了改变，主要有三个主要的渠道可以选择：可以首先瞄准某个司法职位，再设法从那里进入元老院，获得一个较高的职位；或者纯粹为了修辞学研究而进行修辞学研究；或者如果有足够的天赋的话，可以把精力放在文学上，创作出一些与众不同的作品。

奥古斯都神

奥古斯都①非常清楚，文字的力量不仅能巩固他的君主统治，也能巩固他未来的声誉。他先是师从帕伽玛的修辞学家阿波罗多洛，后来又跟随哲学家狄狄姆斯学习，因此，具有良好的文学学识和扎实的希腊语基础。在年龄很小的时候，奥古斯都就在散文和诗歌创作中证明了自己在文学方面的才华。为了巩固他在罗马人民心中的地位，他敦促诗人从他自己的作品和他本人身上汲取灵感，并以崇高性来诠释他的动机、行为和政治立场。但很快，文人们发现，将奥古斯都描绘成一个理想的、无私的统治者的形象并非易事。因此，维吉尔、贺拉斯和普洛佩提乌，以及奥维德，都固执地拒绝为奥古斯都唱赞歌。只有瓦里乌斯·鲁富斯遵从其赞助人的意愿，写了一部奥古斯都的史诗，但很快就被人们忘却了。②奥古斯都对这些伟大诗人的不合作态度作出了宽宏大量的反应，他没有试图强迫他们达到他的自私目的，但除了奥维德，他的这个名字一直笼罩着一层神秘的面纱。

奥古斯都对文字宣传的潜在价值的重视，

• 维吉尔向奥古斯都展示他的《埃涅阿斯纪》（来自M. Vergilius的木刻）

---

① 译者注：奥古斯都一般指屋大维。
② 鲁富斯（Lucius Varius Rufus）与维吉尔、贺拉斯是同时代的人，他曾写过一部以"堤厄斯忒斯"（Thyestes）为标题的悲剧，并于公元前29年在阿克兴庆祝奥古斯都胜利的庆典上发行。同时，他还在奥古斯都的命令下，与图卡一起编辑过维吉尔的《埃涅阿斯纪》。

也可以从他的两个重要举措中表现出来，即选择马凯纳斯（Maecenas）作为他的第一个"部长"和焚烧先知书。

马凯纳斯的圈子和帝国的审查制度

盖尤斯·马凯纳斯，有时被称为基尔纽斯（Cilnius），可能是古老的伊拙斯康人的后裔。他是屋大维最早的支持者之一，也是他的亲密的朋友和谋臣，屋大维这位未来的奥古斯都皇帝信任他，并把他当作自己的"代理人"。马凯纳斯与皇帝的亲密关系，使他身居高位，过上了奢侈的生活，同时，他还积累了大量的艺术品。在马凯纳斯名为土里斯·马天尼斯（*turris Maecenatiana*）的房子中，他和一群亲密的朋友一起享受生活中的美好事物。尽管他从未担任过公职，没有任何形式的官衔，也从未当过元老院议员，但他是皇帝的亲信，这层关系赋予了他很大的权力，他可以用最有效的方式控制那些诗人群体。马凯纳斯没有阿提库斯（Atticus）那么博学和聪颖，他并不是一个为世人树立品位标准的优雅的主宰者，他会让那些伟大的诗人有充足的闲暇专注于他们的写作，有时还会给他们经济上的支持与帮助，但同时他也有控制诗人观点的倾向。维吉尔将他的《田园诗》（*Georgics*）献给马凯纳斯。而贺拉斯则将《讽刺诗集》（*Satires*）和《颂歌集》献给他。马凯纳斯曾在萨宾的领地上赠予了贺拉斯一所房子。贺拉斯非常生动地描述了他的赞助人（patron）①的圈子，这个圈子里有很多人，包括普洛佩提乌、艾米留斯·玛凯尔、多米提乌·马苏斯（Domitius）和普罗提乌·图卡等。

奥古斯都统治下的拉丁文学全盛时期，尽管口述语言失去了它的政治影响力，仅限于在讲堂里展示文学技巧，但有时还是会发生演说家被放逐、

---

① 译者注：patron，古罗马的贵族或有财势的人，他们给某人以恩惠和提供保护，受保护者作为交换提供一定服务。在这里我们译为"赞助人"。诗人维吉尔和贺拉斯都曾蒙马凯纳斯提携。有时候，马凯纳斯的这个名字在西方已经成为文学艺术赞助者的代名词。

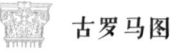

• 马凯纳斯在罗马的房子

作家被迫害的情况。公元前12年雷必达（Lepidus）去世后，奥古斯都被封为"祭司团长"（Pontifex Maximus），他颁发了一项法令，下令没收所有先知的书籍，无论最初是用希腊语还是拉丁语写成的，还是匿名作者或是名气很小的作家写的。人们从各地搜罗到了两千本这样的书籍，并进行了焚烧。只有《西彼拉圣书》被保存了下来，而且只有其中的一部分。奥古斯都将圣书放在两个镀金的棺材里，并把它埋藏在帕拉丁山上阿波罗神庙的地基中。

《西彼拉圣书》有一段有趣的历史。圣书在公元前83年，古罗马的主神殿丘比特神殿被摧毁时，也一并被烧毁了，取而代之的是由一个特别委员会编纂的此类神谕著作的选集。让奥古斯都担心的是，罗马流传着大量的《西彼拉圣书》，其中一些包含了很多政治上模棱两可的戒律。因此，他挑选了

凯撒时代 ——罗马第一批公共图书馆与帝王、作家及其著作的关系

• 因为塔奎纽斯·苏泊布斯拒绝支付她所要求的价格，库迈的西彼拉烧掉了《西彼拉圣书》九本中的六本（Cesare Nebbia 和Giovanni Guerra创作，1585—1590年）

几本，并借口其含义已被频繁的修改所破坏，以致普通人无法理解，于是下令将它们的内容全部替换掉。

奥古斯都深知《西彼拉圣书》对罗马人的重要性，这些书将神话与历史联系在一起。例如，在维吉尔的《埃涅阿斯纪》（Aeneid）①中，会让人想起埃涅阿斯恳求西彼拉，告知他和他的追随者在拉丁姆定居下来的确切地点。《西彼拉圣书》从卡皮托利山上的丘比特神殿被运到帕拉丁山上的阿波罗神庙，它专门用来占卜和预言。在一个完全帝制的环境中，奥古斯都下令在卡皮托利山建造一座宏伟的新神庙，用于阿波罗崇拜。他还设立了一年一度的阿波罗节（于公元前17年），也任命了祭司，他本人就是其中之一。神庙中主要的"祭拜塑像"实际上是有三个，阿波罗在中间，正在弹奏着琴弦，旁边是他的妹妹阿耳忒弥（Artemis）和他的母亲勒托（Leto）。这座雕塑的底座可能是由埃及红色花岗岩制成的，在下面的墓穴中用镀金的棺材存放着《西彼拉圣书》。奥古斯都在此竖立了一座神圣的纪念碑，暗示着罗马的神圣命运是被"真实的"《西彼拉圣书》所证实的。阿波罗在当时被奉为预言之神，而库迈的西彼拉则被奉为先知和他的女祭司。把这种神圣的知识传达给罗马人民的媒介是作为阿波罗祭司的皇帝本人，这满足了他的愿望并与他的计划完美契合。大理石浮雕的寓言性暗示了地表下的现实。

奥古斯都与新文学

在奥古斯都时期，罗马和希腊文学的"对抗"进入了一个新的阶段。除了史诗被赋予了一种新的形式之外，新的体裁如"唱诗""抒情诗""诗文书信"等也出现了，而其他一些早期创作的体裁，如挽歌、讽刺文学等，也得到了完善。但就文学和文化的整体而言，奥古斯都时代的一个显著特点是诗人思想独立发展的趋势。奥古斯都时期的新文学集中体现在三位诗人身上：维

---

① 译者注：Aeneid，取材于古罗马神话传说，叙述了特洛伊英雄埃涅阿斯在特洛伊城被希腊联军攻破后，率众来到意大利拉丁姆地区，成为罗马开国之君的这段经历。

• 阿波罗三位一体的大理石浮雕（阿波罗、勒托和阿耳忒弥），背景是帕拉丁山上的阿波罗神庙（藏于罗马）

吉尔和贺拉斯，他们用"奇怪"的作品逆潮流而上；还有一位就是奥维德，可以说他开创了帝国时代的文学。

维吉尔

维吉尔生于公元前70年，年轻时经常光顾尼亚玻里（Neapolis，那不勒斯）伊壁鸠鲁哲学家西洛（Siro）的圈子，学习伊壁鸠鲁哲学。除了著名的《田园诗》（Georgics）和《牧歌集》（Eclogues）以外，他还写了《埃涅阿斯纪》，这是一部史诗，在这部史诗中，他试图将特洛伊与罗马和迦太基联系起来。据苏维托尼乌斯介绍，维吉尔的作品非常受欢迎，《牧歌集》第一次亮相就非常成功，这部史诗经常由唱吟者在舞台上表演。奥古斯都对维吉尔的诗学作品非常感兴趣，尤其是《埃涅阿斯纪》，以至于在西班牙出巡时两次投书索阅《埃涅阿斯纪》已成部分，但维吉尔都未首肯。事实上，这部伟大的史诗很可能是通过奥古斯都的干预保存下来的，并且违背了诗人在遗嘱中所述的愿望。在离开意大利去希腊旅行之前，维吉尔曾委托鲁富斯（L.Varius Rufus），如果他旅途中遭遇不测，一定要烧毁《埃涅阿斯纪》。果然，在从哥林多回国的路上，他罹患热病，渡海抵达意大利的布隆狄西，他不停地询问他的书箱，打算自己亲手烧毁这些诗。在维吉尔去世（公元前19年）之前，他把自己的著作遗赠给鲁富斯和普罗提乌·图卡（Plotius Tucca），并规定他们不得出版他本人不允许出版的任何东西。另外，还有四分之一的遗产献给屋大维。然而，在处理他的遗稿时，屋大维并没按照他的遗嘱去做，他命令鲁富斯和图卡对这部史诗进行整理和编辑，公之于世。鲁富斯和图卡心怀同情和崇敬，只作了一些小小的修改，按照原作的样子进行了出版。

• 维吉尔坐在缪斯女神克利奥（Clio）和哀曲女神墨尔波墨涅（Melpomene）之间，手里拿着一本《埃涅阿斯纪》（藏于突尼斯巴尔多博物馆）

维吉尔雇用了一个名叫厄洛斯（Eros）的希腊自由民做他的图书管理员，厄洛斯同时也是维吉尔的抄写员，几个被维吉尔精心选定的朋友在读过他的诗作之后发表感受，他会对诗歌作必要的修正。维吉尔开创了一种新型的史诗，尤其是《埃涅阿斯纪》，在他手里，史诗脱离了在宫廷或民间集会上说唱的口头文学传统和集体性。他给诗歌注入了新的内容，赋予它新的风格。但同时，也发展起一种版本考据学的风潮。赫瑞纽斯（Herennius）写了一本书，罗列了对维吉尔作品的勘误；佩勒利乌斯·福斯图斯（Perellius Faustus）编制了一份他的剽窃清单;昆图斯·屋大维·阿维图斯(Quintus Octavius Avitus)写了八卷维吉尔引用的诗文,并标注出了它们的出处和来源;昆图斯·阿斯考纽·披迪雅努斯(Quintus Asconius Pedianus)写了一本名为《反对维吉尔的诽谤者》(*Against the Detractors of Virgil*)的书,书中他对维吉尔提出了一些指控,特别是指控他从荷马史诗中借用了很多素材。①

从维吉尔在其作品中使用的资料来看,厄洛斯在诗人的图书馆里参考查阅的书籍一定包括忒奥克里托斯的《田园诗集》(*Idylls*)、阿拉图斯(Aratus)的说理诗和赫西奥德的《工作与时日》(*Works and Days*)。对于《埃涅阿斯纪》的构成,它的前六卷模仿《奥德赛》,后六卷模仿《伊利亚特》,可能还借鉴了阿波罗尼乌斯·罗狄乌斯(Apollonius Rhodius)的拉丁文史诗《阿尔戈船英雄记》(*Argonautica*),以及吕科佛隆的作品。在某种程度上,维吉尔也可能受到了古罗马文学的影响,如奈维乌斯和恩尼乌斯的作品。

• 维吉尔旁边有一个皮箱,大概是装书的,还有一个诵经台(来自维吉尔的《田园诗》和《埃涅阿斯纪》的羊皮纸抄本,约公元500年,藏于梵蒂冈图书馆)

---

① 阿斯考纽(Asconius),大概生活在公元前9年到公元76年,是一位多产的作家,他对西塞罗的演讲和维吉尔的诗歌都持批评态度。据说,他的笔记和研究都是以国家档案馆和帝国图书馆的资料为基础的。

贺拉斯

贺拉斯出生于公元前65年,在雅典学习希腊哲学和文学,支持布鲁图(Brutus,罗马首任两名执政官之一。罗马废除王政,实行执政官制,由两名权力相等的执政官统治,任期一年),后者在腓立比(Philippi,公元前42年)战败后,他身无分文地回到罗马。在那里,他与文学生活的赞助人,如阿昔纽斯·波里奥(Asinius Pollio)和马·瓦勒留·美萨拉(M.Valerius Messalla)有较多往来,并被马凯纳斯的圈子所接纳。奥古斯都给了他一个秘书的职位,以表彰他的才华。尽管贺拉斯婉言谢绝了皇帝的恩惠,但奥古斯都还是想与他成为朋友,因为他知道诗人有傲骨,不可能随随便便就能被收买。

贺拉斯充分意识到诗人在社会层面上的作用,作为缪斯的祭司,他不仅有权主张某种道德权威,而且有权宣称自己的工作对城市是有益的。他还认为,一个诗人应该在政治和经济上保持独立,应该在神权和普通人之间起

• 贺拉斯(来自F. Horatius的木刻,威尼斯,Doninus Pincius, 1505年)

凯撒时代 ——罗马第一批公共图书馆与帝王、作家及其著作的关系

到中介作用。

贺拉斯在赞助人马凯纳斯的庇护下生活和工作，这意味着他根本不必担心各种问题（如人身安全问题）。他尖锐地批判社会，并经常从哲学的角度提及出版实践问题。在他的第一本书《讽刺诗集》（*Sermones*）中，他写道，人们不应该惧怕贺拉斯，因为他的作品在市场上是买不到的，只有在那个特殊封闭的朋友圈里才能读到他的作品。在其他地方，他说贺拉斯不希望全世界的人都喜欢他，并且列举了几个他比较珍视的观点。在《诗艺》（*Ars Poetica*，是一封写给罗马贵族庇索父子的诗体信简，共476行。信中结合当时罗马文艺现状，提出了有关诗和戏剧创作的原则问题，第386—390行）中，他建议并敦促作家不要写任何"违反密涅瓦意志"①的东西，并且要邀请一些有名望的文人首先对他们的作品进行评论，并在发表他们所写的任何东西之前要先把稿子压上九个年头，收藏在家里。没有发表的东西，是可以销毁的，但覆水难收。

• P. M. 维吉尔

奥维德

在西塞罗被谋杀的那一年（公元前43年），奥维德出生于一个古老的贵族家庭。作为比维吉尔年轻的一代，奥维德过着幸福的家庭生活，他并没有受到政治、社会动乱的影响，从未经历过几十年内战的恐怖，因此，他认为和平（*Pax Augusta*）是理所当然的。

---

① 译者注：密涅瓦等同于希腊神话中的雅典娜，掌管艺术、科学、智慧的女神。此句意即"违反自然""违反理智"。

105

•奥维德在托弥流亡（来自 N. Ovidius 的木刻，Tristium Libri，威尼斯，Johannes Tacuinus，1511年）

奥维德放弃了在罗马元老院工作的念头，专心于写诗。他的才华引起了文学赞助人马·瓦勒留·美萨拉（M. Valerius Messalla）的兴趣，于是，他很快成为美萨拉圈子中的一员。奥维德对两位伟大诗人有自己独到的见解和看法，因为他对维吉尔了如指掌，也听贺拉斯朗诵过颂诗，并与普洛佩提乌进行过热烈的讨论。在日常生活和工作中，奥维德经常与有教养的朋友交往，所以他没有必要觉得自己是奥古斯都的委托人。

公元2年至公元8年，奥维德写了两部伟大的作品《变形记》（*Metamorphoses*）和《哀歌》（*Fasti*）。其中，《哀歌》原来似乎要写十二卷，但因他被流放只完成了前六卷，对应罗马历的一月到六月，每一卷对应一个月，内容多反映罗马宗教节日、祭祀仪典和民间风情。当他只完成了《哀歌》的前六卷，《变形记》也仍然是在未经修订的草稿状态时，他被流放到黑海的托弥（Tomi，或者更确切地说，是被驱逐出境，因为他仍然是一个罗马公民）。他被放逐的真正原因没有被记录下来，他自己承认自己犯了错误，并说他被放逐的原因是众所周知的，但不允许他透露。后来他又说自己的罪行甚于谋杀。

在漫长的流亡之旅中，奥维德写了《哀怨集》（*Tristia*）的第一卷，他把这本书寄回罗马，为的是让他的名字和作品呈现在公众面前，以免被遗忘。

他在书中暗示,"禁锢"罗马在世的最伟大的诗人,皇帝也许已经超越了他合法权利的限度。奥维德反复提到他图书馆中的藏书,他经常说,这些书躺在书架上等待欢迎新的读者;在第三卷中,他说他很乐意把自己的作品抄本交给公共图书馆,但正如他后来提到的那样,他的诗歌在罗马图书馆已经不再受欢迎。

奥维德言辞中的辛酸(公元9年)将我们直接带入罗马公共图书馆的世界。那时,罗马第一个公共图书馆的建立已经过去了大约三十年,国家采取了一种完全不同的方法,它们对公共图书馆和图书的官方政策更感兴趣。奥古斯都时代最伟大诗人的作品连同希腊和拉丁文学的作品一起保存在帝国的图书馆里,这些图书馆成为罗马知识分子和皇帝本人知识参阅的中心。

关于罗马第一个公共图书馆的事实

正如苏维托尼乌斯告诉我们的那样,朱利乌斯·凯撒希望在罗马建立一个分为希腊语和拉丁语区域的公共图书馆的雄心壮志,最终被一个极具天赋的人盖乌斯·阿昔纽斯·波里奥(Gaius Asinius Pollio)实现了。

波里奥是罗马元老院议员,在公元前44年凯撒被刺杀后,曾摇摆于屋大维和安东尼之间,后来倒向安东尼。公元前40年,他当选执政官,这是一个维吉尔曾在《牧歌集》中赞颂过的事件,维吉尔希望国家在波里奥的治理下变成太平盛世。公元前39年,波里奥与帕昔安人(Parthian,一支位于巴尔干地区的民

・凯撒大帝

族）交战并获得了战役的胜利，并从那里带回了很多价值不菲的战利品。此后，他退出政坛，在内战期间保持中立的立场。作为文学的狂热爱好者，波里奥与古罗马诗人卡图卢斯、秦纳（Cinna）和贺拉斯关系甚好，而且，正如我们将要看到的，据说他向人们介绍了朗诵的方法（recitationes），也就是在他的家中朗诵年轻诗人的新作品。他的别墅后来成为朋友们的聚会场所，随着亚历山大里亚的希腊历史学家蒂马涅斯（Timagenes）的加入，他们的人数也变得越来越多。

在各种资料信息中，波里奥经常是以伟大的艺术品收藏家的身份出现，他拥有一个非常好的图书馆，里面装满了他从罗马市场上为自己买的书籍，以及他从与帕昔安人的战争中作为战利品带回的其他书籍。他建立第一个公共图书馆的倡议要追溯到公元前39年后不久，在安东尼和屋大维发生裂痕之前，当时罗马仍然生活在后三头同盟（the Second Triumvirate）的阴影中。

波里奥利用他从军时的战利品在罗马城建立了一所公共图书馆。图书馆里有一个叫"自由主义者"的天井（Atrium Libertatis），波里奥在那里陈列了很多在历史上声名显赫的英雄塑像。这是一个公共建筑群，附近的地区后来被图拉真广场（Forum Trajanum）占用，他又自费重建了这个天井。关于第一个图书馆的组织，我们必须承认波里奥得到了瓦罗的支持（正如我们所看到的，瓦罗曾被安东尼放逐，公元前43年借助他的朋友卡勒努斯的帮助而成功逃脱，但是他在卡西努的别墅——连同图书馆，或其中的一部分——已经被摧毁了）。为了感谢瓦罗在图书馆项目上给予他的帮助和纪念瓦罗受凯撒之命所撰写的《论图书馆》一书，波里奥决定在自己的图书馆里装饰一幅瓦罗的肖像画，这也是所有肖像画中唯一在世的作家。

波里奥重建"自由主义者"天井的决定可能与凯撒最初的计划有关。现在人们知道，天井位于尤利乌斯广场（Forum Julium）的西北部，在维纳斯神庙后面，在卡皮托利山和奎里那尔山丘的"桥"的上方。换言之，它是凯撒广场的附属建筑。人们对"自由主义者"的天井的建筑一无所知，即使在波

凯撒时代　　——罗马第一批公共图书馆与帝王、作家及其著作的关系

里奥进行了重新改造之后，atrium一词仍被保留下来，这表明各种建筑和办公室都是围绕着一个中央庭院布置的，庭院周围带有保护性柱廊，连接着建筑物。可能性最大的是，这个建筑群包括一个辅助结构，或者是主要建筑的一个组成部分，用来作公共记录的办公室（监察官的档案馆）。

建立图书馆背后的动机（无论是凯撒的构想，还是波里奥的执行），不仅仅是因为它将促进罗马成为一个可以与雅典、帕伽玛和亚历山大里亚相匹敌的学习中心，这些地方几乎是所有罗马贵族学习的地方，而且，随着文人数量的增加，开设一所公共图书馆也是必要的，同时语法学家的各种活动和私立学校的发展也使罗马人更加意识到正式书面文字的重要性。

凯撒的第一批图书馆

奥古斯都在罗马建立了两个图书馆。他在亚历山大里亚建立了一个图书馆，他想在地中海地区把罗马变成与他的政治和军事力量相匹配的标志性城市。为了追求梦想，他不仅重新设计了帕拉丁山地区（他在那里建造了阿波罗神庙），建造了朱庇特·托纳斯神殿神庙（"雷神"）和复仇者玛尔斯神庙，以及他为他侄子马凯鲁斯（Marcellus）修建了剧院，他还劝说其他杰出人士用他们所能负担得起的纪念碑来美化这座城市。正如苏维托尼乌斯指出的，"奥古斯都接掌的罗马是砖瓦之城，而留下的罗马是玉石之城"。奥古斯都还对建筑表现出了浓厚的兴趣，他资助维图维乌（Vitruvius）撰写他的著作《论建筑》（*De architectura*）。

• 奥古斯都

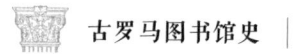

奥古斯都建造的第一座图书馆位于帕拉丁山上，大约在波里奥修建的图书馆的十年后开放。在帕拉丁山上，皇帝进行了一项大规模的建设计划，他的宫殿与其他纯粹为了展示所用的宏伟建筑连在一起，通过柱廊相互连接，这种结构使其与公元前28年开放的宏伟的阿波罗神庙融为一体。

我们不知道奥古斯都双语图书馆的确切位置，它被称为帕拉丁图书馆或阿波罗图书馆。它的建筑也不为人所知，因为所有的考古发现都来自多米田统治时期，这些考古发现很可能来自重建后的图书馆和多米田的宫殿。卡雷托尼（Carettoni）坚持认为，奥古斯都的图书馆埋在多米田重新改造时沉积的填土之下。

在一张古罗马城图志的残片（Forma Urbis Romae）上，这座图书馆被标记为两个独立的、相同的大房间，由一堵共同的墙隔开，两个房间都面向阿波罗神庙，一个区域存放希腊语书籍，另一个区域存放拉丁语书籍。每个房间的内部都有一个中央柱廊，可能支撑着画廊，后墙中间有一个壁龛，里面放着一座神像，希腊语区域部分供奉的神是密涅瓦，拉丁区域部分供奉的可能是阿波罗（神像带有奥古斯都的特征），我们将在本卷关于图书馆建筑的章节中看到这些。显然，在奥古斯都的心目中，图书馆和阿波罗神庙是紧密的连在一起的，正如我们之前所看到的，公元前12年后，皇帝在神庙的地基下埋葬了两个装有《西彼拉圣书》的镀金棺材。关于这座图书馆，除了在图志上所标注的两个房间外，其他的我们什么都不知道，也很少有幸存下来的参考文献提到它在罗马文学生活中所起的作用，或者它的图书管理员及其工作的性质。帕拉丁山上双语图书馆的正式名称，我们是从墓葬铭文中得知的，它们分别是 Bybliotheca latina [templi] apolinis 和

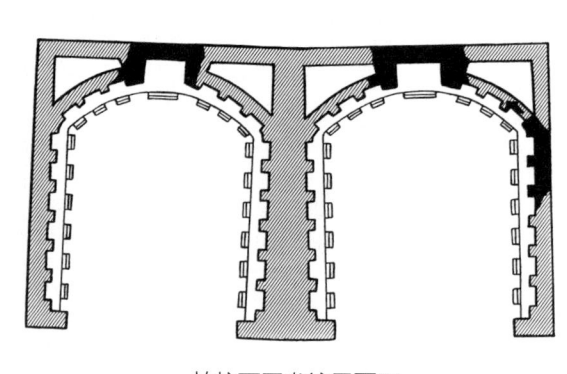

• 帕拉丁图书馆平面图

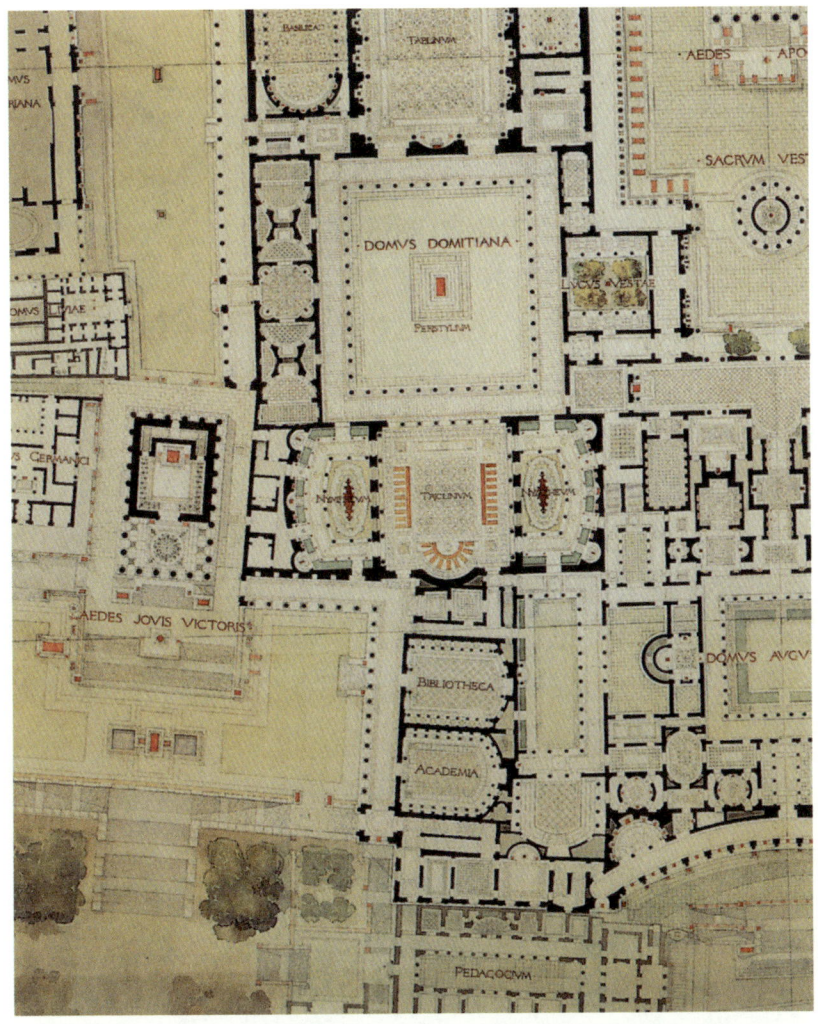

凯撒时代 ——罗马第一批公共图书馆与帝王、作家及其著作的关系

・帕拉丁山上的两个图书馆以及它们在多米田统治时期的皇宫建筑群中的位置

Bybliotheca graeca [templi] apolinis。其他墓葬碑文记录了在那里工作的奴隶的名字,包括亚历山大和安提奥库斯,他们是奥古斯都统治时期阿波罗尼亚图书馆(Apollonian Library)的工作人员。

奥古斯都任命的第一个组织和管理图书馆的人是庞培・玛凯尔(Pompeius Macer),他是希腊人的后裔,很可能是来自米提利尼(Mytilene)的塞奥芬尼

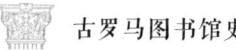

(Theophanes)的儿子。在一封奥古斯都写给玛凯尔的信中，他禁止出版凯撒的各种作品，例如《赞美大力神》(*Laudes Herculis*)。我们可以推测，皇帝从一开始就积极参与图书馆中图书的挑选工作，而且很可能，在玛凯尔的监督下，有一组文学学者和抄写员专门负责为图书馆购置新书。至于图书馆的地位——究竟它是一个对全体公众开放的公共图书馆，还是只对少数支持奥古斯都的人开放的图书馆——我们并不知道确切的情况。苏维托尼乌斯告诉我们，在他晚年的时候，奥古斯都经常在图书馆召开元老院的会议，陪审员(juror)的名单也在那里修改过。换言之，图书馆中的那两个大房间可能是用于各种学术工作，如书籍抄写、公众讨论和阅读，除此之外，还有可能举行官方机构的会议。

图书馆开放后不久，据说由盖乌斯·朱利乌斯·海基努斯(Gaius Julius Hyginus)"执掌着图书馆"，尽管我们并不清楚他是否真的接替了玛凯尔的馆长职位，还是只是一位普通的图书管理员，只不过因为他比玛凯尔的知识更为广博，所以他专门负责图书馆的运营和其他繁重的工作任务。不管事情的真相如何，这位来自亚历山大里亚或西班牙的奥古斯都的自由民海基努斯成了这座帝国图书馆的管理员，同时还继续担任教师，并得到一位无名赞助人的支持。他是克劳狄·李锡尼(Clodius Licinius)和奥维德［奥维德曾将《哀怨集》(*Tristia*)第三卷中的第十四首诗献给他］的亲密朋友，但后来奥维德因其诗歌在罗马图书馆被禁而对他大发雷霆。这位被流放的诗人暗示说，他的作品被禁不仅是由于帝国颁布的法令，更是由于图书管理员（海基努斯）拒绝将他的作品上架。后来，奥维德的诗歌在奥塔维亚的波提亚的图书馆和"自由主义者"的天井的阿昔纽斯·波里奥的图书馆也被禁止了。

这两个帝国图书馆的藏书主要是同时期诗人的文学作品和著作，贺拉斯告诉我们，这是事实，并提到他自己的诗歌抄本也保存在那里。贺拉斯说，帕拉丁图书馆中都是一群自封为"诗人"的家伙，他们抄袭其他作家的诗句，并将这些诗句冒充为自己所作。第一座帝国图书馆一直保存到尼禄或提多统治时期，后来，包括图书馆在内的整个奥塔维亚的波提亚都被烧毁，后又被多米田（公元81—公元96年）皇帝重建。为了恢复图书馆昔日的辉煌，多米田派了一个特派团去亚历山大里亚，重新抄写丢失的书籍。公元191年，在康莫杜斯（Commodus）统治期间，图书馆再次遭到大火的严重破坏，直至公元363年，它和阿波罗神庙一起被彻底摧毁。

奥古斯都统治期间，他的妹妹屋大维娅在帕拉丁山（Palatine）开设了第二座图书馆，以纪念她死于公元前23年的儿子马凯鲁斯。据狄奥·卡西乌斯（Dio Cassius）说，修建这座图书馆所需的资金来自达玛提亚战役中缴获的战利品。然而，没有任何资料能够告诉我们，在奥古斯都刚刚开设了自己的双语图书馆几年后不久，他的妹妹缘何又建立这座图书馆。我们只能猜测马凯鲁斯可能是个爱读书的人，他自己有一个相当大的图书馆，或者可能继承了一大批藏书。屋大维娅的双语图书馆占据了一个方形门廊的一部分，它周围是朱诺（相当于希腊神话中的赫拉）和朱庇特（Jupiter，罗马主神，相当于希腊主神宙斯，众神之父）神庙。

对于我们而言，图书馆的确切位置以及建筑物和门廊的设计都只是猜测。在我们上面提到的古罗马城图志的残片中，在两座神庙之间有一个半圆形凹槽，这可能指的是塞维鲁王朝（Severi）①的双语图书馆。普林尼提到图书馆有两个用途，一个是作为元老院会议厅（Curia Octaviae），另一个是阅览室（Schola）。这可能意味着图书馆的两个房间既是会议场所（Curia），又是研究学习的阅览室。奥塔维亚的波提亚图书馆至少有一次被用于元老院举行会议（据推测是在室内图书馆中），因此，从奥古斯都统治的某个时期开始，它与帕拉丁图书馆所充当的作用是一样的。

这座图书馆的管理员是语法学家盖乌斯·麦里梭（Gaius Melissus），由皇帝亲自任命，他是一个自由民，也是马凯纳斯的知己。根据苏维托尼乌斯的说法，麦里梭是一个非常博学的人，他开创了一种新的戏剧流派，并编撰了大量包含名人名言和故事的书籍，我们之前也提到过。从一些现存的墓碑

---

① 译者注：Severi，罗马晚期帝国由军事将领塞维鲁建立的一个王朝，在3世纪危机的乱世中被推翻。

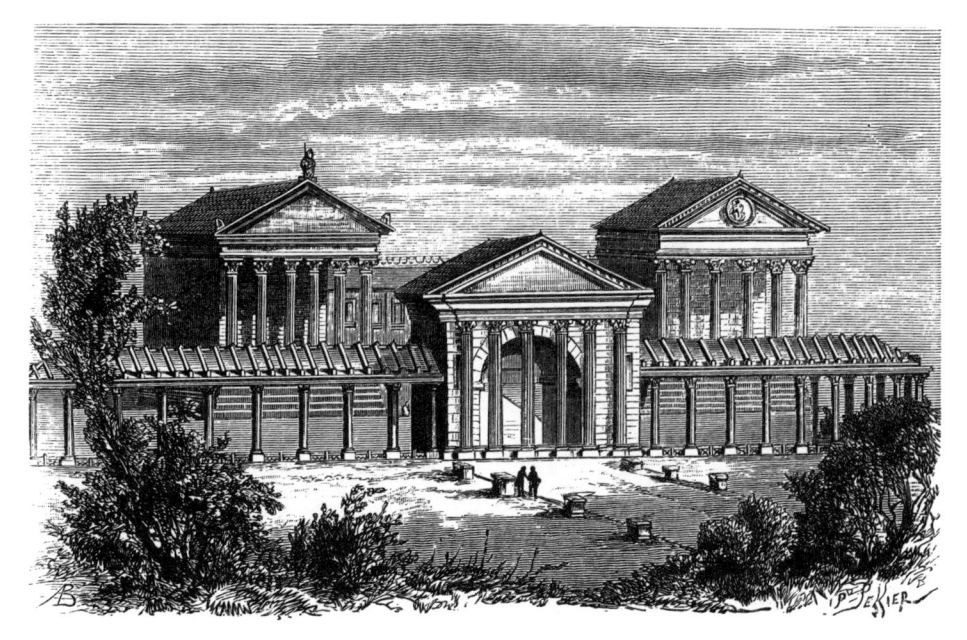

| 古罗马图书馆史 | 从罗马世界拉丁文学的起源到罗马帝国的私人图书馆

•奥克塔维亚门廊（Porticus Octaviae）

铭文中，我们发现在这个图书馆中的工作人员的名字，以及这个图书馆的布局。它有两个独立的区域，一部分为希腊语，另一部分为拉丁语。屋大维娅的图书馆也一直保存到尼禄或提多统治时期，据狄奥·卡西乌斯记载，它在公元80年被大火烧毁，后来很可能在多米田统治时期又恢复到了最初的样式。

公元前12年，为了提醒埃及人和到访亚历山大里亚的游客，埃及法老和托勒密的领土现在已经成为罗马帝国的一个行省，奥古斯都在埃及建了一座凯撒神庙，紧靠着神庙旁边还有一个双语图书馆。这座神庙后来被称为塞巴斯特恩（Sebasteion或Sebasteum，原本是克里奥佩特拉七世始建，用于致敬安东尼或凯撒的，后来王后和安东尼双双赴死，托勒密王朝终结，这座神庙也就归奥古斯都所有，改名Καίσαρος νεώς；该神庙名字来自Sebastos，罗马帝国时期元首的称号），它矗立在山丘上的一个宏伟的区域内，四周环绕着柱状庭院，装饰着雕像和其他艺术作品，也许是为了用新的文化政策取代塞拉皮雍的公共图书馆和亚历山大里亚的博物馆图书馆。此举的最终目的是想从公众的记忆中抹去亚历山大图书馆作为地中海文明知识中心的象征地位。很可能成千上万卷的莎草纸卷被搬运到新图书馆，同时，随着图书馆的规则变得更加宽松，许多珍贵稀有的莎草纸卷可能也落入到了书商手中。

提比略的图书馆

奥古斯都统治时期，很多作家受到了诬陷和迫害，这种现象在提比略统治时期仍然存在，甚至变本加厉，随着新皇帝更为干涉政策的推行，一种对文学的帝国"独裁"建立起来。

提比略是希腊文学风格的伟大崇拜者，他曾在著名的西奥多（伽达拉的）门下学习过修辞学，并且曾用希腊语写过很多作品。提比略最亲密的朋友之一是来自亚历山大里亚的占星家塞拉绪罗（Thrasyllus），他曾为提比略释过梦。后来，提比略的骄横傲慢一次又一次地显露出来，这种骄横傲慢常常表现在与文学相关的许多事情上，他曾将两位诗人埃利乌斯·萨图尼努斯（Aelius Saturninus）和塞克提乌斯·帕康尼纳斯（Sextius Paconianus）判处死刑，理由是他们在诗歌中对他进行了抨击。提比略控诉玛迈库斯·艾米留斯·斯考鲁斯（Mamercus Aemilius Scaurus）在一部戏剧中写了一些关于抨击阿伽门农的台词，根据提比略的理解，尽管名义上是在抨击阿伽门农，但实际上却是在暗中抨击他。由于这一指控，斯考鲁斯最终被迫自杀，以示自己的清白。历史学家克勒穆提乌斯·科杜斯（Cremutius Cordus）在其所著的史书中

· 提比略。来自T. 苏威托尼乌斯，*De vita Caesarum*

称赞刺杀凯撒的布鲁图斯，并把布鲁图斯的战友卡西乌斯说成是"最后一个罗马人"，提比略也因此对其进行了指控，并下令将这位历史学家的所有著作公开焚毁，科杜斯在元老院发表完铿锵有力的演说后，选择了绝食自尽。

提比略每天都会读书，吃饭的时候，习惯问与他一起吃饭的同伴一些他早已知道答案的问题。当他的随从们告诉提比略，语法学家塞留库斯（Seleucus）偷偷问他们皇帝正在阅读哪位作家的作品，以便他能提前准备好提比略在用餐时所提问题的答案时，提比略非常生气，于是将塞留库斯逐出他的国家，后来又强迫他自杀。提比略脾气暴躁，生性多疑，公元23年，他将一批演员从罗马驱逐出境，在此之前，他已经驱逐了一批占星学家。提比略的房间里装饰着各种淫秽的图画和雕塑，他还收藏着厄勒芳迪斯（Elephantis）的书。提比略模仿欧弗里翁（Euphorion）、里亚努斯（Rhianus）和帕提尼乌斯（Parthenius）用拉丁语和希腊语进行书写。他还在受过教育的罗马人中开创了一种风尚，文人们争先恐后地为这些皇帝喜欢的作家的作品书写评论，希望能赢得皇帝的青睐与赏识。

在这种帝国对同时代和早期文学"敏感"的氛围中，每一位罗马皇帝都把他的私人图书馆作为一种政策工具，试图通过决定是否将他们的作品存放在帝国图书馆中，来控制作家们对功成名就的渴望。提比略在他为纪念奥古斯都而建造的神庙附近建立了一座图书馆，这座图书馆名为奥古斯都神庙图书馆或新神庙图书馆。

这座神庙位于罗曼努姆广场（Forum Romanum）朱里亚巴西利卡（Basilica Julia，原来是一座装饰华丽的巨大公共建筑，在罗马帝国早期用于会议和其他公务）以南，由提比略的继任者加力果拉（Caligula）供奉。神庙在公元79年被烧毁，后来由多米田皇帝进行了重建。关于提比略的图书馆我们一无所知，只有苏维托尼乌斯记载，在提比略临终时，他在梦中将早年从叙拉古带来的一座巨大美丽的阿波罗雕像置放在新神庙图书馆中。

另一座图书馆据称是由提比略在帕拉丁山修建的：盖留斯是第一个提到过这座图书馆的，他称之为"提比略的藏书楼"（bibliotheca domus

凯撒时代 ——罗马第一批公共图书馆与帝王、作家及其著作的关系

Tiberiane），后来马库斯·奥勒留（Marcus Aurelius）和弗拉维乌·伏皮斯库（Flavius Vopiscus）在写作几位罗马皇帝的传记时，也提到过这座图书馆。盖留斯说，有一天，他正在那里和朋友聊天，这时聊天的话题转到了马库斯·加图·涅波斯（Marcus Cato Nepos）的一本书上，这个名字他们并不熟悉。那座图书馆，也就是"提比略的藏书楼"，很可能就是提比略每天阅读书籍的地方，这些书籍为他晚上向其他用餐者提问问题提供了素材和资料。

接任提比略的加力果拉也奉行类似的政策，他经常冲动地决定将同时代或早期作家的作品从公众的记忆中抹去，并从帝国图书馆的书架上清除他们的作品，但同时也有可能会将某位名不见经传的作家哄抬到很高的位置。例如，他下令将提多·拉庇努斯、克勒穆提乌斯·科杜斯（Cremutius Cordus）和卡西乌斯·塞维卢斯（Cassius Severus）的著作（正如我们所看到的，被奥古斯都压制了）"搜寻、传播和阅读，说发生的一切都要传给后人，这完全符合他的利益"。有一次，他下令在竞技场中央活活烧死一位亚提拉闹剧（Atellan farce，是一种很短的闹剧，最初由罗马南部的亚提拉地区发展出来。它的故事大多讽刺时事，人物有几种特定的类型）作家，因为这位作家写了一句模棱两可的台词。还有一次，他怒不可遏，甚至想到要毁掉荷马的诗，认为这就是柏拉图把荷马排除在《理想国》之外时的意思。维吉尔和李维也受到攻击，加力果拉称他们两人"毫无才华"，而且"啰哩啰唆"，差点把他们的作品和半身像从图书馆里移走。据说，加力果拉还驱逐了公元1世纪的修辞学家卡里纳斯·塞孔杜斯（Carrinas Secundus），因为他发表了一篇反对暴君的朗诵（*declamatio*），结果最终塞孔杜斯被迫在雅典流亡中自杀。

• 加力果拉。来自T. Suetonius, *De vita Caesarum*

公共阅读

读了西塞罗与阿提库斯的书信，人们对书籍生产和发行过程的印象更多的是一种精英主义的特权，但这并不是共和国最后几十年所有罗马知识分子生活的准则。比如，瓦罗退休后，在自己的豪华别墅里进行自我放逐，在那里，他埋头于自己的作品，创作了百科全书和大量其他的作品，但他并没有要发行这些作品或意欲从发行这些作品中获得利益的想法。事实上，大多数诗人和文人都来自各个行省，如果要靠写诗或其他文学作品来维持生计，就必须完全依赖于有钱人的恩惠与资助。当然，赞助人在当时并不是什么新鲜事物，在奥古斯都、马凯纳斯和美萨拉的时代就已经出现。正如我们所看到的，在利维乌斯·安德罗尼柯和恩尼乌斯的时代，诗人和作家就已经得到了贵族的支持，比如利维乌斯·萨利那托尔、老加图、西庇阿·阿非利加努、西庇阿·纳西卡和伏尔维乌·诺比利俄等。但在奥古斯都时代的早期，对晋升到一个新的社会阶级的渴望，孕育了大量文学作品的产生，我们可以将之理解为是政治宣传的产物。作家要想被赞助人接受或进入文学圈子，首先要做的，也是最关键的一步，就是安排公众阅读（朗诵）。

公开或半公开的新作品阅读（朗诵）可以被称为出版前的"宣传噱头"。根据老塞涅卡的说法，这种做法是由阿昔纽斯·波里奥（Pollio）引介的，虽然我们不能确

• 维吉尔在缪斯的指引下写作

定他这样做的真正动机，这可能是一个被迫从政治生活中退休的政治家的个人虚荣，或是为了控制文学作品产量的皇权意志表达，又或是对诗歌和散文更广泛传播的真正渴望。无论得出什么样的结论，我们都不应忘记，正是波里奥在罗马建立了第一个公共图书馆，这在一定程度上拓宽了罗马知识分子的视野。

苏维托尼乌斯不同意老塞涅卡的观点，他指出，奥古斯都时代的一位语法学家凯西留斯·埃皮罗塔（Q. Caecilius Epirota）是第一个用拉丁语进行即席讨论的人，同时，他开创了阅读维吉尔和其他诗人作品的惯例。另外，多米提乌·马苏斯（Domitius Marsus）在诗句中也间接地提到了这一事实："埃皮罗塔，初出茅庐的吟游诗人的宠儿。"公共阅读的对象可以是很多观众，也可以在一个私密的圈子里进行，进行公共阅读的主要目的，可以大体分为两类：一类是希望通过听取人们建设性的批评意见，从而使自己的作品变得更好；另一类是为了取悦观众和给他们留下深刻的印象。

第一类占了绝大多数，他们通常是文学圈内的作家，他们习惯于在出版前将整本或部分作品交由人们进行评议，并以此来检验作品的质量。当然，这种文学过程并不是什么新鲜事，它的起源至少可以追溯到希腊化时期的亚历山大学派，正如卡利玛库斯和阿司克勒彼亚得的警句所证明的那样。有证据表明，公元前2世纪中叶的罗马，在所谓的西庇阿的圈子中，以及公元前1世纪最初的几十年，阿提库斯在坦皮鲁斯（Tamphilus）所建造的别墅中举行的宴会上，也有类似的公共阅读活动。但正是在卡图卢斯身上，他首次明确提及了一个充分发展的文学圈子，其成员采用了卡利玛库斯式教条的方法对待诗歌。例如，维吉尔向奥古斯都及其家族成员朗读《埃涅阿斯纪》，同时，也向其他人朗读不同的段落，他希望能够通过受众提出的各种批评和建议，使得诗句更加精练。正如我们之前提到的，贺拉斯也是这样，他衷心地建议作家在出版之前，一定要首先向评论家展示他们自己的作品，不断地进行重读和修改，九年之后，再进行出版。

另一方面，也有许多有抱负的作家，他们尽其所能地对罗马的阅读群体施加影响，并希望通过以向广大读者（市政要员，甚至包括皇帝本人）阅读节选摘录的方式来增强他们作品的影响力。奥古斯都给了作家们一切可能的支持，耐心地阅读他们的作品，而且有记录表明，克劳狄有一次参加诺尼亚努组织的朗诵会，听众们对他的才华赞不绝口。众所周知，提比略喜欢欧弗里翁、里亚努斯和帕提尼乌斯的诗歌，因此，一些作家专门写作"纲领性文学"，希望能够赢得皇帝的青睐。最后，贺拉斯告诉我们，许多作家过去常常在广场上公开朗读他们的作品，但他自己却从不以他们为榜样。

• 波西乌斯

在这种情况下，朗诵的惯例对文学创作方式产生了很大的影响。结果就产生了所谓的"纲领性文学"，因为作家最关心的是如何取悦公众。他们希望自己的作品受到褒扬，而不是批评，他们试图用修辞手法来给听众留下深刻印象。凯斯提乌对这类文学作了生动的总结："我说的很多话，不是因为它使我高兴，而是因为我知道它会使那些听到我说的话的人高兴。"但是，如果想在罗马的公众场合看到朗诵会最真确的画面，我们只需要看看波西乌斯（诗人、斯多亚派哲学家，公元34—公元62年）的《讽刺诗集》（*Satires*）。

奥鲁斯·波西乌斯·福拉库斯（Aulus Persius Flaccus），来自埃图利亚，与语法学家雷米乌斯·帕莱蒙（Remmius Palaemon）一起在罗马学习，他接受了斯多葛学派哲学家阿奈乌斯·考努图斯（Annaeus Cornutus）的思想。卢坎（Lucan）非常欣赏他的作品，当波西乌斯进行公开朗读时，卢坎几乎抑制不住自己内心的激情，但直到诗的结尾，他才宣布这首诗有多好。波西乌斯生活在尼禄统治时期，在他不到二十八岁的时候就去世了，于是他的老师考努图斯和诗人凯西留斯·巴苏斯发表了其未完成的《讽刺诗集》。波西乌斯很可能有一个很大的图书馆，他在遗嘱中给考努图斯留下了一大笔钱，还给克律西波（Chrysippus）留下了大约七百本书，"那就是他的整个图书馆"。其中，有一本是波西乌斯早期的诗歌和他的一些生平故事以及旅行日志（考努图斯曾建议波西乌斯的母亲销毁这些日志）的书，一经问世就大受欢迎，很快就畅销绝版了。

波西乌斯对那些关于诗歌灵感的陈词滥调不屑一顾，他自己从来没有在赫利孔山上的灵泉（希腊赫利孔山上的泉水，传说可激发创诗灵感）中畅饮，也从来没有在帕纳塞斯山上（Mount Parnassus，位于希腊中部，古时被认为是太阳神和文艺女神们的灵地）做过梦，但他认为自己依旧是一个诗人，他可以献给世界一首诗（carmen）。在他的第一部讽刺作品中，波西乌斯揭露了罗马文学中的腐败趋势：诗人没有受过良好的教育，但却依然受到欢迎；他们夸夸其谈的演说是暴露主义和机会主义的自我宣传，主要目的是为了赢得赞誉；他们的作品因很多原因而受到谴责。下面的这段台词，典型地反映了他的特征：

在你生日那天，你终于可以在公众讲台上读到这封信了，你的头发梳得很整齐，穿着新的白色长袍。一颗宝石在你的手指上闪闪发光，你用另一首预备好的歌曲调好音调，在狂喜中闭上眼睛。然后，哦，真是个奇观！强大的罗马之子们，相当慌乱，他们无法控制自己的声音和行动，因为令人激动的悬念潜入腰间，令内脏发痒。

波西乌斯并不担心他所宣扬的罗马人堕落的品位会冒犯公众的感情，正如他自己所说，他的作品只会被少数有洞察力的读者阅读，粗俗的人会在别处找到乐趣。贺拉斯和波西乌斯经常尖刻地批评那些将书籍作为宣传自己才能的人，但如果将这些批判当成普遍真理的话，也极容易引起人们的误解。

在结束这一章时，我们可以集中讨论一下私人藏书和公共及私人图书馆在普林尼的鸿篇巨制《自然史》的写作过程中所起的作用。普林尼出生于公元23或公元24年。根据他侄子小普林尼的记载，在公元79年，维苏威火山大爆发，时任海军舰队司令的普林尼在组织救援灾民时，因吸入过多的含硫气体，不幸毒发身亡。普林尼曾把从自己读过的书中抄录下来的一些文章和其他作家的经典文章集中在一起做成了一本集子，并将之赠给了他的侄子小普林尼，这本集子共包含160卷写满了正反面的莎草纸卷。

在《自然史》这部著作中，普林尼旁征博引了大量事实和观察结果，其资料引证的来源也是众所周知的，因为在第一卷中，他总共列出了四百多位作者的名单，其中，有146位罗马人。与鲁西留斯一样，他希望自己的作品不要让受过高等教育的人阅读，而是让大众阅读，因为他所要做的是把一部要求极高的作品留给罗马人民。他是第一个用拉丁语描述整个自然界和人类的作家。这里值得引用小普林尼写给拜庇乌斯·玛凯尔（Baebius Macer）的一封信，信中阐述了作者在《自然史》这部著作中贯穿的哲学理念，以及他对每一门知识永不满足的渴望：

小普林尼致他亲爱的朋友拜庇乌斯·玛凯尔。

能找到你这样一个问我要我叔叔的作品且要将它们全部收集起来的读者，我感到极大的快乐。到时我将起着索引的作用，你知道热心的读者好像都知道了，那些已成文的作品会被整理……

可能会感到惊奇：一个如此忙的人能抽出时间整理出这么多书，而且一些书是涉及对劳动者的关心。但当你听到他在法庭为他人辩护时，你一定会更惊讶。他卒于66岁，在他生命中，他曾经担当了最高行政官员的职务，也曾是御前大臣，那些皇帝也很尊重和他的友谊。他有很强的理解力，对知识运用自如，同样有着超强的自觉性。在庆祝火神节期间，他总是在午夜开始学习，不是为了有好运气，而是为学习而学习。冬季，通常在晚上12点后、早上2点以前学习。他是一个睡得很沉的人，有时会突然醒来继续他的学习，然后再睡下。在天亮前，他会侍奉维斯帕先（罗马皇帝，此人经常在夜晚处理事务），然后执行他所接受的命令。他回到家里，就留出时间来学习。

在中午12点，经过短暂的放松后，如果没有什么事情，他经常会在夏天躺下来晒太阳。在此期间，一些人读书给他听，而他会做笔记，并提取摘要。每一本书，他都会提取出有益的部分，这确实是他的座右铭，即"再糟糕的书里都有好的部分"……

不管他到哪里，好像都脱不了他那完全投入的单调的事业，速记员不断地在书上或者在小字板上记下叔叔所讲的。在寒冷的冬夜里，速记员会戴一只特制的温暖的手套，这样就不会干扰到我叔叔的学习。出于同样的原因，在罗马时，他总是随身携带一把椅子。有一次他走过来给我安排一个任务。他说："我失去了这些宝贵的时间。"因为他认为有一个小时他没有学习。通过他把时间都用于撰写那些我刚才提到的论著，和160份读书摘要——加上他以少量的篇幅书写了日常生活琐事，因此可以推算出来字数是相当多——这是他走后给我留下的重要遗产。他用自己的事例告诉我们，当他在西班牙当收税官时，他本可能出售价值为40万赛斯特斯的手稿给拉吉乌斯·李希努斯。

我知道我的信已经跑题了，我只想让你知道，因为你问过我他所遗留下来的作品是什么。我坚信，这些比起其他的书籍更适合你，不过，我相信这些书可能不仅会激发你的好奇心，更重要的是，读了他的作品后，你也可以效仿他，做一些类似的尝试。再会。

书籍的世界

——从公元1世纪到公元4世纪的广场图书馆和浴场图书馆

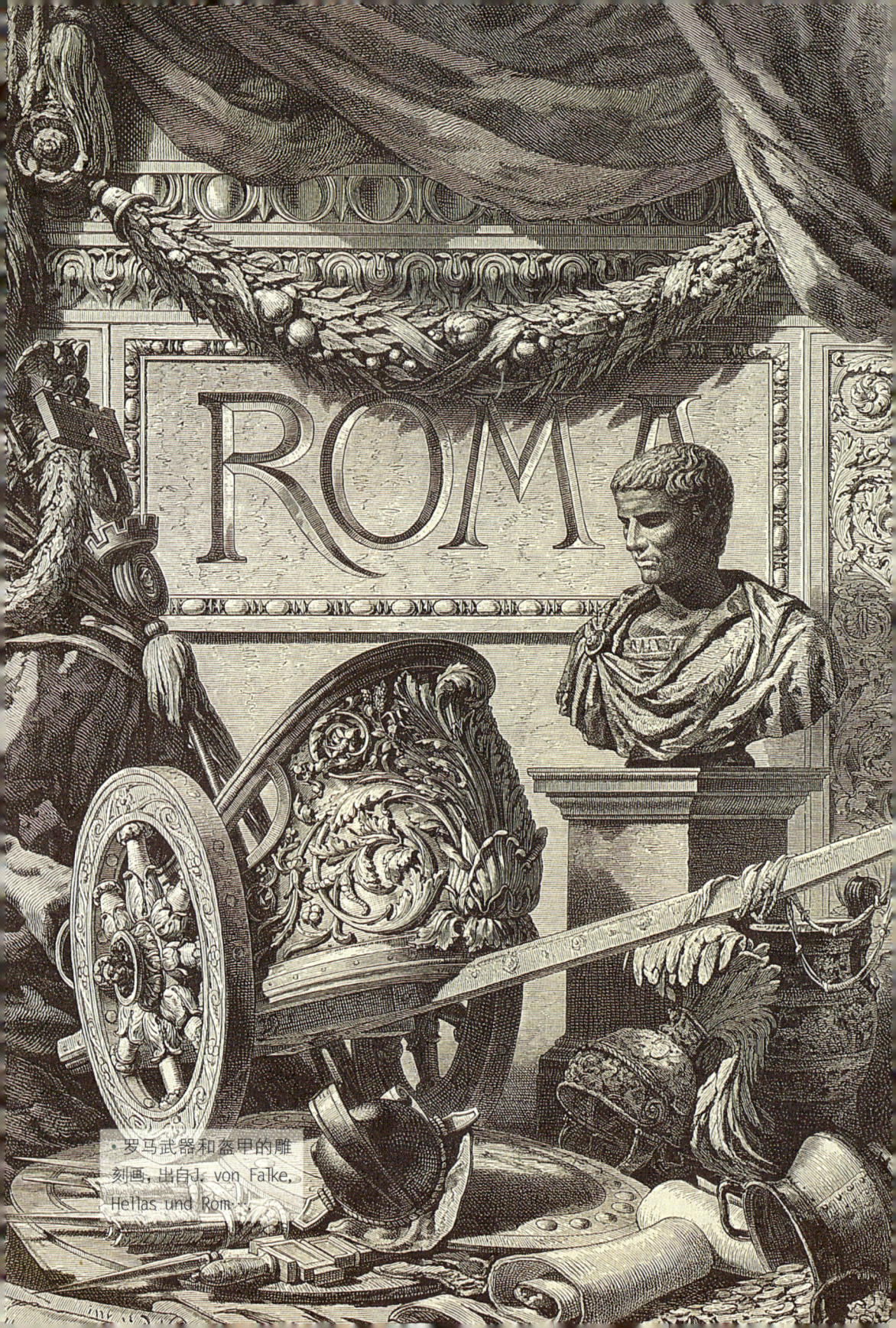

罗马武器和盔甲的雕刻画,出自J. von Falke, Hellas und Rom.

罗马的出版商和书商

如前所述，早在西塞罗时代，书籍的销售机制就已经建立起来。在帝国统治时期，由于公众阅读需求的增长，加上帝国图书馆和各行省图书馆的大量需求，所有这些因素，犹如注入了一针强心剂，使得当时文学作品的产量猛增，图书贸易也迅速发展。然而，尽管有各种资料不断提到私人图书馆中数以万计的莎草纸卷和其他专门的藏书，但却鲜有人提及书商（*librarii*）的名字，只是零星地提到他们的工作地点。在这种情况下，人们也就无法详细地了解到作家与出版商之间的关系、作家的知识产权（如果有的话）、书商处理的抄本数量以及在各行省销售图书的方法等问题。贺拉斯、马提亚尔、塞涅卡、昆提里安、盖留斯和伽伦等，偶尔会提到书商和出版商以及他们的经营场所。

贺拉斯对他与出版商之间的关系作了含糊而矛盾的阐释，特别是关于索西乌斯兄弟，据说他们是他诗歌的出版商。贺拉斯认为，任何一部作品一旦落入索西乌斯兄弟手中，未来将会一片暗淡。在《讽刺诗集》（*Satires*）第一卷中，贺拉斯安慰他的读者，不要对他尖酸刻薄的诗句有恐惧感，因为他的作品在市场上是买不到的。贺拉斯曾两次提到索西乌斯的名字，并且评价了他们提供给公众的书籍的质量和从书籍交易中获得的利润。贺拉斯还在《书信集》（*Epistulae*）第一卷的末尾部分，对以上的问题进行了评论。这部《书信集》是在他的萨宾农场完成的，主要写给马凯纳斯、洛利乌斯和其他朋友，在公元前20年出版。有首诗非常清晰生动地描述了一本书的"人生故事",不仅有在古罗马和各行省市场上的遭遇,而且还记述了它是如何保存了帝国统治时期所取得的成就的。贺拉斯写了一篇独白,实际上是写给他的书的,仿佛这本书本身就是一个独立存在的实体,它像一个身体强健的年轻奴隶,不耐烦地等待着被释放,这样它就可以告别主人安全温存的家,去探索更多崎岖艰险的道路。在此,我们可以完整地引证一首:

我的书啊,你似乎在热切地看着威图努斯(罗马的变幻之神)和伊阿诺斯,以便你能在用索西浮石打磨得整整齐齐的情况下上市销售。你讨厌钥匙和封印,这对谦虚的人来说是如此的珍贵;你为被展示给少数人而感到悲伤,并且在公共场合赞美一种生活,尽管我没有这样抚养你。跟你走,去你渴望去的地方。一旦你被释放,就再也不会回来了。"什么,唉!我做完了吗?我想要什么?"你会说,当有人伤害你,你发现自己被困在一个角落里,每当你的爱人变得无精打采。

但是,除非对你的错误的憎恨使先知失去了他的狡猾,否则你将在罗马被爱,直到你的青春离开你;当你被粗俗的双手所绊倒,开始变得肮脏时,你要么默默地成为飞蛾的食物,要么逃到尤蒂卡,要么被囚禁到伊勒达。你的班长,当你把耳朵从他面前移开,他就会笑起来,就像一个愤怒地把他那倔强的屁股推下悬崖的人一样:谁会不顾自己的意愿去救一头驴呢?这个命运也在等着你,当你在城郊教孩子们ABC的时候,这个结巴的时代就会降临到你身上。

当温和的太阳给你带来更多的听众时,你会告诉他们关于我的事:我是一个自由民的儿子,在纤细的身躯中,展开的翅膀对我的巢穴来说太宽了,这样就增加了你从我出生时所得到的好处;我在战争和和平时期都得到了宠爱,在我的时代之前是灰色的,喜欢太阳,性情急躁,却又容易安抚。如果有机会问我的年龄,让他知道我完成了我的第44年,那一年是洛利乌斯为同事画的莱皮德斯。

这段带有强烈讽刺意味的"警示性"独白,很可能反映了罗马市场中每一本书的命运:从辉煌走向衰弱,直至湮灭!

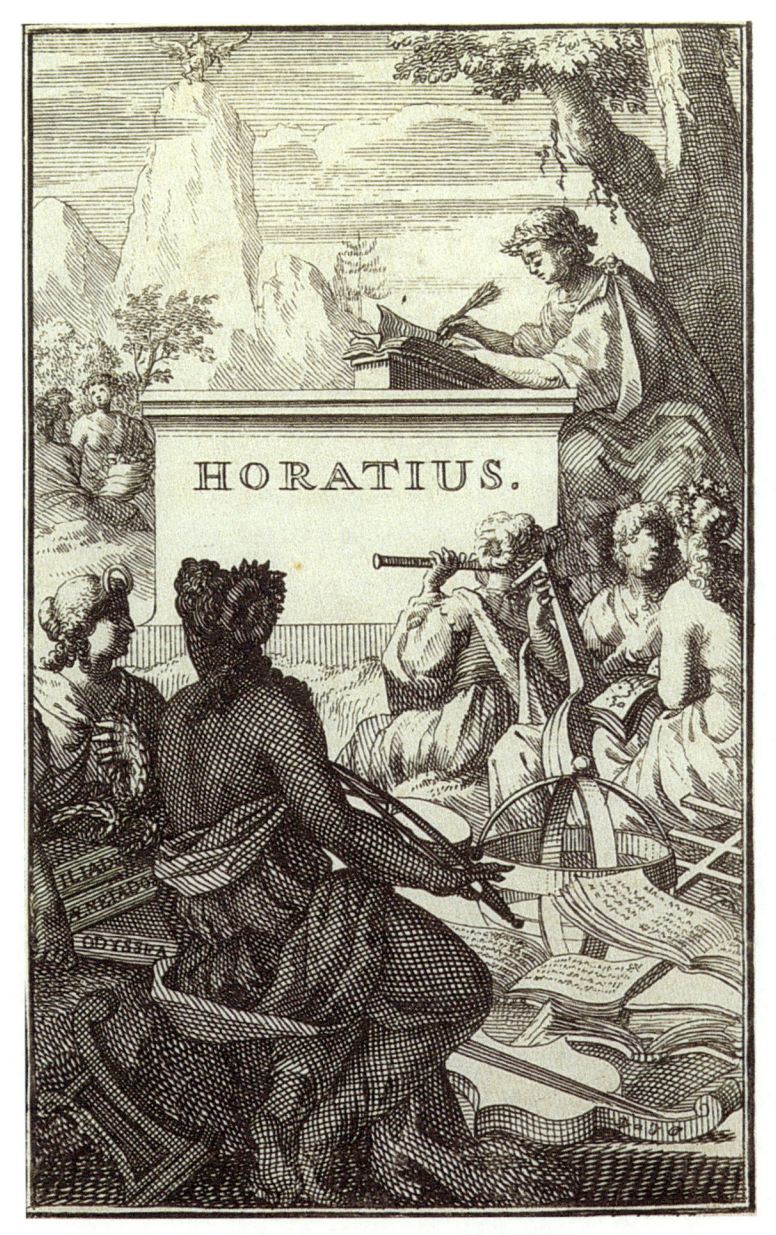

• 灵感来自缪斯女神的贺拉斯雕刻画

第二次提到索西乌斯是在他的《诗艺》(Ars Poetica)中，贺拉斯指出，他的书一旦在所有地中海各国销售，将会为出版商带来不菲的收入，同时也会让他名声大噪。然而，我们今天所知道的索西乌斯并非仅仅来自文学方面的参考文献，在埃及发现的一张莎草纸卷的残片中，上面的标题为"伊利亚特第十四卷的语法问题，阿波罗多洛（雅典的）著，语法学家"，在标题下方印着CΩCYOY（Sosyou，"索西乌斯的"）的印记。这个印记可能是一种类似于版权页的标志。第一，我们可以肯定地认为，索西乌斯兄弟不但出版希腊文学作品，也会出版拉丁文学作品；第二，在埃及发现的这本带有索西乌斯兄弟印记的莎草纸卷意味着这部作品可能是在罗马完成的，然后在亚历山大里亚的书籍市场上出售，或者买家在罗马买了这本书，带到亚历山大里亚供自己或别人使用，还有可能是索西乌斯在亚历山大里亚开设经营了一个缮写室，这个缮写室是地中海莎草纸书籍的主要缮写中心。

另一点值得注意的问题是，这本书的作者对罗马公众来说绝不陌生。雅典的阿波罗多洛，公元前2世纪的语法学家，活跃在希腊世界三个最重要的学习中心，即雅典、亚历山大里亚和帕伽玛。西塞罗给阿提库斯写了一封信，建议他查阅阿波罗多洛的书，以了解相关时期内雅典伊壁鸠鲁圈子中的重要成员和雅典主要政治领袖的信息。他所指的阿波罗多洛的书大概是用三步抑扬格写的《编年纪》(Chronica)，这部作品是高奈留·涅波斯时代的典范。阿波罗多洛死于公元前120年左右，而涅波斯在公元前54年之前就开始使用他的《编年纪》，这表明索西乌斯至少在公元前60年代初就开始了他们的出版业务，因为涅波斯一定拥有或有机会接触到阿波罗多洛的《编年纪》，这部作品中可能有索西乌斯的印记。

另外一个出版商是特里丰(Tryphon)，他曾经出版过马提亚尔的《隽语》(Epigrams)，尽管他没有索西乌斯兄弟那么有名气。除了马提亚尔以外，他的另一个客户是昆提里安，弗拉维时期最著名的修辞学家，特里丰诱使他获得了《雄辩术原理》(Institutiones oratoriae)的出版权。这是一本极受欢迎的关于雄辩术理论的教科书，是昆提里安以亚历山大里亚的学者编纂的著名作家手册为范本所作，在书中，他将希腊作家与罗马作家在各个领域进行了比较。昆提里安还提到了两位分别名叫阿特莱图斯（Atrectus）和塞孔杜斯（Secundus）以卖书为业的书商。他告诉我们，特莱图斯的经营场所在阿吉勒图（Argiletum），面朝着凯撒广场（Forum Caesaris），他储存了大量的诗歌作品，特莱图斯允许一些有抱负的作家和其他人在他的书店里出售自己的书籍，每本收取5便士的佣金。而塞孔杜斯则是一位自由民，他在和平神庙（Temple of Peace）南侧的涅尔瓦广场附近开了一家书店，经常以羊皮纸抄本的形式出售马提亚尔的作品。而塞涅卡则提到过一位名叫多鲁斯（Dorus）的人，他曾编辑和出版过李维的作品。多鲁斯拥有西塞罗的一些亲笔签名的作品，这些作品是他从阿提库斯的图书馆出售的报纸或书籍中获得的。对于这些参考文献，我们应该补充一点，并不是所有的出版商都是一丝不苟的，而且，正如苏维托尼乌斯告诉我们的那样，卢坎的诗作在出版之后会公开进行阅读，这些诗作不仅会被勤劳、有责任心的出版商出售，也会被一些没有受过教育的人出售。马提亚尔证实，卢坎的诗是由书商推销的。而盖留斯经常提到罗马的书店，他告诉我们这些书店所在的位置，即和平神庙附近的维库斯桑德里亚（Vicus Sandaliarius），以及西吉利亚（Sigillaria）地区，但确切的地点，我们不得而知。

　　罗马时期的书店与我们今天的书店并没有太大的不同，书店前面的人行道区域被一个有盖的拱廊遮蔽，作为"书店的橱窗"。橱窗既是为了安全，还可用于展示广告和顾客可能想买的书的清单。书店里面的墙上有开敞式的书柜（scrinia）和封闭式的书橱（armaria），商店里还布置着阅读桌，或者陈列摆放书籍的桌子。这些书店位于多层住宅楼的底层，可以直接与通往庭院的柱廊和缮写室连通。在缮写室中，奴隶们可以进行书籍的抄写和校对工作。应该补充的是，罗马书商并不是专门致力于同时代文学作品的抄写和营销工作，有时他们也会高价出售珍贵稀有的书籍和一些带有插图的绝版作品，这些书籍是被私人或历史图书馆珍藏的。有许多这样的书是作为礼物买回来的，另一些则是虚荣的贵族们为了丰富他们豪华图书馆的藏书而买回来的。

古罗马图书馆史 | 从罗马世界拉丁文学的起源到罗马帝国的私人图书馆

• 马提亚尔时代的罗马书店（由K. Sp. Staikos绘制）

在庞贝被称为法庭大道（Via del Foro）的地方，沿街发掘的文物，生动地描绘了罗马的日常商业生活画卷。

根据盖留斯的说法，语法学家菲杜斯·奥普塔斯（Fidus Optatus）声称在他的图书馆里有一本原本属于维吉尔的《埃涅阿斯纪》的抄本，这本书是他以不少于20枚奥里斯（古罗马的金质货币）的价格从西吉利亚地区的一个书商那里买来的。由于对古书需求的数量日益增多，许多书商采取各种手段故意将他们的书籍做旧，使之具有古色古香的外观。演说家和哲学家迪奥·科塞亚努斯（Dio Cocceianus），人们通常称呼他为迪奥·克里索斯托姆（Dio Chrysostom），公元1到公元2世纪活跃于罗马，并进入了帝国宫廷，在他的一篇演说中有这样一段话：

他们非常清楚，古书的需求量更大，因为这些书写得更好，而且是用更耐用的莎草纸书写的。因此，他们会把他们那个时代有瑕疵的抄本用面粉进行擦拭，使之看起来像旧手稿的颜色。通过这种方式，他们就可以将很多书籍冒充为古抄本。

将书籍故意做旧，并不是什么新鲜事。盖伦记载，即使在托勒密王朝时期，在亚历山大里亚和帕伽玛两大图书馆之间的竞争时期，就有一些精明的商人设计出各种方法，使新的莎草纸卷看起来很旧，并伪造之前作者的书。书商们还经营那些被拍卖的书，比较典型的就是前面提到的福斯图斯·苏拉的例子。我们知道，图书馆在其原主人去世后可能会易手，西塞罗收购的塞维乌斯·克劳狄的图书馆就是这样。

古罗马图书馆史 | 从罗马世界拉丁文学的起源到罗马帝国的私人图书馆

- 在图书馆中的盖留斯（来自A. Gellii Noctium Atticarum…，里昂，C. Boutesteyn and J. du Vivie, 1706年）

版本和知识产权

据我所知，在古代世界，作者及其出版的作品不受任何版权法的保护，当然这并不意味着他们的作品的抄写和销售完全不受监管，也不意味着没有保护他们知识产权的机制。事实上，有一些不成文的道德的律令，在某些情况下还有成文法，它们使作者拥有能够掌控自己作品的权利。很有可能，在某些圈子里，剽窃的污名对剽窃者的伤害已经远远超过了在法庭判决中所造成的伤害，正如我们看到的那样。尽管有大量的证据，但这些证据之间却相互矛盾，不同的证据都可以支持双方的论点。

下一个问题是，作家是否有办法保护自己不受贪婪的"出版商"的侵害，或者，从他们的作品出版之日起，是否意味着著作权自动转移到了出版商和图书销售商那里？毫无疑问，至少在西塞罗的时代，在某些方面，出版规范是不同于帝国时代的，当时出现了组织有序的书店，各种公共会议，还进行了首次公开阅读，同时，加上第一批帝国图书馆的开馆和皇帝们的文学宣传，所有这些，使罗马文坛发生了重大变化。

从公元前2世纪中叶起，在文学作品或戏剧作品的保存和抄写方面，"作家和演员协会"（*Collegium scribarum et histrionum*）发挥了重要作用，这个组织成立于公元前207年，他们的办公地点位于阿文廷山上。两个多世纪以来，他们将剧本派送给不同的戏剧团体和演员管理者，因此，戏剧的发行和销售开始在商业的基础上进行组织管理。特别是在公元前2世纪，只有一些零零散散的参考书目曾提到过罗马作家的出版实践。

利维乌斯·安德罗尼柯标志着罗马文学的开端，通过他的努力，在阿文廷山上的"作家和演员协会"才得以建立起来。但是，显然他自己并不需要一个出版机构来对他的《奥德赛》进行推广和传播，因为这部作品很快就被称为学校的教科书。事实上，大约在奥古斯都时代，奥比利厄斯（Orbilius）

仍然在使用它。盖留斯曾在帕特莱的书店里发现了一本《奥德赛》的古抄本，从中我们可以得知这部作品流传之广。

然而，不管协会是否采取了任何有效的措施，尽管文学作品代代相传，但一直到西塞罗时代都没有统一正式的规则。应该补充的是，在公元前2世纪中叶语法学进入罗马的知识生活之前，我们没有证据证明任何私人或公共档案馆收藏过罗马文学的代表性作品。例如，利维乌斯·安德罗尼柯的喜剧（西塞罗认为不值得重读）很快就被奈维乌斯和普劳图斯的喜剧所取代，而他的悲剧后来被恩尼乌斯和阿西乌斯的作品所取代。①公元前3世纪末，奈维乌斯去世，他的墓碑上刻着："罗马人忘记了'如何'用拉丁语言说。"普劳图斯的戏剧和维吉尔的诗歌超过了奈维乌斯，除了由兰帕迪奥（Lampadio）编制的一本《布匿战纪》(*Bellum Poenicum*)外，奈维乌斯的著作在共和国的最后几年已经不复存在。公元前1世纪中叶，恩尼乌斯的《编年纪》被当作学校教科书，语法学家们做了大量的研究，诗人们也将之视为楷模，昆图斯·瓦恭泰乌（Quintus Vargunteius）会在固定的日期向广大听众进行讲解。人们依然记得巴库维乌斯（Pacuvius）和阿西乌斯（西塞罗甚至把前者描述为罗马最伟大的悲剧演员），他们的戏剧在公元前1世纪仍在上演。普劳图斯的喜剧大受欢迎，还有另外一些喜剧被误认为也是由他创作的，这些喜剧开创了一种深奥的书生气的戏剧传统；而这反过来又促进了埃利乌斯·斯提罗和瓦罗等语法学家在公元前1世纪确立了一种原创喜剧的标准。

在罗马帝国初期，作家和演员协会在保存和传播戏剧文学方面发挥了重要作用，因为它拥有促进和提升戏剧作品发展的手段。例如，凯西留斯（Caecilius）的喜剧之所以受到人们的欢迎，在很大程度上归功于演员兼管理人安比维乌·图尔皮奥（Ambivius Turpio）的干预和坚持，而相比之下，特伦斯和鲁西留斯，似乎没有多少时间接触作家和演员协会（*Collegium scribarum et histrionum*），因此，他们的作品也没有得到大量的宣传，这可

---

① 阿西乌斯曾写过一部以"布鲁图"（Brutus）命名的戏剧，以纪念他的朋友和赞助人。

能是它们在伏卡西乌·塞迪吉图斯（Volcacius Sedigitus）原著经典列表中排名较低的原因。鲁西留斯（Lucilius）是一位经常与时代格格不入的诗人，他的作品最初只是在他的朋友中流传，他们是西庇阿最亲密的圈子的成员。鲁西留斯曾经开玩笑说，他不希望受过很高教育的人或完全没有受过教育的人阅读他的作品，他只希望像朱尼乌斯·康古斯和狄西摩斯·莱利乌斯这样的人来阅读，大概是因为他们是亲密的朋友关系。鲁西留斯的朋友还包括语法学家莱利乌斯·阿凯劳斯（C.Laelius Archelaus）和威提乌斯·菲洛科摩斯（Vettius Philocomus），他们可能后来编辑并出版了鲁西留斯的《讽刺诗集》（Satires）。

老加图可能是第一个发表自己演讲稿的罗马人，他对文学的巨大贡献，赢得了同时代人的认可。因此，在公元前1世纪，西塞罗收藏了150篇老加图的演讲稿也就不足为奇了。最后，尽管卢克莱修的作品是献给美米乌斯的，但西塞罗和他的弟弟在公元前54年（大约在卢克莱修去世的时候）就有了这些作品的抄本，很可能这位伟大的罗马演说家还对卢克莱修的作品进行了编辑和出版。

从公元前2世纪中叶起，编辑和出版罗马文学作品（甚至早期作品）的大部分功劳都归于当时涌入罗马并依附于贵族阶层的语法学家。这些文人编辑了很多书籍，这些书籍是他们通过与诗人和政治家的朋友关系得到的，或者是在作者死后获得了他们的手稿，事实上，收藏手稿的传统常常可以追溯到他们身上。兰帕迪奥曾经编辑过奈维乌斯的作品，瓦恭泰乌曾经编辑过恩尼乌斯的作品，阿凯劳斯（Archelaus）和菲洛科摩斯也曾编辑过鲁西留斯的作品，而埃利乌斯·斯提罗（Aelius Stilo），当他不忙于教师和文学学者的繁重任务时，会为他那个时代所有的杰出人物写演讲稿。

在这里，我们有必要回顾一段插曲，这段插曲有助于我们深入了解当时出版界的道德准则。斯提罗的女婿塞维乌斯·克劳狄（Servius Claudius）在斯提罗的书出版之前，就将这些作品偷走了，但他发现自己被一片骂声和污名包围着，于是他不得不带着羞耻和尴尬离开罗马。因此，很明显，作者和他们的编辑出版商之间一定有一个君子协定,这个协定是关于如何处理他们的作品,至少在他们的余生中是这样的,但前提是他们不能把自己的权利让渡给任何人。因此,我们可以得出这样一个结论,有很多像特伦斯这样的人觉得,这些人必须永远离开罗马,以此逃避其将别人的作品当作自己的作品进行出版的污名。

当然,剽窃、盗版和文学造假的现象确实存在,特别是在帝国统治时期,正如我们所看到的:维吉尔甚至也是受害者。其中,早期的一个典型例子是色维乌斯·尼堪诺(Saevius Nicanor),他是一位享有盛誉的教师,据说,他的评论作品就被偷走了。当时(大约公元前150年),作家的索引或目录及作品的标题在受过教育的公众和罗马20多所私立学校的学生中广泛流传。这些可以称之为书目记录,主要用来证明和维护作者及其书籍的良好声誉。苏维托尼乌斯告诉我们,奥勒利乌斯·奥庇利乌斯(Aurelius Opilius)的名字在这个目录中。

另一方面,剽窃的倾向有时会被诚实所抵消,以确保书籍的作者是合法的。例如,与西塞罗同时代的卢西乌斯·奥比利乌斯·普皮卢斯(Lucius Orbilius Pupillus),曾经买下马库斯·庞皮留斯·安德罗尼柯(Marcus Pompilius Andronicus)的一部令人钦佩的作品,这部作品题为《对恩尼斯编年纪的批评》(庞皮留斯为了维持生计,不得不以一万六千塞斯特斯的价格将其卖掉),并以原作者的名义对这部作品进行了出版。马库斯·瓦勒留·普罗布斯(Marcus Valerius Probus)活跃于公元前1世纪早期,他在罗马其中一个行省发现了一些被遗忘的旧书,他将这些书汇集在一起,首先对文本作了必要的修改,并添加了一个评论,最后以合集的形式进行了出版。

现在我们来谈谈两个大藏书家阿提库斯和西塞罗之间的伟大友谊。从他们身上,尤其是他们的书信中,我们可以了解到罗马共和国时期"出版业"的普遍状况。

需要注意的一点是,西塞罗和阿提库斯之间有一个"出版实务准则",有点像是一种互惠的君子协定,作者授权出版商大量抄写和发行他的图书,

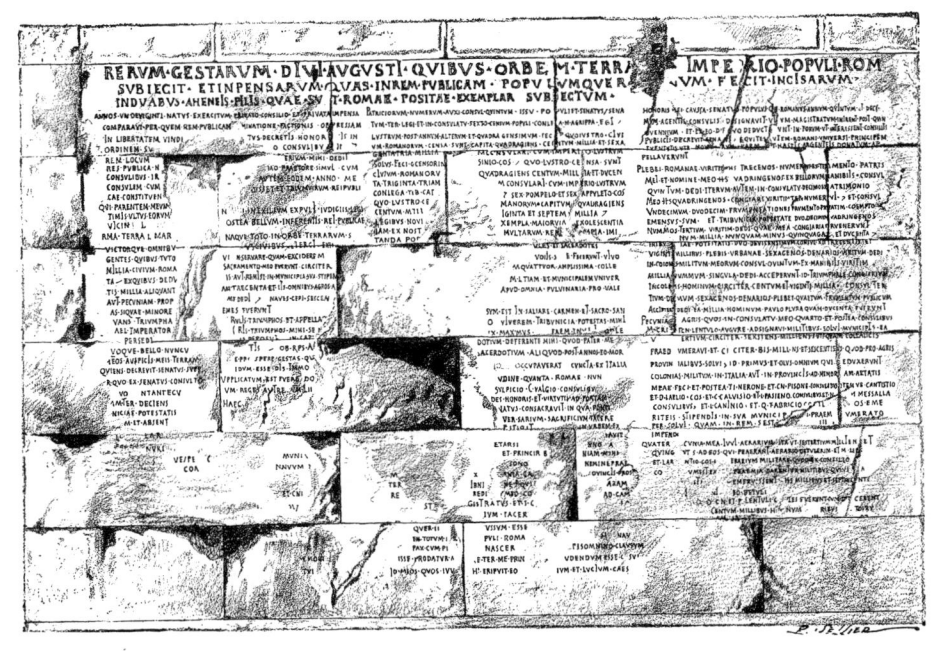

• 奥古斯都遗嘱的一段话（由P. Sellier绘制，Histoire des Romains…，第四卷，巴黎，1881年）

出版商允许作者修改和修订现有或者已经发行了的图书。综上所述，西塞罗同意阿提库斯抄写《论演说家》，但是，他对阿提库斯在未经他同意的情况下出版他的《论至善与至恶》感到非常恼火，让他更恼火的是，尽管《论至善与至恶》是献给布鲁图的，但在布鲁图看到这部作品之前，别人早就已经阅读过了。阿提库斯保存着西塞罗作品的抄本，西塞罗可以对这些书籍进行修正，在一部地理学作品中，西塞罗要求阿提库斯按照狄凯亚库的用法进行更正。在两个类似的情况中，一方面，他要求阿提库斯在《演说家》一书中，将"欧波利斯"（Eupolis）这个名字替换成"阿里斯托芬"，并从所有的《为利伽瑞乌斯辩护》（*Pro Ligario*）的抄本中，删除考费迪乌（Corfidius）的名字。另一方面，他并不担心他的信件是否被广泛出版，因为正如他在公元前49年向阿提库斯承认的那样，他本人已经允许很多人对这些信件进行抄写。

文学赞助人

瓦罗的《意象》(*Imagines*)已经传遍了全世界,但阿提库斯与西塞罗及瓦罗之间的关系不应被视为同时期出版实践的规范。许多有抱负的作家或应时的作家,只是把目光放在了为自己的文学才华赢得认可上,正如我们所看到的,希尔提乌(Hirtius)就是这样一位,他根据凯撒的命令写了一篇抨击加图的文章。这意味着,在帝国时期,奥古斯都统治时期的最初几年,文学作品的创作、传播和抄写都会周期性地受到三个因素的影响,赞助人对作家的支持,为了赢得公众认可的当众朗诵和公共图书馆。

前文我们提到,马凯纳斯开创了在作家和赞助人之间建立工作关系的做法,这给罗马贵族增加了额外的威望,并为作家(通常是诗人)提供了更大程度的经济和社会保障。但并非所有奥古斯都时代或以后的作家都能享受到维吉尔或普林尼的舒适环境,也很少有人会幻想仅仅靠写东西或卖书就可以谋生。事实上,他们大多来自外省,出身低微,并没有罗马公民身份的优势,出于政治和经济上的原因,他们会尽一切努力被文学圈子接受并赢得赞助人的支持。马凯纳斯这位有涵养且无私的赞助人,就是当时的一个缩影,在他周围聚集了一批才华横溢的诗人,如贺拉斯、维吉尔和普洛佩提乌等,还有一些不太出名的诗人,如卢西乌斯·瓦里乌斯和瓦吉乌斯·鲁富斯(Valgius Rufus)等。此外,美萨拉·考维努斯(Messalla Corvinus)也是一个赞助人,他同样创建了一个文学的圈子,其成员包括奥维德、苏尔皮西亚(Sulpicia)、蒂布卢斯(Tibullus),可能还有提布卢斯作品库(Corpus Tibullanum)的所有编著者。赞助人所带来的好处,不仅是资金上的(例如,马凯纳斯曾赠予贺拉斯一座乡间庄园,使他能够拥有舒适的生活方式),而且还有政治上的好处,受到赞助人支持的作家可以不必屈服于各种政治压力。这使得诗人在被要求歌颂皇帝的伟大事迹和给他唱赞歌时,他可以礼貌地拒绝,不必承担正常情况下的后果。更重要的是,马凯纳斯承认他所赞助的那些诗人朋友有权忠于自己的本性,他们中的一些人声称,太过文雅拘谨的人根本无法写出史诗。

我们已经研究了朗诵制度,还有一些诗人,如贺拉斯和波西乌斯(诗人、斯多亚派哲学家),就自由批评和文学创作等提出了一些批评性建议。他们认为公众朗诵已经越来越扭曲,以至于它逐渐演变成为一种某些诗人出风头的方式。事实上,文学作品朗诵开始只是作者朋友圈子里少数人的一种汲取营养的方式,但很快就发展成了一种公开会议。贵族们开始在他们的别墅中专门建造礼堂,以招待朋友、熟人、顾客、自由民,甚至雇来的喝彩捧场的人。那些没有自己礼堂的贵族也可以租用其他人的礼堂。通过这种方式,公众朗诵会有像剧场一样的规模,修辞技巧和修辞格被运用来庆祝神话中英雄的回归,并将他们与帝国的成就联系起来。这种文学实践的显著特点是它的宣传特性,因为作者把它看作是一种将自己的作品树立成一座文字纪念碑,并通过书籍抄写来促进其流通的一种方式。在这种情况下,有抱负的作家把对他们作品的任何宣传或以图书形式的抄写都视为上帝的恩赐,相比之下,他们对版权、编辑修订甚至是通过销售书籍所赚的钱并不是很感兴趣。

• 奥维德在托弥的书房中(奥维德木刻,Epistolae Heroides,威尼斯,J. Bapt. Sessa,1501年)

至少在凯撒时代之前,罗马图书馆都是帝国建立的,皇帝仍然管控着图书馆的组织和新的藏书。俯视着图书馆的是被神明化的奥古斯都的雕像,它代表了神性知识和世俗知识之间的某种联系，也许这就是在尼禄时代之前，皇帝（克劳狄除外）对作者及其文学作品实施审查的理由。例如，如前所述，奥古斯都烧毁了所有匿名作者的先知书，还有那些政治内容模棱两可的作家的书。奥维德在失宠以后被放逐到托弥（Tomi），他的书也被禁止进入帝国的图书馆。同样，演说家和政治家卡西乌斯·塞维卢斯（Cassius Severus）的著作也被奥古斯都烧毁，随后被流放到国外。提比略下令公开焚烧埃艾米留斯·斯考鲁斯和克勒穆提乌斯·科杜斯的所有作品，而奥古斯都对其喜欢的诗人则给予各种殊荣，并将他们的半身雕像安放在图书馆中，这样，就逐渐培养了一种氛围，即诗人都在刻意创作一些可以赢得奥古斯都青睐的作品。尽管尼禄对卢坎和库提乌斯·蒙塔努斯（Curtius Montanus）的攻击以及其他作家写的讽刺文章反应温和，但在庇索的阴谋余波之后，他却迫使塞涅卡（Seneca）自杀。另外两个被流放的学者是波西乌斯（Persius）的老师维吉纽斯·伏拉乌斯（Verginius Flavus）和斯多葛派哲学家盖乌斯·穆索尼乌斯·鲁富斯（Gaius Musonius Rufus），而普伯里乌·克劳狄·特拉西·派图斯（Publius Clodius Thrasea Paetus）则因敢于为尤提卡（北非迦太基西北的城市）的加图写作传记而付出了生命代价。

关于知识产权的讨论还需要补充的最后一点是，如果有足够数量的作家遗嘱，或者至少有足够数量的关于他们的参考文献幸存下来，我们可能会对权力世袭和版权的法律支持有更好的了解。由于我们的参考文献和证据较少，而且常常相互矛盾，因此我们没有理由认为那时存在任何专门为保护作者的知识产权而制定的法律。诚然，作者的遗嘱可以被视为是著作权转让的证据，公众也强烈反对剽窃和盗版，但是正如我们所看到的，仍旧有一些就像狄奥多洛·西库卢斯（Diodorus Siculus）一样毫无信用的出版商和书商，会毫不顾忌地进行剽窃和盗版别人的著作，而且他们的行为并没有得到任何法律上的惩戒，也没有引起任何道德上的谴责。因此，我们认为，帝国时期的出版实践遵循市场规律，即供给和需求是相呼应的。

诗人与出版的危害

如果想了解公元1世纪最后几十年罗马社会的状况,包括贵族和官方的关系,知识分子和有抱负的年轻作家之间的关系,还有社会上的剽窃和盗版问题,以及抄写、出版和销售书籍的方法,那么首先让我们看看马提亚尔在他的《隽语》中的描述。马提亚尔并不是一个像贺拉斯那样沉迷于哲学思考的诗人,他创作了一些铭文体的诗歌,对三位皇帝进行了热烈的褒扬和赞美,后来,直到他克服了不安全感之后,他才非常大胆地对多米田皇帝(多米田残暴统治国家,迫害基督徒)进行了批判。马提亚尔最关心的是他的诗应该被阅读,因此他很重视来自各行省的清教徒,并且他成功地在周围聚集了一批追随者,这些追随者中有诗人、作家和政治家,还有告密者,例如臭名昭著的阿奎留斯·勒古鲁斯(Aquilius Regulus)。马提亚尔在罗马买了一所房子,雇用了一批奴隶和抄写员来帮助他从事文学创作。他总共写了1561首短诗,在这些作品中现实地描述了当时罗马社会的复杂景象。其中,许多诗句极为犀利,另一些则具有较高的文学价值,与墓碑或艺术品上的铭文相似,他的作品大部分以挽歌对句的形式写成,通常为短篇铭文体,在诗章的结尾处通常带有诙谐的点睛之笔或讽刺之语,后世尊其为隽语诗(Epigram)的鼻祖。马提亚尔经常敦促读者要以伟大的诗人为榜样,因为他们的作品是不朽的。在《隽语》的第一卷的导言部分,他告诉读者,没有批评家会抱怨他的这本书,因为他根本无意冒犯任何人,甚至连生活中最卑微地位的人也不例外。

在《隽语》中,马提亚尔指出,在他生前,他的这部作品必定会为其赢得无上的荣耀,诗人们很少能在他们的身体还未化为灰烬之前就获得这种荣耀和名望。马提亚尔建议那些想把他的书作为长途旅行伴侣的人,可以从书商塞孔杜斯(Secundus)那里购买。而那些想在业余空闲时间阅读他的短诗的人,则可以从书商昆图斯·波利乌斯·瓦莱里安(Quintus Pollius

Valerianus）那里寻找。当昆图斯（Quintus）问他索求一本《隽语》时,马提亚尔回答说,他并没有多余的抄本,但是可以从书商特里丰（Tryphon）那里买到。

为了确保名声不朽,马提亚尔要求塞克斯都在帕拉丁图书馆为他的半身像保留一个位置,紧挨着佩多（Pedo）、马苏斯（Marsus）和卡图卢斯的半身像。关于为子孙后代保存书籍的话题,马提亚尔向福斯蒂努斯（Faustinus）指出,仅有机智是不够的,它不足以赢得声誉,确保文学作品不朽的是天赋。

从马提亚尔的《隽语》中可以明显看出,他选择了两种不同的方式让罗马公众了解他的作品,并为他赢得了他所期望的持久声誉,或者,他并没有做出选择,这两种方式在他那个时代都是人们常用的。首先,他雇用抄写员进行抄写,作为礼物赠送,或者作为私人客户的订单；其次,他通过书商或出版商出售自己的书籍,比如特里丰、塞孔杜斯（Secundus）、瓦莱里安努斯（Valerianus）,或许还有其他人。在一个隽语中,他称某个名为德美特利的人是他的忠实的抄写员,而在另一个隽语中,他将自己的一些诗歌的晦涩和蹩脚的拉丁语归咎于一位抄写者的过度匆忙。很多剽窃者和诗人经常盗用他的诗句,因此,他经常抨击很多罗马的伪知识分子,贺拉斯在他之前就对这类知识分子进行过有力的批判。

马提亚尔不放过任何点名羞辱这类诗人的机会:"费丹提努斯（Fidentinus）,盛名如你,向公众朗诵的书籍仿佛它们都是你的。如果你愿意将它们称作是我的,我愿意免费将这些诗歌发送给你;如果你想要它们被称作属于你的,买下它,那么它们将不再是我的。"在另一句短诗中,他抗议说,他书中的一整页都被别人偷走了,并补充说,费丹提努斯永远不会仅仅通过盗用马提亚尔的诗句而成为一位真正的诗人。对于另外一位剽窃者,他讽刺地说:"鲍鲁斯购买诗歌,鲍鲁斯朗诵'他'的诗。对于你买到的东西,你却声称是'你自己创作的'。"

帝国议事广场的图书馆

韦斯帕西安(公元71—公元79年在位)是弗拉维王朝第一位皇帝,他继承了一座被大火摧毁的人口稀少的都城。在庆祝犹太战役的胜利和罗马和平(Pax Romana,公元71年,罗马帝国初期的200年是罗马的鼎盛时期,史称"罗马和平")之后,他立即着手修复皇宫和公共场所,并发起了一项新的建筑计划。其中,他的一项伟大工程是韦斯帕西安广场(Forum of Vespasian)上的"和平神殿"(Templum Pacis),这座神殿建立在古代食品市场(Macellum)的废墟上。这是一个四方形的庭院,四周都有柱廊。每一边都有四座建筑,其方向与和平圣殿相同,对称地分布在两边。两翼的建筑

• 提多大帝凯旋门的一部分,多米田于公元81年所建

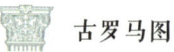

都是长方形的，用来作图书馆，可能一个是希腊语的，另一个是拉丁语的。在神庙两侧的另外两座建筑中，东面的一座是古罗马国家档案馆，那里保存了许多规划记录。"和平神殿"（Templum Pacis）深受普林尼的赞赏，他把这座神殿描述为世界上最美丽的建筑之一。这座建筑用宏伟的艺术品进行装点，据约瑟福斯（Josephus）推测这些艺术品可能是韦斯帕西安从犹太战役中带回来的战利品。

关于和平圣殿图书馆的运营方式和藏书内容，除了盖留斯作品中的两段话之外，我们并没有任何其他的参考资料。第一段话来自一本书，里面有辛纽斯·卡皮托（Sinis Capito）写的信，据盖留斯的一个朋友讲，这本书保存在和平神殿里面。第二段话是关于盖留斯本人对辩证法技巧的研究，以及他对卢西乌斯·埃利乌斯（Lucius Aelius）所著的参考书的搜寻。

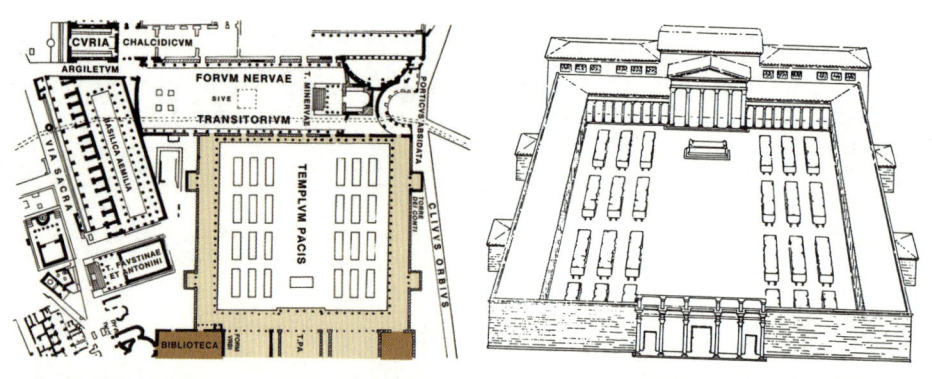

• 和平神殿平面图（由 L. Lugli绘制）　　• 和平神殿广场重建图（由I. Gismondi绘制）

就在康莫杜斯于公元191年去世之前，和平神殿被大火摧毁，伽伦的宝贵的医学著作在大火中与其他很多书籍一起被焚毁。后来，塞维鲁（Septimius Severus）又对韦斯帕西安广场进行了重建。根据罗马史学家阿米安努斯·马尔塞利努斯（Ammianus Marcellinus）的说法，和平神殿在公元4世纪仍然是这座城市最具代表性的建筑物之一。我们从《罗马君王传》（*Historia Augusta*）中推断，这一时期，他的图书馆仍在运转。

多米田和他对书籍的态度

多米田于公元81年登上皇位，一直统治到公元96年去世。在多米田的领导下，官方对书籍的态度又倒退到奥古斯都和提比略统治时期的水平，还有一些阿谀奉承者撰文赞扬宣传文学和审查制度。据说多米田只读过提比略的《回忆录》和《功德录》（Res-gestate）。诚然，他设立了希腊语和拉丁语的散文朗诵比赛，但他也对文人犯下了骇人听闻的暴行，惩罚他们在文章中含糊其词的影射。例如，赫谟根尼（Hermogenes）在其著作《历史》中用了一些含义模糊的隐喻，于是，多米田就将其处死。他甚至将抄写过这部作品的奴隶钉死在十字架上。多米田将政治家和斯多葛派哲学家昆塔斯·朱尼厄斯·拉斯提库斯（Quintus Junius Arulenus Rusticus）判处死刑，因为他希望否决元老院对派图斯·特拉西（Paetus Thrasea）的定罪，并在拉斯提库斯死后为其撰写的传记中赞扬了他。似乎所有这些还不够，多米田还下令将所有的哲学家从罗马和整个意大利驱逐出去，罗马历史上已经发生过一次这样的事件。此外，他还下令对剧作家赫维狄乌·普利斯库（Helvidius Priscus）进行暗杀，因为他在其戏剧《帕里斯和伊诺妮》（Paris and Oenone）中对皇帝进行了一些含沙射影，尽管多米田是唯一一位这样解读他戏剧的人。最后，多米田还将自己的大臣以巴弗提（Epaphroditus，与当时最大的私人藏书者之一同名）判处死刑。

多米田想做文学赞助人，为了达到这个目的，他随身携带了一张绘制在牛皮纸上的世界地图和一本收录了国王和将军们演讲稿的书，这本书是从李维那里得来的。多米田支持"赞助人"这个概念，事实上，他向任何善于起草帝国宣传资料的作家都表示了自己的偏爱和支持。他邀请斯塔提乌与一群元老院议员和高级官员在帕拉丁山上共进晚餐，诗人将这种场景描述为是在"品尝奥林匹斯山的味道，一种永远不会忘记的神性的味道"。然后，为了表示对皇帝的尊敬，斯塔提乌在他的史诗《底比斯之战》（Thebaid）中描绘了一幅统治者的肖像。马提亚尔也歌颂了这位皇帝,并赞扬了多米田随从中影响他的那些人。马提亚尔《隽语》的第八卷和第九卷可以被称为"多米田之书"。实际上,为了赢得人们的青睐,诗人甚至与像阿奎留斯·勒古鲁斯这样的流氓交朋友。

• 罗马的广场〔由冯·法尔克(J. von Falke)绘制〕

另一方面,当多米田着手修复帕拉丁山上的帝国建筑时,他也(如前所述)重建了奥古斯都的图书馆,这些图书馆在提多统治时期(公元80年)被大火摧毁。正如苏维托尼乌斯告诉我们的那样,为了恢复图书馆原有的藏书,他派抄写员到亚历山大里亚去重新抄写,或者在任何可以找到已经丢失了的书籍的地方,直接将它们买下来。我们知道,多米田曾委托拉比利乌设计过帝国的住宅区,因此,我们可以合理地推测,他的设计理念也被用于重建图书馆,同时,他也遵循了奥古斯都雇用的建筑师所赋予的路线和风格。

知识分子的环境与图拉真图书馆

　　古罗马最后一座重要的大型图书馆是在图拉真皇帝（公元98—公元117年）的倡议下修建的，当时正值拉丁文学史和罗马精神生活中一个新阶段的开始，这一阶段一直将持续到君士坦丁大帝时期。自多米田皇帝之后，再没有人将哲学家逐出罗马，在图拉真的统治下，迪奥·科塞亚努斯不仅从普鲁萨（Prusa）返回罗马，而且哲学也开始受到宫廷的欢迎，成为帝国的权威和权力的基础之一。例如，几年之后，哈德良就给哲学教师提供了庇护，并顺便确立了哲学家国王留胡子的传统。①在塞涅卡心目中，理想君主的生活应该是斯多葛式的，这个愿望随后也即将实现。在这种大环境下，文人开始转向基督教，他们认为基督教是古代哲学的延续和完善，正如斯多葛学派和后来的新柏拉图主义者所坚持的那样。在这样的知识背景下，拉丁文学开始衰退，像德尔图良和阿普留斯（Apuleius）这样优秀的作家越来越少，尽管罗马仍然是保存希腊遗产最重要的中心，但它的地位却下降了。为了维持已经取得的成就，人们做出了巨大的努力，在帝国的其他地方也修建了大型图书馆，哈德良在罗马建立了雅典学校（Athenaeum）。世界的文化地图变成了双语的，正如朱文纳（Juvenal，古罗马诗人，生活于公元1世纪末2世纪初，作品有《讽刺诗集》）讽刺而悲哀地评论：罗马已经变成了一座希腊城市。

　　公元112年，最后一个帝国议事广场在罗马落成，它是所有广场中最宏伟的，由三位皇帝共同参与建造：分别是多米田、图拉真和哈德良。在多米田的倡议下，也可能是在拉比利乌（Rabirius）的建议下，人们在卡皮托利山和奎里那尔山之间平整了一大片土地，其中，包括夷平之前连接两座山的低矮堤坝。图拉真和他的建筑师，即来自大马士革的阿波罗多洛（Apoldorus）构思了广场的建筑设计并付诸实施，他们还建造了图拉真门廊、大教堂

---

①　译者注：据说，哈德良非常热爱古希腊文化，并成为第一个蓄须的罗马皇帝。

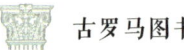

(*basilica*)①、图书馆和图拉真纪念柱，这些宏伟的建筑及其富丽堂皇的装饰，应该是当时的罗马之最。哈德良在广场上为被奉若神明的图拉真增设了一座殡葬纪念碑，他可能还委托别人制作了图拉真纪念柱上的饰带，公元117年，图拉真的骨灰就葬在柱下。

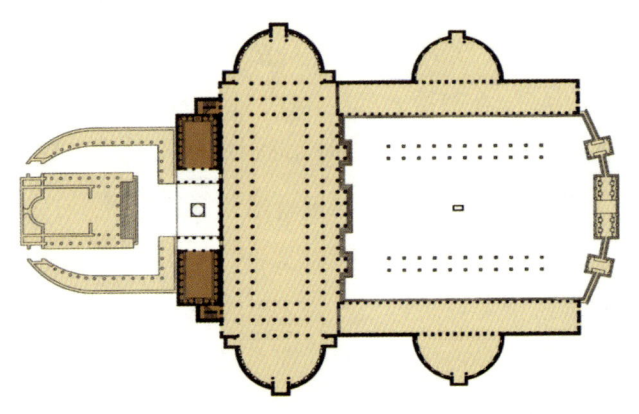

• 图拉真广场平面图（D. Silenzi绘制）

图拉真广场占地约300米长，185米宽，面向东西轴线。可以从略微弯曲的前墙中间的凯旋门进入，前墙的北端和南端与侧墙形成了一个角，侧墙是直的，但每面墙的中间都有一个半圆形的开敞式有座谈话间（*exedra*）。凯旋门沿着西墙（远墙，面对入口）和两个侧墙通向一个带屋顶的柱廊方院，中央有图拉真皇帝的骑马雕像。西墙是一座宏伟的教堂的正面部分——乌尔比亚大教堂（Basilica Ulpia），是罗马时期建造的最大的教堂，与广场的纵轴成直角。大教堂的西墙是一道隔墙，将它与两座图书馆隔开，它们对称地安置在图拉真纪念柱的两边，柱子位于广场的纵轴上。两座图书馆的前面各有一个带屋顶的柱廊，西边与环绕西侧庭院的柱廊相连。庭院的远端呈近似半圆形，图拉真神庙位于柱廊的南北两臂之间，相互弯曲。这是一座八角形的神庙，正好与凯旋门相对。整个设计的最大特点是每一个细节都是绝对

---

① 中译者注：basilica，又翻译为"巴西利卡"，是授予拥有特殊地位的大教堂的称号。

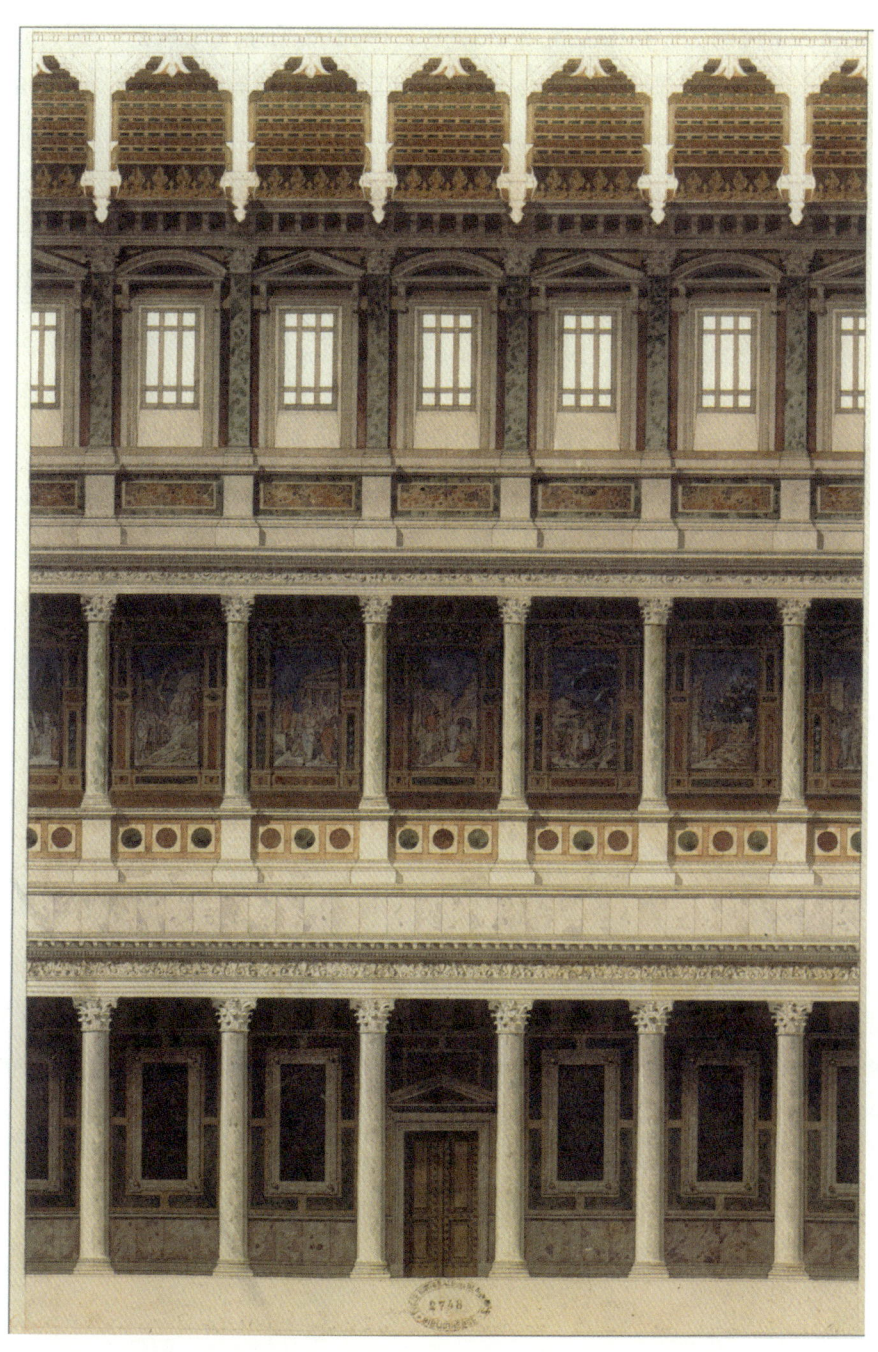

书籍的世界 ——从公元1世纪到公元4世纪的广场图书馆和浴场图书馆

· 乌尔比亚大教堂北墙（由Julien Guadet于1867年绘制）

对称的。柱廊和长方形会堂装饰华丽，大理石墙面和达契亚（今罗马尼亚中北部和西部的古王国）战俘的绘画和雕塑，意在美化皇帝的权力。在公元4世纪，图拉真广场和它的所有建筑仍然像以前一样宏伟，这一点可以从阿米安努斯·马凯利努斯（Ammianus Marcellinus）描述康士坦休斯皇帝第一次到访时对它的钦佩和赞美判断出来。

图拉真的两个图书馆，完美地体现了罗马文明中的双语现象，它分为两个相互独立的空间，其中一个用来存放拉丁语作品，另一个则收藏希腊语作品（关于其建筑风格的描述，见图书馆建筑一章）。如今历史学家们并不能确切知道这座图书馆存在了多长时间，在古代文献中也几乎找不到关于它的信息。更令人惊讶的是，并不像其他图书馆，它是罗马唯一逃脱了被火灾毁灭厄运的图书馆。

我们只知道其中两个使用者的名字：一个是盖留斯，他讲述了他在图拉真图书馆（他称之为 *bibliotheca templi Traiani*）寻找书籍的过程中，发现了古代执法官的敕令，于是他决定开始阅读；另一个是《罗马君王传》（*Historia Augusta*，罗马皇帝传记汇编，分为两部分）的其中一位作者，他记录说，他查阅了奥勒留的"亚麻书"（*libri lintei*，写在亚麻上的书），他甚至还给出了这本书所在的图书室编号。关于这个图书馆，我们知道的另一件事是，在某个时候，由于一些原因，图书馆的部分或全部书籍被暂时转移到了戴克里先大浴场，随后在公元5世纪西多尼乌斯·阿波利纳里斯（Sidonius Apollinaris）时期又将其恢复到原来的位置。我们知道，在公元465年1月1日，西多尼乌斯向阿维图斯皇帝献上了一篇颂词，作为奖赏，皇帝在图拉真图书馆的两个区域都放置了一尊他的半身像，并使他与其他更著名的作家齐名。

在我看来，由于各种政治原因，没有一个皇帝主动将他的名字与新建的广场或新建的公共图书馆联系起来。从公元2世纪起，罗马作为帝国中心的地位逐渐下降，皇帝们发现，帝国的边境越来越多地受到滋扰和威胁。早在马库斯·奥勒留（Marcus Aurelius，公元161—公元180年）统治期间，蛮族对意大利北部的入侵就越来越频繁。于是，皇家开始将他们收藏的珍贵宝石出

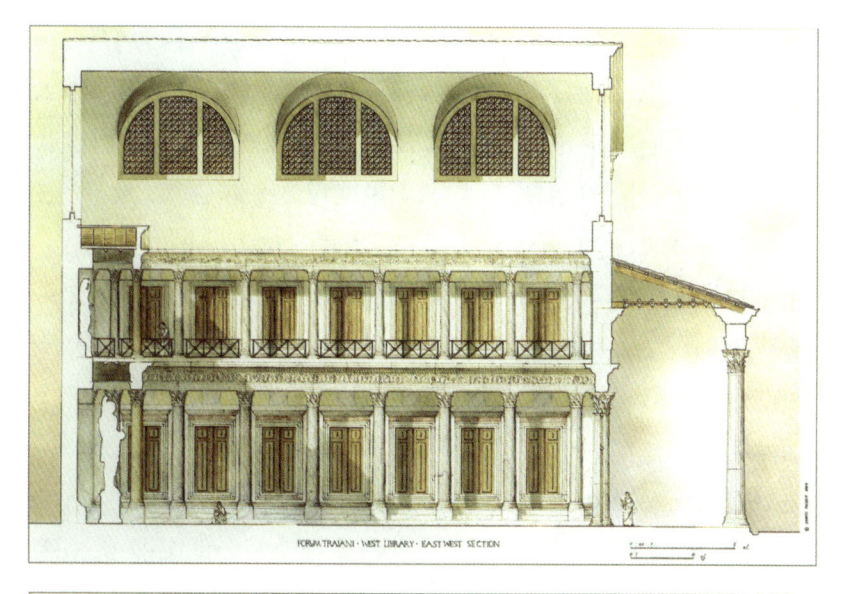

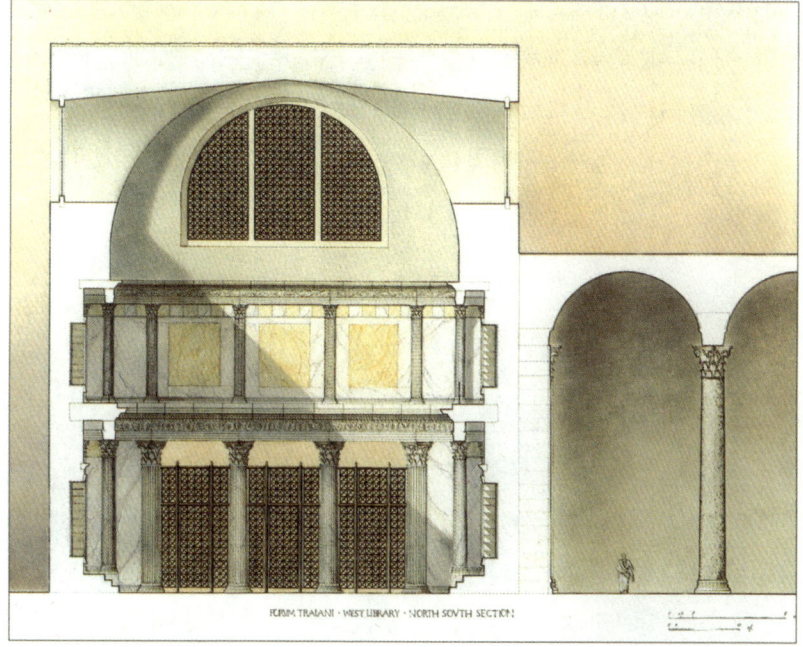

书籍的世界 ——从公元1世纪到公元4世纪的广场图书馆和浴场图书馆

• 双子图书馆之一及其北墙的垂直剖面图（由James E. Packer绘制）

售，为抗击马科曼尼（Marcomanni）人的战争筹集资金。公元267年，一群赫鲁利安（Herulian）人洗劫了雅典，达契亚也陷落了，波斯人占领了安提阿。鉴于这些威胁，他们决定建造坚固的防御工事来保护罗马。与此同时，各行省也逐渐获得了更多的自治权，他们的力量变得越来越强大，地中海沿岸的旧文化和知识中心如迦太基也开始复兴，伟大的拉丁语小说家阿普留斯就住在那里，与罗马文坛隔绝。在公元4世纪早期，特里尔（Trier）发展一座都城（戴克里先的副手、西部帝国的凯撒君士坦提乌斯一世将其选为自己的驻地），并被改造成第二个罗马。高卢作为文化和知识生活的堡垒在罗马晚期崭露头角，而现在法国的整个地区——里昂、马赛、阿尔勒、尼姆（Nîmes）和图卢兹（Toulouse）周围的地区——都被罗马化了。应当补充的是，在政治和文化环境发生剧变的情况下，在罗马各行省建立了新的图书馆，如雅典的哈德良图书馆和以弗所的凯尔苏图书馆，它们的规模都非常大。因此，一些胸怀大志的作家或学生不再像过去那样需要千里迢迢到罗马去研究希腊和罗马文学作品。事实上，我们从资料中得知，到公元前4世纪，主要的图书贸易中心已经转移到东方的一些文化中心，如安提阿、迦太基、君士坦丁堡和亚历山大里亚。

罗马皇家公共浴场图书馆

作为城市中心的公共建筑而建的浴场——考古学家称之为"罗马浴场"的建筑——最初只是公共卫生和水疗场所。然而，在尼禄统治时期，罗马的尼禄浴场（Thermae Neronianae）开始发展成为大型建筑，配备有各种设施，人们既可以在里面放松身体，也可以放松自己的精神。在这些皇家的浴场旁边，配备有各种建筑，如角力场、剧院、音乐厅、冷热水池、体育锻炼厅和图书馆。此外，尼禄还设立了各种节日比赛，他想让年轻人和贵族积极参与到这些活动中来，给他们一个展示自己的机会。同时，他重新引入了希腊节日盛典比赛中的音乐和体育价值观，希望以此方式让新的年轻一代可以与君主进行沟通。因此,这些文化和体育比赛活动,让公共浴场和类似的机构也有了政治上的意义和价值。

尼禄浴场里的图书馆

根据古代资料,尼禄浴场是在公元64年建成的,面积达16000平方米。它后来被称为尼禄—亚历山大浴场,因为在公元227—公元299年这座浴场被亚历山大·塞维卢斯(Alexander Severus)重建过,面积扩建到了4万平方米。然而,帕拉迪奥(Palladio)绘制的图纸则揭示了一些不寻常的特征,它表明在随后的重建过程中,尼禄浴场的最初设计样式并没有更改过。在这里,我们第一次发现了一种以轴侧对称为特征的建筑理念,无论是在设计中还是在房间的使用上都是如此。冷水浴室(*Frigidarium*)占据了整座建筑的中心位置。在浴场北面的两边,有两个方形的健身房,每一个都配有柱廊。在健身房的北面,有一个半圆形的厢房作为更衣室。厢房的墙上有一些凹入的小壁龛,被当作书架。在墙的中间有一个更大的壁龛,里面可能供奉着一尊神像或图书馆创始人的雕像,这是当时图书馆的惯例。有一段台阶或长凳可能用来当座位使用,此外,这个厢房还可以用来作演讲厅。从尼禄时代到戴克里先时期,浴场的所有设计师在很大程度上都遵循了这一设计理念。

图拉真的浴场图书馆

图拉真的浴场有一部分是建在尼禄金宫的废墟上的。它于公元109年开放,代表了罗马建筑发展的最后阶段,因为卡勒卡拉和戴克里先的浴场仅仅在规模和豪华程度上更胜一筹。它是由大马士革的阿波罗多洛设计的,围绕着一个中心轴完全对称地布置,其中有热水浴室、温水浴室和冷水浴室。沿着外墙,在一排小房间(更衣室、浴室等)的末端有两个半圆形的"图书馆"。同样,对称地放置在中央后殿的两侧,可能是一座雕像,壁龛里有两层的书箱。图书馆还配备了一个古剧场形状（半圆形）的开敞式有座谈话间，从这里可以通往图书馆的低层，通过内部楼梯也可以到达画廊。当然，这些图书馆受内廷一侧的柱廊保护，其主要目的并不是为了阅读和研究，而是作为公众阅读、诗歌比赛以及政治和文学辩论和讨论。图拉真的图书馆很可能是一个双语图书馆。

卡勒卡拉的浴场图书馆

卡勒卡拉浴场建于公元211年到公元217年，公元216年对外开放，卡勒卡拉统治罗马帝国期间，在黑利阿迦巴鲁斯（Heliogabalus）和亚历山大·塞维鲁时期完成，是当时建造的最大的公共浴场。人们只要看一下卡勒卡拉浴场（官方称之为 Thermae Antoninianae）的平面图就会发现，其实它是一个巨大的综合性建筑群。浴场占地约2500平方米，据说可同时容纳1500人，浴场屋顶是穹形结构，中央有高敞明亮的大厅，有宽大的窗户便于采光，阳光在白天任何时候都能照射进来。浴场四面有高大的廊厅式围墙，正面有突出围墙外宽大的大门作为入口，正面左右两侧各有一个向外凸出的半圆形。和罗马其他图书馆一样，卡勒卡拉浴场里的图书馆分成两个独立且面积相等的部分，一部分储藏的是希腊语的书籍，另一部分是拉丁语的书籍。这个图书馆共有两层，都通向柱廊，再从柱廊延伸到围绕浴场中央的大院。在每个房间的轴线上，在较低的楼层，有一个壁龛，里面有皇帝的塑像或神像。图书馆中还建造了一个开敞式有座谈话间，也被当作阅览室。在每个图书馆外围的两个房间，一个是通向走廊的楼梯井，其他的都是辅助性的办公室。

戴克里先的浴场图书馆

戴克里先浴场从罗马皇帝戴克里先时期（公元298年）开始兴建，在其禅位于君士坦提乌斯一世后，于公元306年建成，是当时最大最奢华的浴

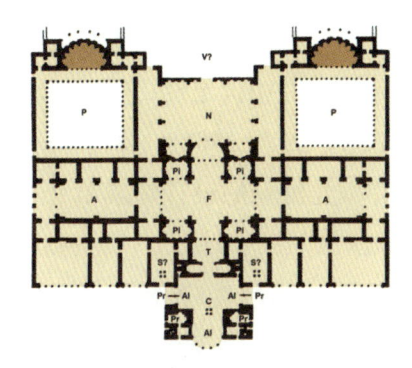

书籍的世界 ——从公元1世纪到公元4世纪的广场图书馆和浴场图书馆

- 尼禄浴场的平面图（由Palladio绘制）

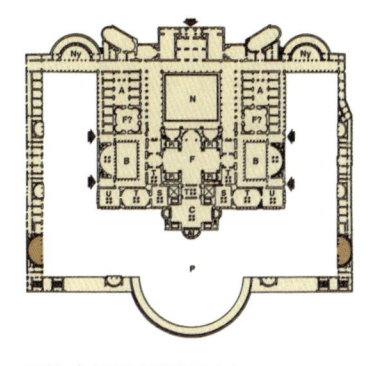

- 图拉真浴场平面图（由C. Anderson绘制）

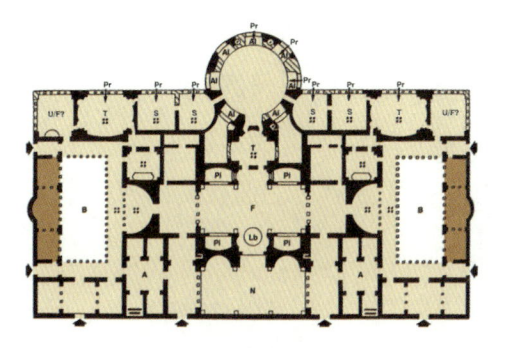

- 卡勒卡拉浴场平面图（由D. Krencker和I. Nielsen绘制）

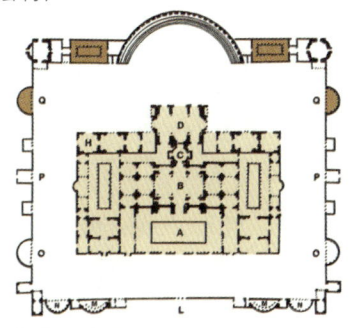

- 戴克里先浴场平面图（由G. Lugli绘制）

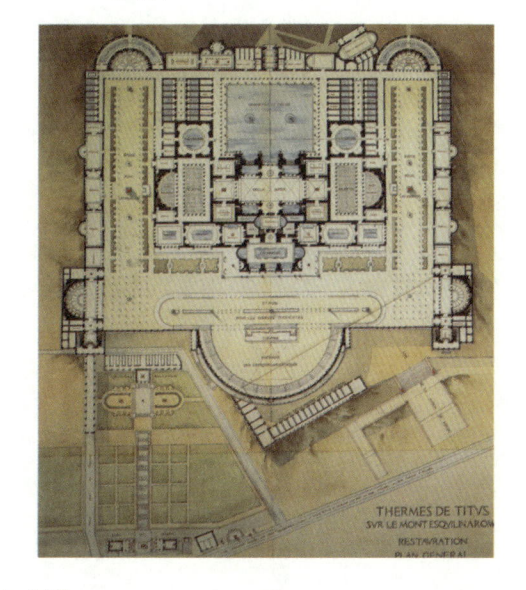

- 提多浴场平面图（由Charles Alfred Leclerc绘制）

场。这座浴场有着庞大的规模和华丽的装饰，在建筑构思和设计上，它与卡勒卡拉浴场类似。这座浴场一直用到公元6世纪，在中世纪经历了反复的修缮，但浴场建筑的主体结构没有太大的改变，直到公元1500年，米开朗琪罗在浴场主建筑的废墟上建了一座教堂。戴克里先浴场的设计师遵循了阿波罗多洛建造帝国浴场的设计风格，但在中央建筑的围墙设计上，也借鉴了卡勒卡拉浴场的一些基本功能元素。从戴克里先浴场的遗迹来看，它完全是一座中央建筑，因此，用来作为图书馆房间的位置只是个猜想。它们可能是剧院两侧的两个长方形房间，正好位于整个建筑群主轴的南侧。正如马科（Elz beta Makowiecka）所说，它们可能是正对着主轴的两个半圆形房间，毗邻西墙和东墙，这与图拉真浴场的设计中阿波罗多洛的设计理念一致。这一假设也得到了16世纪旅行家卢格利（Lugli）绘制的草图的证实。至于浴场里是否有一个图书馆存在，唯一可以参考的文献就是之前我们提到的那部《罗马君王传》（*Historia Augusta*）。

罗马和各行省的私人图书馆

我们已经了解到，第一批私人藏书是作为战利品（如艾米留斯·保卢斯、卢库鲁斯、苏拉和庞培的藏书）从东方带到罗马的。我们也知道，诸多贵族和文人会在乡间购买别墅，这样他们就可以逃离内战所带来的纷扰和危险。

通过研究西塞罗与阿提库斯之间的大量通信，我们可以看到罗马人，尤其是作家和思想家，在内乱时期所追求的生活状态：远离都城的禁闭和政治阴谋，贴近自然，与书籍和智慧为伴。因此，从公元前2世纪末开始，随着西庇阿·阿非利加努（Scipio Africanus）选择退出政治舞台隐居在利特努姆的别墅，越来越多的贵族都开始效仿他。达姆斯（D'Arms）列出了公元前75年至公元前31年期间从库迈（Cumae）到索伦托（Sorrento）沿岸建造的44栋别墅。最初在坎帕尼亚——那不勒斯湾发展成了一座城市——后来遍及整个意

书籍的世界　——从公元1世纪到公元4世纪的广场图书馆和浴场图书馆

• 卡勒卡拉浴场

大利，一种新的生活方式在这些别墅中诞生。事实上，这些别墅的设计也是专门为这种生活方式量身定做的，在这些豪华舒适的房子中，配有体育场、音乐室、健身房、庭院和各种其他建筑，别墅与自然环境融为一体。这样，他们就有了自给自足的条件，并且能够满足他们在那里招待朋友的一切可能的文化需求和愿望。"希腊式的生活方式"是他们所崇拜的，他们希冀能够在这里重现沃路普塔斯（Voluptas，"欢愉"女神，代表欢乐、愉悦和享受）。

意大利众多别墅的考古发掘——包括帕比里庄园（Villa of thePapyri）、神秘别墅（Villa of the Mysteries），以及位于赫丘兰努（Herculaneum）的迪奥梅德斯别墅（Villa of Diomedes）等——为这些别墅的设计甚至壁画装饰都提供了一些线索，但现有的线索还不足以让我们清楚地了解他们的图书馆细节，比如家具。另外，我们也无法确定别墅中用来作为图书馆和阅览室的房间，即使小普林尼在他的信件中曾详细地描述了别墅的样子，但依然没有那么清晰。

• 小普林尼在图书馆里的版画

小普林尼（Gaius Plinius Caecilius Secundus）生于公元61或62年的科摩（Comum，意大利北部的城市），正如他自己所讲，他选择将他的图书馆遗赠给他的家乡。小普林尼，本来姓西罗，他父亲死后，他的舅舅老普林尼按照其父亲的遗愿将西罗领为养子，因此他获得了普林尼这个姓。他在罗马跟随昆提里安学习，后来，又担任叙利亚的军团校官。在叙利亚服役期间，他参加了幼发拉底和阿特米多罗的哲学讲座。他担任过许多高级职务，包括派往庇提尼亚的帝国使节，同时，他还像西塞罗一样担任过占卜官（augur），他也经常以这个头衔而感到自豪。小普林尼有很多朋友,包括塔西佗、斯塔提乌、苏维托尼乌斯和马提亚尔。在他的信件中,小普林尼描绘了他所生活的那个社会,他向我们展示了一个毫不犹豫地将自己的才华和财富用于为朋友和国家服务的人的形象。他拥有几栋别墅,其中,只有一些是他自己住的,而另一些别墅是闲置的。小普林尼在描述其位于劳伦图(Laurentum)别墅的图书馆、阅览室和起居室时,给我们提供了一些有用的信息。他把这个在海边的家安排得很好,他和他的朋友们可以在这里阅读和学习,也可以放松休养。这座别墅有庭院、柱廊和中轴两侧的门廊,内部走廊连接并保护着卧室和客厅,其中在一些房间中可以直接眺望到大海,另一些则可以俯瞰四周田园诗般的乡村。在这座别墅中,小普林尼至少有两个房间用来作为图书馆。其中一个是D字形的(*cubiculum in hapsida curvatum*),窗户的位置可以让房间一整天都能晒到太阳,非常适合作图书馆,里面有一些书橱,上面摆放着一些不怎么被提到的作家的书(包括哲学和其他专业的著作)。在别墅的主体部分,长方形的中央围式庭院的顶部,有一套独立的套房,由小普林尼自己亲自设计,这也是他最喜欢的地方。这个套房几乎可以说是一座微型别墅,可以俯瞰全景。在农神节(*Saturnalia*)期间,即使整个房子都充满了生机,小普林尼也可以隐居起来,"那时我不会干扰他们的娱乐活动,他们也不会分散我学习研究的注意力"。毫无疑问,他在这间套房里有一个抄写室、一个读书室和一个存放他经常使用的书籍(书信和其他诸如此类的东西)的房间,在那里他可以获得写作时所需的宁静。

事实上,罗马文明的双语现象延伸到了公共图书馆和国家图书馆以及私人藏书领域,这是一个可以预料到的过程。许多贵族都收藏了大量的希腊语和拉丁语书籍,他们可以利用这些书籍来满足他们的自负感,同时,也可以为他们的写作提供一些参考资料。我们已经注意到贺拉斯和马提亚尔对剽窃者和那些自诩为作家的人的尖刻评论,他们在罗马和全国各地的别墅里举行公众朗读。佩特罗尼乌斯(Petronius)在他的《萨蒂利孔》(*The Satyricon*)中也嘲笑了富人的那些癖好,在其中一个故事中,他描述了一个名叫特里马

| 古罗马图书馆史 | 从罗马世界拉丁文学的起源到罗马帝国的私人图书馆

• 小普林尼别墅的重建

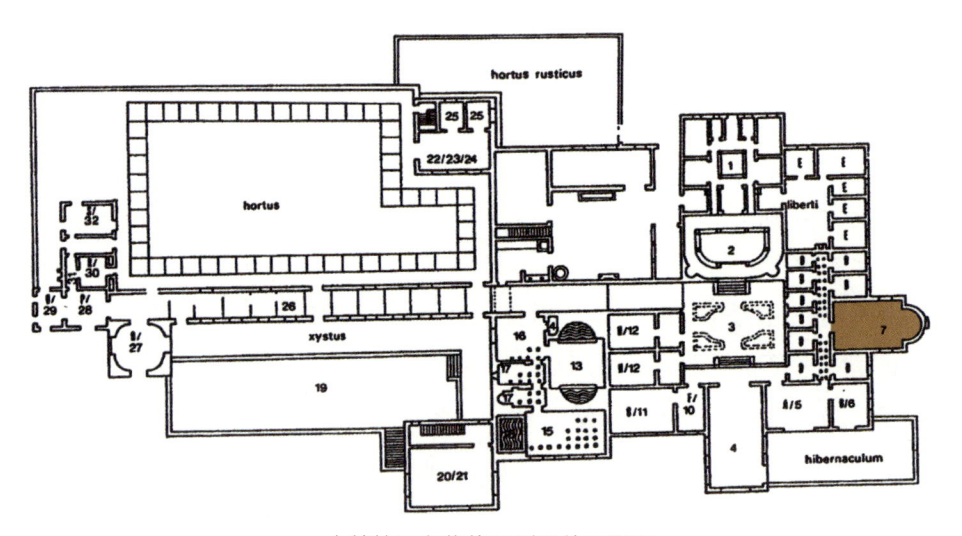

• 小普林尼在劳伦图别墅的平面图

尔基奥（Trimalchio）的船主暴发户兼地产大亨，自称对文学感兴趣，经常看书，他吹嘘道："我有两个图书馆（duas bybliothecas habeo），一个是希腊语的，另一个是拉丁语的。"

如果梳理一下古代的文献，从现有资料中我们可以作出这样的推断，即几乎所有的作家和文人，以及其他人，都拥有某种大大小小的图书馆。例如，马提亚尔称赞朱利乌·玛提阿利斯（Julius Martialis）在他位于雅尼库卢（Janiculum，罗马城中的一小丘，在台伯河左岸）的豪华别墅里的图书馆，这座别墅以其周边优美的乡村景色而闻名。在另一首诗中，马提亚尔敦促一位名叫索西比亚诺（Sosibianus）的诗人尽快地出版他的诗，以便公众可以早日阅读到他的作品。这位诗人也拥有一个图书馆，里面收藏着他自己的作品。

伟大的罗马收藏家

阿塞奈乌斯（瑙克拉提的）提到过一位伟大的藏书家，名叫拉伦修斯（Larensius），他可能也是一位作家的赞助人。大约在公元200年，在塞提米乌·塞维卢斯（罗马皇帝）和卡勒卡拉时期，阿塞奈乌斯创作了一部柏拉图式的对话作品，题目是《智者之宴》（Deipnosphistae）。在这部作品中，拉伦修斯是一位富有且受过良好教育的罗马骑士。在第一卷的开头，阿塞奈乌斯就介绍了拉伦修斯，他说拉伦修斯懂两种语言（希腊语和拉丁语），通过阅读古老的法令、法律法规和各种公共记录，他变得非常博学。据说他有非常多的古希腊著作，数量超过了过去所有最著名的藏书家的藏书量，包括萨摩斯的统治者波吕克拉底和亚里士多德。

文献资料中呈现的各种私人图书馆的规模之大，不禁会让我们发出这样的疑问，即一个并没有巨额财富的作家，怎么可能收藏有上千部作品和多达数万卷莎草纸卷。不管事情的真相如何，我们都要对这些零散的参考文献进行总结，更多地了解藏书者，包括他们的职业、在政治生活中所扮演的

古罗马图书馆史 | 从罗马世界拉丁文学的起源到罗马帝国的私人图书馆

角色（如果有的话）以及他们与政界的关系。

在关于西塞罗的一章中，我们已经看到，老提拉尼奥有一个藏书三万卷的图书馆，其中一部分藏书可能是从米特拉达特战役中作为战利品带回到罗马的，在老提拉尼奥二十八岁的时候，他的图书馆中已经收藏了克律西波全集，据说有七百多本书籍。另一位语法学家，也是公元1世纪的伟大图书爱好者和收藏家，即来自喀罗尼亚的以巴弗提，他是一位自由民，他取用了马库斯·梅提乌斯·以巴弗提（Marcus Mettius Epaphroditus）的名字。以巴弗提是一位奴隶，在阿尔基亚（Archias）门下学习，后来去了亚历山大里亚，在那里他受聘为罗马埃及总督梅提乌斯·莫德斯托斯（Mettius

• 语法学家Graecus的雕像（藏于罗马阿尔蒂耶里宫）

Modestus）的家庭教师，之后莫德斯托斯释放了他，后来他搬到了罗马，在那里他作为一名教师赢得了很多声誉和财富。根据苏达辞书的说法，他拥有一个藏书不少于三万卷的图书馆，其中许多书籍很可能是他从亚历山大里亚带回来的。由于以巴弗提对罗马文化生活的卓越贡献，后来他被授予了一尊雕像以示敬意。公元2世纪和公元3世纪之交，有一位非常重要的书籍收藏者，名叫塞雷努斯·桑莫尼库斯（Serenus Sammonicus），他的图书馆藏有62000本图书。他在塞维鲁（Septimius Severus）和卡勒卡拉统治时期，活跃在罗马文化舞台上。据说桑莫尼库斯写过很多书，其中一本是关于古文物的作品，这部作品是献给皇帝塞维卢斯的。桑莫尼库斯于公元212年（卡勒卡拉统治时期）被谋杀，据称他的图书馆交给了他的儿子小塞雷努斯·桑莫尼库斯。他的儿子又于公元238年将其捐赠给皇帝戈尔迪安二世（Gordian II），当时罗马正处在一个特别动荡的时期。然而，关于小塞雷努斯·桑莫尼库斯的传记信息，很有可能是人杜撰出来的。

普伯里乌·维克特在他对罗马纪念碑的描述中指出，在君士坦丁大帝时期，即公元4世纪初，那里至少有二十八个公共图书馆。与这种说法不同的是，阿米安努斯·马凯利努斯呈现出另外一幅不同的罗马文化图景，他不断地哀叹罗马社会的普遍颓废，卢库鲁斯、瓦罗、阿提库斯和普林尼时代罗马别墅中存在的私人图书馆也被遗弃。他甚至还暗示，罗马广场和浴场里的各种公共图书馆可能已经衰败："曾经以学识严谨而闻名的少数几所图书馆，现在却充斥着乏味、无聊的游戏，与歌声和弦乐器刺耳的沙沙声遥相呼应。

• 《菲洛斯特拉图全集》的扉页

如今，当人们想要一个老师时，他们更愿意雇用的是歌手而不是学者，是喜剧演员而不是演说家。图书馆像坟墓一样永久关闭。人们为戏剧表演建造了巨大的竖琴和长笛等乐器。"

这两个看上去有些互相矛盾的说法，让我们对东罗马帝国建立前夕的罗马书籍世界状况有了一些了解，东罗马帝国的首都是君士坦丁堡，它的官方宗教是基督教。

为了探寻那些各种资料中没有提到的图书馆，我们考察了各个行会

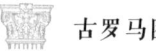

和文学圈子，并考察了其成员的活动，希望能发现更多的有关书籍写作、出版和发行的整个过程的信息。我们注意到了"历史作者会"（Collegium scribarum ethistrionum，这是一个将当时在罗马的戏剧表演的演员和作者聚集在一起的联合协会）在其中所扮演的角色，以及艾米留斯·保卢斯作为战利品从马其顿皇家图书馆带回的书籍对教育所产生的影响，此外，还有西庇阿的圈子所施加的影响。

这些文化活动和互动过程的结果，是在罗马共和国后期，图书市场获得了新的活力，许多重要的双语私人图书馆也开始产生。其中，斯多葛学派和伊壁鸠鲁学派对此做出了重要贡献，通过西塞罗和阿提库斯之间的大量通信，我们可以证明这一点。这些发展导致了罗马第一个公共图书馆的建立，以及奥古斯都和提比略帝国图书馆的建立。在书籍的广泛传播和大量私人图书馆的形成背后，还有一些重要的因素，如大量有钱人的赞助，如马凯纳斯和美萨拉（Messalla），以及公共朗诵会。从公元1世纪起，罗马发展成为一个伟大的文化中心，公共图书馆在帝国议事广场（Imperial Fora）和浴场中相继出现。然而，从公元2世纪中叶开始，随着东西方新学术中心的兴起和帝国的"行省化"，罗马逐渐不再是帝国的文化中心。

总结一下从利维乌斯·安德罗尼柯到帝国晚期的罗马图书文化，我们不得不提到一个家族，他们的文学活动振兴了罗马文化生活，为书籍世界提供了新的材料。这个家族就是菲洛斯特拉图（Philostrati），它最初来自莱姆诺斯，其成员在公元2世纪和公元3世纪在雅典和罗马的修辞和诡辩领域较为活跃。菲洛斯特拉图二世，维鲁斯之子，生于公元160年，由普罗克洛介绍到宫廷中，他曾经写过一部重要的著作，名为《智者的生活》（Lives of the Sophists），主要阐述了智者活动的历史和社会背景以及他们与宫廷的关系。

《智者的生活》向我们介绍了一个学者和作家的世界，他们中的大多数人在东方开启了他们的事业，但后来又到了罗马，并在那里成名。他们与帝王、政治家、文学资助人和贵族阶层的成员混在一起，不仅在职业上共事，而且也是私人朋友。这些智者中有琉善、狄奥·卡西乌斯、希罗迪亚努斯（Herodianus）和埃利乌斯·阿里斯提德等作家。罗马帝国的"第二代智者运动"（The Second Sophistic Movement）的其中一位追随者，修辞学家斯考普利安斯（Scopelianus）向多米田发表了一篇著名的演讲，他借此说服皇帝撤销对葡萄栽培的禁令，从而在罗马赢得了众多追随者，他的一些崇拜者也跟着他去了士每拿。公元131年，在雅典奥林匹亚宙斯神庙所举行的典礼上，波勒蒙向哈德良皇帝致献了一篇颂词，而公元143年，赫洛德斯·阿提库斯（Herodes Atticus）在罗马担任执政官，同时，他也是马库斯·奥勒留（Marcus Aurelius）和维鲁斯（Verus）的私人教师。埃利乌斯·阿里斯提德（Aelus Aristides）则声称与皇帝保持定期的私人通信。皇帝们对希腊智者的

• 埃利乌斯·阿里斯提德的大理石雕像（藏于梵蒂冈博物馆）

依赖，从他们中的许多人在宫廷中担任希腊事务总管（*ab epistulis graecis*）这一事实中就可以看出来，事实上，从公元2世纪到公元3世纪初，他们几乎垄断了这一职位。弗律尼库将他关于语法方面的一本书献给了帝国大臣科尔涅利努斯（Cornelianus）。塞提米乌·塞维卢斯（Septimius Severus）则聘请埃利乌斯·安蒂帕特（Aelius Antipater）担任他的私人秘书，同时担任格塔和卡勒卡拉的私人教师。公元161年，伽伦前往罗马，曾为三位皇帝（马库斯·奥勒留、康莫杜斯和塞提米乌·塞维卢斯）服务，同时，他还给后人留下了大量的著作。

在"第二次智者运动"的大气候下，出现了一批博学的群体。其中，在塞提米乌·塞维卢斯和卡勒卡拉统治时期，就形成了一个以罗马皇后朱丽娅·多姆娜为核心的圈子。不过，在现代，朱丽娅·多姆娜（Julia Domna）的

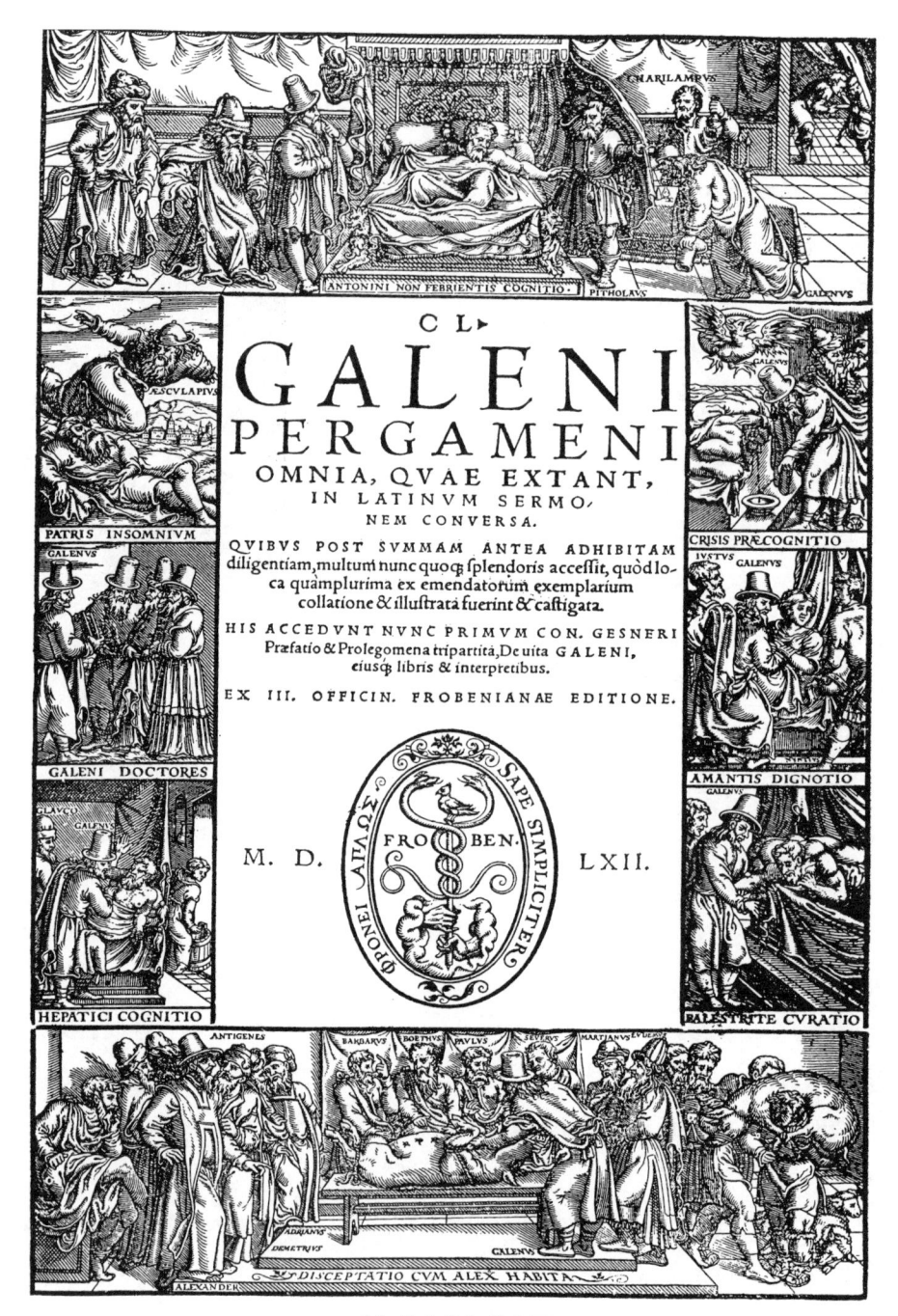

·《伽伦全集》的扉页

圈子的规模被高估了，有很多人都宣称是这个圈子里的成员，但事实却是，他们要么与这个圈子根本没有关联，要么只是偶尔参与其中。尽管如此，我们没有理由质疑这个圈子是否存在过，这是一个既定的事实，其中，属于这个圈子的作家和智者包括菲洛斯特拉图（即《智者的生活》的作者），腓力斯库斯（Philiscus，波斯总督的代表），也许还有安东尼乌斯·戈尔迪安努斯（Antonius Gordianu，也就是未来的皇帝戈尔迪安三世，菲洛斯特拉图曾将他的《智者的生活》致献给他）。

伴随着图拉真的双语图书馆（在他的广场上）和戴克里先宏伟的浴场图书馆的关闭，罗马帝国议事广场（Imperial Fora）和浴场图书馆的历史走到了尽头。主要的藏书最终进入公共图书馆，大量的基督教文学也开始在基督教时代产生了。

双语图书馆和戴克里先图书馆从未停止为书籍世界提供新的素材。即便如此，在某些时期，大量包含文学或其他历史著作的书籍能否"幸存"下来，并不仅仅取决于外来的自然因素（如火灾、审查制度所导致的文学传统的破坏），还取决于其他事件，如哲学运动，它往往导致文学传统从内部被清除，并导致许多不可替代的书籍的消失。这样一个过程发生在拉丁文学作品从莎草纸卷到羊皮纸法典的重新抄写时期——这是一个漫长的过程，大约在公元4世纪完成。当然，这并不意味着作为知识宝库和文献资料的莎草纸卷一夜之间就被废弃了。但这种转变的一个后果是，那些被认为是二流或三流的作家的作品都被从罗马文学传统中抹去了。东方的希腊化图书馆中也存在这样一个类似的过程。一部分是由于新宗教信徒对异教的破坏，另一部分是由于古典学术的衰落，结果之一就是很多重要的古代作品被"回收"为基督教文学的写作材料。在公元4世纪，忒弥修斯（Themistius）在君士坦丁堡执导了一场大规模的将希腊文学从莎草纸卷重新抄写到羊皮纸卷上的计划，在这个过程中，他们故意遗漏了许多与新的信仰和教育方针相对立的书籍。

罗马帝国统治下的图书馆

——意大利和罗马各行省的公共和私人图书馆

• 在佩特拉的骨灰盒墓（D. Roberts和L. Haghe雕刻）

从公元1世纪起，罗马各行省（尤其是东罗马和元老院管理的行省）纷纷建立了一些大型公共图书馆，这绝非偶然。这些地区的财富不断增加，使各行省迅速崛起成为巨大的经济力量，即使在文化和政治影响力方面也已经能够与罗马相匹敌，甚至有些行省已经超越罗马。哈德良的亲希腊主义政策成为影响罗马帝国稳定的严重隐患，这中间也发生了一系列的政治事件。知识分子群体中某些成员的行为也非常具有象征性：公元2世纪的希腊智者，如狄奥·卡西乌斯、埃利乌斯·阿里斯提德、阿庇安、菲洛斯特拉图等，从以弗所、帕伽玛和亚历山大里亚向西迁移，居住在信奉地中海文明的罗马社区中。然而，基督教作家则把他们的注意力转向了他们自己所属的行省：奥索尼乌斯（Ausonius）在波尔多和特里尔创作了很多作品，古典传统的最后一位重要诗人克劳狄安（Claudian）的诗歌在米兰被人们朗诵，高卢诗人西多尼乌斯（Sidonius Apollinaris）则在奥弗涅（Auvergne）工作和生活，杰罗姆（Jerome）的大部分作品是在非洲的伯利恒和奥古斯丁完成的。这种向东发展的倾向，使得拉丁文学不再一定是罗马文学，而圣索菲亚大教堂（Hagia Sophia）是在君士坦丁堡而并非在罗马建造起来，这些都具有重要的象征意义。

意大利各行省的图书馆

尽管罗马的公共图书馆数量从公元1世纪开始就以指数级增长，知识分子也专注于书籍的写作和出版，但考古发现和文献资料却很少告诉我们意

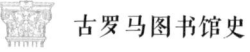

大利各行省有公共图书馆的建立和存在。维图维乌曾简略地描述过，位于罗马南部的大部分贵族别墅中都有供阅读学习使用的图书馆，但却鲜有确凿的证据可以证实这一点。勒内·卡格纳特（René Cagnat）是第一个编制公共图书馆名单的人，然而，到今天为止，除了这份名单上提到的图书馆之外，考古挖掘几乎没有找到其他新的图书馆。在卡格纳特所编制这份图书馆的名单中，有小普林尼捐赠给他家乡科摩的图书馆，有位于皮埃蒙特（Piedmont）德托纳的图书馆（公元前22年奥古斯都统治时期的碑文可以证明这个图书馆的存在），还有一座是位于沃尔西尼（Volsinii）的图书馆，在一个墓碑的铭文中也提到过这个图书馆，而且还提到了这座图书馆的藏书和馆内装饰所用的雕像。图拉真皇帝的侄女玛蒂迪亚（Matidia）曾向塞萨奥伦卡捐赠过一座图书馆，在这座图书馆中，经常举行各种市政会议。盖留斯在蒂布尔（Tibur）的维克特大力神圣殿参观的图书馆，也可能对大众开放。此外，在蒂布尔附近，哈德良的别墅里，人们至少还发现了三座图书馆，我们将从这位皇帝对文学世界的贡献中看到这一点。

庞贝的图书馆

帝国时期罗马图书馆的一个特点是配备有长方形的壁龛，但这也导致后来的人们将某些临时的建筑物或房间错误地辨认为图书馆，但这些建筑物或房间的真正功能并未得到证实，也无法从它们相对于附近其他建筑物的位置来猜测。其中一座是在庞贝古城被称为"*lararium*"的神殿，这座神殿位于市场和韦斯帕西安神庙之间，在卡格纳特编制各行省图书馆的名单之前，它就已经被初步确定为是一个图书馆。这是一个长方形的房间，尽头是一个巨大的半圆形凹处，有八个对称排列的长方形壁龛，这些壁龛可能是用来供奉神像的。在庞贝古城的其他几个不同建筑中还有三个类似的地方，人们也提出过可能是图书馆的猜测，这三个地方分别是福耳图那奥古斯塔神庙、食品市场（Macellum）中央大厅和广场南翼的西部"会议场所"。

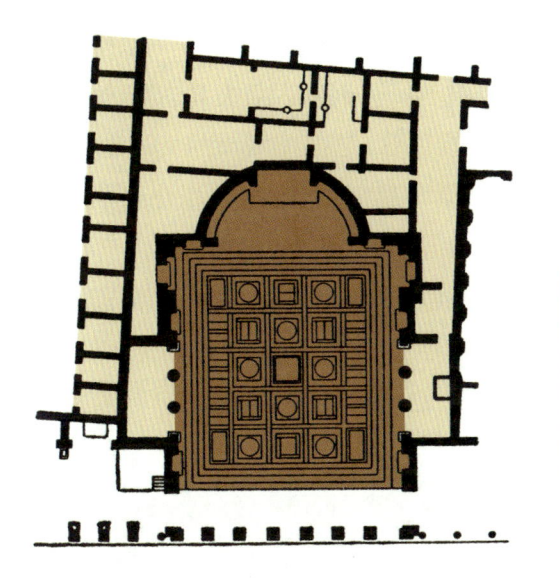

- 庞贝图书馆平面图(A. Mau绘制)

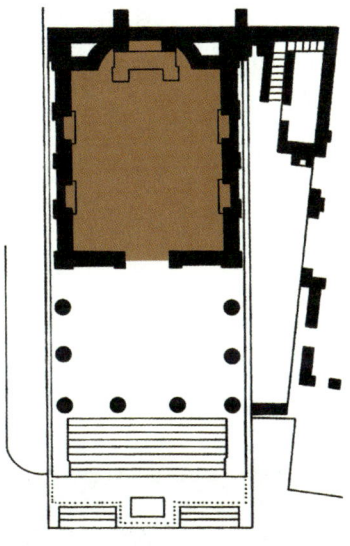

- 庞贝福耳图那神庙(罗马幸运女神)平面图(J. Overbeck绘制)

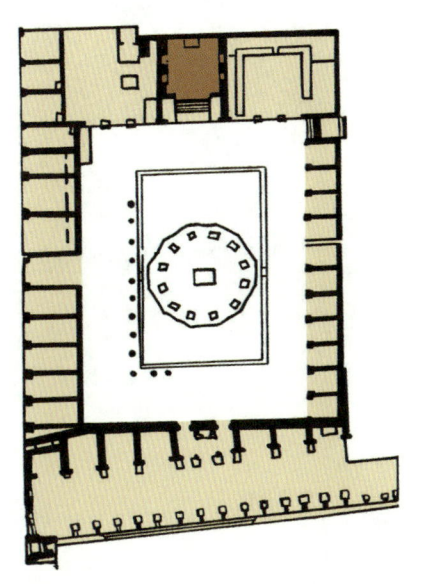

- 庞贝古代食品市场(Macellum)的废墟平面图(J. Overbeck绘制)

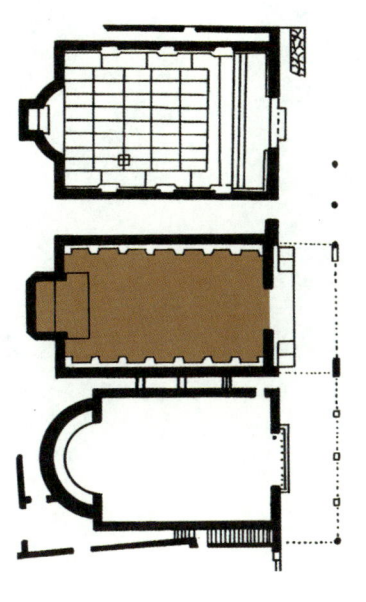

- 庞贝西"会议厅"平面图(J. Overbeck绘制)

尽管没有证据证明在庞贝和赫丘兰努存在过公共图书馆——这两座意大利南部的城市有着丰富的文化传统，维苏威火山的大喷发将它们的命运联系在一起——但我们至少有确凿的证据证明，这两座城市的贵族别墅中都有私人图书馆，比如米南德在庞贝的别墅和赫丘兰努的帕比里庄园。

在被称为米南德宅邸（House of Menander）的豪宅中，有一个位于一个大型方柱庭院南侧的房间，从墙壁上的一排用来支撑书架用的插槽判断，这个房间可能是当作图书馆来设计的。这座建筑的名字来源于两幅无顶结构壁画之一的米南德肖像：一个是戏剧作家，他正坐着阅读一卷莎草纸卷，另一个人可能是欧里庇得斯。

• 在庞贝的米南德之家，可以看到带有开敞式有座谈话间和图书馆的柱廊

• 剧作家米南德正在阅读（庞贝米南德之家的壁画）

赫丘兰努的帕比里庄园

1752年10月19日，人们在赫丘兰努的一座别墅里发现了烧焦的莎草纸，于是有人猜测这座别墅中曾有图书馆存在。实际上，当时许多罗马贵族的别

墅中都有图书馆，这些图书馆不仅是别墅主人的私人学习场所，而且也可以当作附近居民的学习中心，有点类似于学园。这并不是在公元前1世纪才引入到罗马知识分子生活中的一项创新，因为早在西塞罗时代，卢库鲁斯就已经把他的别墅变成了一个文化中心，任何到访希腊的人都可以来这里参观，这座图书馆对所有意欲研究希腊藏书的人开放，这些书籍在当时是很稀有的。

1752年10月19日至1754年8月25日期间，在帕比里庄园的挖掘工作中，考古学家发现了许多珍贵的物品，包括一些烧焦的莎草纸卷。这些卷轴的残骸分布在别墅内五个不同的地方，它们的情况不一：有的堆放在木架子上，有的装在箱子里，也许是要准备送走，还有的则散落在别墅里的各个位置。总共有1830个残片被编入，相当于大约1100卷莎草纸卷。从那时起，人们就已经开始借助各种技术手段，对这些作品进行鉴别。据说，这座别墅的主人是罗马政治生活中的一位显赫人物，即凯撒的岳父、政治家和演说家卡普纽斯·庇索（Calpurnius Piso），他也是公元前50年的监察官，西塞罗的政治对手，曾与西塞罗进行过激烈的辩论。大约公元前75年至公元前70年，庇索在那不勒斯遇到了伽达拉的菲洛德谟（Philodemus），并成为他的朋友和赞助人。庇索将菲洛德谟安置在他在赫丘兰努的别墅中，这是那不勒斯以南几公里处的一个海滨小镇，他一直在那里生活和工作，直到去世（约公元前40年）。

菲洛德谟是一位伊壁鸠鲁学派的哲学家，跟随芝诺（西顿）学习。他与西洛在那不勒斯附近的波西利波（Posillipo）共同创办了一所伊壁鸠鲁学派的学校。在这所学校及其周围有一个很大的学者圈子，通过这个圈子，维吉

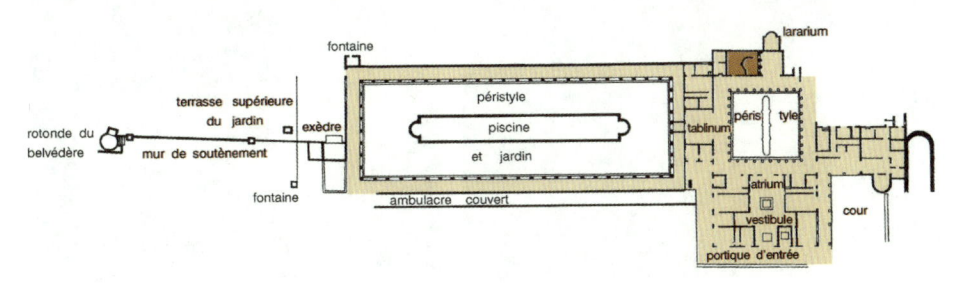

• 赫丘兰努帕比里庄园别墅平面图（P. Gros绘制）

尔和瓦罗也接触到了伊壁鸠鲁哲学，这个圈子的成员可能还包括贺拉斯、瓦里乌斯·鲁富斯（L.Varius Rufus）、昆提留斯·瓦鲁斯（Quintilius Varus）和普罗提乌·图卡。无论如何，伊壁鸠鲁的哲学在罗马赢得了比人们预期的更多的追随者。由于是内战时期，许多人在伊壁鸠鲁哲学中寻求庇护，他们希望能借此找到他们希求渴望的内心安宁。此外，菲洛德谟可能已经将伊壁鸠鲁哲学中的一些原则进行了调整，特别是将政治行为与哲学思想进行了分离，目的是使之与罗马人的生活方式相适应。

通过对庇索别墅的研究，人们发现，这座别墅是一座庞大的建筑综合体，它能为其主人提供一种理想的生活方式，在别墅中，可以将体育锻炼与哲学活动融合起来。别墅的主体部分是围绕中庭和侧廊布置的，除此之外，还有一座围绕着开敞式有座谈话间而建的图书馆，这座图书馆正对着宽敞的"健身房"，建于公元1世纪中期。"健身房"周围是一个围柱式庭院，中间有一个池塘，这是一个隐居和静思的理想场所，有喷泉、室外讨论会场和通往观景楼的小路。沿着柱廊，有公元前4世纪和公元前3世纪雅典杰出政治家的半身像和头像方碑，以及希腊神话中的神祇。这种设计和布局可能是为了重现当年雅典伊壁鸠鲁花园的盛景。

大部分已经烧焦炭化的莎草纸卷几乎不是在别墅的图书馆中发现的，而是在一个由菲洛德谟监管的缮写室。温克尔曼（J.Winckelmann）形象地描述了这个"缮写室"："墙旁边到处都是书橱，书橱大概有一个成年人那么

• 帕比里庄园别墅数字重建图（藏于那不勒斯国家考古博物馆）

高，就像今天人们在档案室中所看到的书橱类似。房子中间还有一件类似的家具，两边都可以盛放莎草纸卷。"换句话说，这是一个简单的书架，上面盛放着抄写员抄写的多份由菲洛德谟和伊壁鸠鲁学派其他成员所创作的作品，这些作品即将要分发给圈内的其他成员。很明显，这间屋子不是菲洛德谟的私人书房，因为没有一卷莎草纸卷上有他自己的亲笔签名，它们都是由专业的抄写员抄写的。

随着更为先进成熟的"破译"方法的使用，人们发现，这些莎草纸卷大部分都是哲学论著，除了有伊壁鸠鲁学派的著作，还有一些其他人的作品，如斯多葛学派哲学家的作品，克律西波的《逻辑问题》(Logical Questions)和《论天意》(On Providence)。还有一百多卷拉丁诗歌和散文，其中包括恩尼乌斯和卢克莱修的作品，以及一首作者不详的关于阿克兴战役（公元前31年）的诗歌。如前所述，这些莎草纸卷中的大多数都是伊壁鸠鲁学派的作品，包括一些迄今未知的作品，还有伊壁鸠鲁自己的一些著作的抄本（大部分摘录自他的《论自然》）。此外，还有一些伊壁鸠鲁学派其他成员的书籍，如赫玛库斯、波吕克拉图(Polystratus)、卡内斯库(Carneiscus)和德美特利·莱肯的作品，这些人的生平都鲜为人知，但其中大部分都是菲洛德谟的抄本，他一直掌管着帕比里庄园的缮写室，直到他去世。

东罗马各行省的图书馆

罗马时期在帝国各边远行省中建立的图书馆几乎都分布在东方，这并非只是巧合。从公元前5世纪开始，这些地方的希腊语言和希腊文学就不断发展和繁荣，在亚历山大里亚、帕伽玛和安提阿等地也建立了很多大型的图书馆，从公元前3世纪起，书籍的生产和发行量也开始大幅增加。同时，希腊教育已经成为近东各民族的典范，它促进了几乎所有教育和研究机构图书馆的建立，如体育馆、博物馆和医学院，当然还有高等教育中心。在这种背景下，很多市政要员和民众也捐赠了大量的钱财来支持教育和学习。例如：西比腊

（Cibyra）的一位公民遗赠了一大笔钱来支付体育馆的运行费用，帕伽玛的一位公民也建立了1座体育馆，凯尔苏（Celsus）捐赠了一座位于纪念性建筑内的精美图书馆，一位匿名捐赠者为科斯的体育馆图书馆添置了不少新的书籍。考古挖掘发现，在帕伽玛有7个体育馆，特腊勒斯、米利都和推雅推喇（Thyatira）各有一个，在小城伊阿索斯（Iasus）还有四个。此外，还有在士每拿、以弗所和亚历山大里亚的博物馆和图书馆，这些博物馆和图书馆是高等教育课程学习中不可或缺的一部分。

正如在《希腊图书馆史》中所述，至少从古典时期早期起，近东就出现了很多私人图书馆、公共图书馆和体育馆图书馆。不过，这些图书馆的存在往往只是一种假想，证明这些图书馆存在的证据，有一些来自考古发现和墓碑上的铭文，有一些是在文献资料中提到过这些图书馆，还有一些则只是从已知事实中进行逻辑推理得出的。根据考古发现，大多数近东和北非地区图书馆的年代可以追溯至公元1世纪或更晚的时期。然而，从公元前1世纪起，有一些文献提到了希腊化时期伟大的学术中心的图书馆，这些图书馆的时期还不确定，如斯特拉波提到的在士每拿的图书馆，甚至还有一些想象中的图书馆，这些图书馆可以追溯至公元前3世纪中期。阿塞奈乌斯曾有这样一段描述：

阿佛洛狄忒的房间旁边有一个图书馆，大得可以放下五张睡椅，睡椅的墙壁和门都是黄杨木做的。图书馆藏有很多书籍，天花板上有一个凹面刻度盘，是模仿阿克拉狄那的日晷做的。

近东地区的希腊教育和希腊语的普及极为广泛，一直延伸到北非，这些都是图书馆形成的重要原因。在东部各行省，帝国的政策非常有利于原住民族的罗马化，他们被赋予罗马贵族特权，并被纳入贵族的行政体系。作为地方统治者，这些罗马上层阶级的新成员通过资助各种节日庆典活动，建设公共建筑（包括图书馆），努力为自己赢得声誉，并获得"神"的青睐和庇佑，因为自奥古斯都时代起图书馆就是这样的,即书籍与阿波罗崇拜在罗马人的头脑中产生了联系,因此,罗马人会把图书馆视为知识的殿堂。私人捐赠的图书馆包括雅典的潘泰诺斯(Pantaenus)图书馆、以弗所的凯尔苏图书馆、萨加拉萨斯(Sagalassus)的塞威里亚努图书馆和塔穆加迪(Thamugadi)的罗加蒂纳斯(Rogatianus)图书馆等。

根据考古发现和铭文记载,图拉真统治时期,在罗马城之外修建了4座图书馆,可追溯到公元1世纪末和公元2世纪初。这些图书馆是当时以公民个体为先锋,推动人们阅读书籍的实际行动的典型。这也是罗马帝国时期东部各行省的通常做法和典型特征。这4座图书馆分别是雅典的潘泰诺斯图书馆、狄拉基乌(Dyharchium)的卢西乌斯·弗拉维乌图书馆、以弗所的凯尔苏图书馆和德尔斐的提图斯·弗拉维乌·索克拉鲁斯的图书馆。

潘泰诺斯图书馆

在雅典的中心地带,朝着泛雅典娜节日大道(Panathenaic Way),靠近城市广场的附近,有一座为雅典人和图拉真皇帝修建的图书馆,这座图书馆大概于公元98年至公元102年之间建成。图书馆的创始人是提图斯·弗拉维乌·潘泰诺斯(Titus Flavius Pantaenus),他是弗拉维乌·米南德的儿子。潘泰诺斯可能是一所(哲学)学校的校长。根据碑文记载,他的资助不仅包括图书馆和书籍,还包括周围的拱廊。据我们所知,弗拉维乌·米南德和弗拉维亚·塞孔迪拉(Flavia Secundilla)也为图书馆支付了一部分钱。

Ἀθηνᾶ Πολιάδι καὶ Αὐτοκράτορι Καίσαρι Σεβα[σ]τῷ Νέρβᾳ Τραϊανῷ Γερμανικῷ καὶ τῇ πόλι τῇ Ἀθηναίων ὁ ἱερεὺς Μουσῶν Φιλοσόφων Τ. Φλάβιος Πάνταινος Φλαβίου Μενάνδρου διαδόχου υἱὸς τὰς ἔξω στοάς, τὸ περίστυλον, τὴν βιβλιοθήκην μετὰ τῶν βιβλίων, τὸν ἐν αὐτοῖς πάντα κόσμον, ἐκ τῶν ἰδίων μετὰ τῶν τέκνων Φλαβίου Μενάνδρου καὶ Φλαβίας Σεκουνδίλλης ἀνέθηκε.[32]

这座图书馆是一座不对称建筑,由三个门廊围成:一边沿着泛雅典娜节日大道，一边面向阿塔路斯柱廊的南端，还有一边朝着希腊和罗马广场之间的道路。正门是泛雅典娜节日大道上的门廊，门楣上刻有献纳者的铭文，从这个带顶的门廊可以直接进入开阔的庭院。整座图书馆可能由三个朝着庭院的房间组成，图书馆各房间之间必须穿过庭院才能到达，每个房间前面都有一个柱廊。在庭院中央竖立着一个列柱廊，如果天气条件比较好的话，在这里，图书馆的读者和工作人员可以在新鲜的空气中阅读或抄写手稿。根据这座图书馆的平面图，在图书馆北侧有另一条通往图书馆的通道（北门），可以从希腊和罗马广场之间的门廊直接进入。该建筑的其余房间都被当作商店。

据我们所知，潘泰诺斯图书馆是雅典第一个独立的公共图书馆，从某种意义上说，它并不隶属于某个体育馆或哲学学校。从门楣的造型和上面的刻字方式可以推断出图书馆是建立在一座早期建筑上的，这座建筑也许是弗拉维乌·潘泰诺斯的父亲或者他本人曾任教的一所哲学学校。到目前为止的挖掘发现，并没有告诉我们图书馆的布局，比如书架是如何布置的，房间

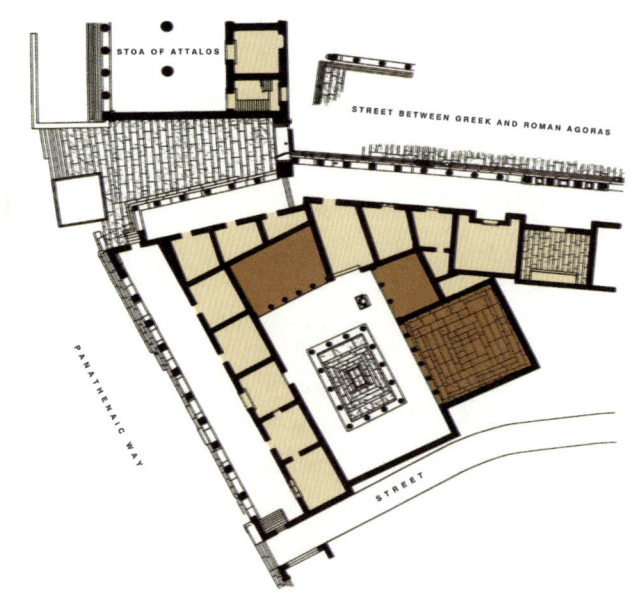

• 潘泰诺斯图书馆及其三个门廊的平面图（W. B. Dinsmoor, Jr绘制）

• 大理石铺砌的街道重建图（潘泰诺斯图书馆的北侧门廊沿着街道的一侧，W. B. Dinsmoor, Jr.绘制）

是如何装饰的，我们只知道地板和墙壁都是用的大理石饰面，至少在整座建筑正面五根柱子后的长方形大厅里是这样装饰的。挖掘者发现的图拉真雕像的碎片，可以追溯到公元102年之后，图拉真皇帝在这座图书馆中被尊为"日耳曼尼库斯·达契斯"（Traianus Germanicus Daccus，在他战胜达契亚人之后）。图书馆里的另外一座雕像可能是一个神像或女神像，立在基座上，上面刻有铭文，写着这是来自马拉松（Marathon）的牧师赫洛德斯·阿提库斯（Herodes Atticus）献祭的祭品。

图书馆规章刻在大理石石碑或墙上的匾额上：

图书不能拿到图书馆外，我们已经发过这样的誓言。

营业时间：从早上六点到中午十二点。

据推测，这是一个借阅图书馆，其工作人员受到内部规章制度的约束，这些规章制度规定了图书馆的运营规则。

关于图书馆的创立者和他捐赠给雅典人民的藏书，许多问题仍然没有得到回答。我们并不清楚潘泰诺斯家族的其他成员，也不知道他父亲的身份。根据T.L.Shear的说法，捐赠图书馆的潘泰诺斯可能是同名的雅典执政官，其名字被记录为"[P]antainos Garg[ettios]"，但是梅里特（B.D. Meritt）则认为他绝对不是雅典人。此外，我们也不清楚图书馆里的书是来自创始人父亲的藏书，还是专门为这座图书馆购买的。更重要的是，图书馆创始人弗拉维乌·潘泰诺斯（Flavius Pantaenus，被称为"哲学缪斯女神"）的名字在其他雅典铭文中都没有记载。事实上，"哲学缪斯女神"在古代文献中只有一次被提到过，即柏拉图的《理想国》。

• 刻在大理石上的潘泰诺斯图书馆的规章制度

狄拉基乌的卢西乌斯·弗拉维乌图书馆

埃比达姆诺斯是伊利里亚（Illyria）亚得里亚海（Adriatic sea）沿岸的一座城市，后被罗马人改名为狄拉基乌，至少从公元前1世纪起，它就成为书籍中心了。从意大利到希腊，尤其是对于从布隆狄西到伊庇鲁斯和爱奥尼亚海沿岸的旅行者，这里是最安全的到达港。正如我们所看到的，阿提库斯活跃在旧伊庇鲁斯行省（Epirus vetus）和新伊庇鲁斯（Epirus Nova），与当地居民和罗马定居者进行贸易往来，他经营着一个抄写和发行书籍的工作坊，他不仅为厄庇罗特（Epirot）的读者，也为罗马和雅典甚至更远地方的市场提供书籍。以阿玛塞亚别墅为基地，阿提库斯经常到狄拉基乌去会见从意大利来或去往意大利的朋友，从西塞罗给他的信中我们就可以了解到这一点。

我们所掌握的有关狄拉基乌公共图书馆的唯一证据来自修建在城墙上的铭文，这是公元19世纪中叶由莱昂·海泽（Léon Heuzey）抄写下来的，但现在已经遗失了：

L. Fl(avio) T. f. Aem. Tellur[i?] Gaetulico, eq(uo) p(ublico) hon(orato) ab imp. Caes. Traiano Au[g.], praef(ecto) coh. II equitat(ae) Hisp(anorum) Germ[an(ia)] sup(eriore), IIvir(o) q(uin)q(uennali), pontif(ici), part(ono) col(oniae), qui in comparat(ione) soli oper(i) byblio[th(ecae) sestertium] CLXX m(ilibus) f(aciundo) rem p(ublicam) impend(io) levavit et ob [ded(icationem) e]ius [ludos d(e)] s(ua) p(ecunia) gladiatorib(us) p(aribus) XII edi[dit] ...

根据城墙上的铭文，这座公共图书馆一定是在图拉真统治时期（公元98—公元117年）开放的，由卢西乌斯·弗拉维乌·特鲁里乌斯·加图利库斯（Lucius Flavius Tellurius Gaetulicus）花费了17万塞斯特修建。卢西乌斯·弗拉维乌来自一个罗马公民家庭，为表彰他在西班牙战争中的军事才能，皇帝将其晋升为骑士（eques）。"加图利库斯"这个绰号可能是在图拉真对抗哥特人的战役中送给他父亲的。

以弗所的凯尔苏图书馆

以弗所的凯尔苏图书馆是所有古代图书馆中最为公众所熟知的：这座图书馆的正面是发掘后再修复的，它提供了自希腊罗马文明时期以来保存下来的最完整的图书馆图片。像雅典的潘泰诺斯图书馆一样，它不附属于任何教育、娱乐或商业机构，如体育馆、浴室或市场。尽管自从这座图书馆被挖掘和重建以来，人们已经对其讨论了很多，但我相信任何关于这个主题的新

416 - ÉPHÈSE, BIBLIOTHÈQUE-MAUSOLÉE DE CELSUS. RECONSTITUTION DE LA FAÇADE.

- 以弗所凯尔苏图书馆假象重建图（W. Wilberg 绘制）

- 以弗所凯尔苏图书馆垂直剖面图（W. Wilberg 绘制）

的讨论都会给我们对这所图书馆的认知增添一些新内容。

首先要指出的是，这座图书馆建立于图拉真统治时期的以弗所。它的创立者来自萨尔迪斯的一个希腊家族——凯尔苏家族，其成员已被授予罗马公民身份，他们中的一些人曾担任过官方职务。创立者的父亲，执政官提比略·朱利乌斯·凯尔苏·波勒曼努斯（Tiberius Julius Celsus Polemaianus）在公元92年担任亚细亚行省的省长，并于公元106年或公元107年任以弗所所在行省的总督。建立图书馆的决定是由凯尔苏的儿子阿揆拉（Tiberius Julius Aquila Polemaeanus）决定的，他享有特权，并将这座建筑当作其父亲（凯尔苏）的陵墓，父亲的遗体就埋葬在地下室的石棺中。阿揆拉不仅资助了图书馆的建设，而且还为其捐赠了25000便士，显然，这笔钱完全足够用来为图书馆购买新书和支付图书馆工作人员的薪水。这座图书馆以阿揆拉父亲的名字来命名，这可能是对他父亲的一种纪念。

我们今天看到的凯尔苏图书馆是用挖掘过程中的弃土重建的，它位于城市广场后面，库里特斯（Curetes）大道的尽头。这是第一个也是唯一一个明确地将罗马帝国时期的巴洛克建筑特征结合在一起的图书馆。它的正面设计得像是一个舞台布景。图书馆一共有3个门，中央的入口门比两侧的要高大一些，每个门的上方都有窗户作装饰。一层有四对八根爱奥尼柱立在基座上，二层的哥林多柱立在第一层的柱子上方，从而增加了图书馆的高度。就像第一层的柱子划分了三个大门那样，第二层的柱子划分出三个窗户，同时在柱子之间设有壁龛来安放雕像。四座雕像分别代表着凯尔苏的四枢德，即智慧（Sophia）、卓越（Arete）、知识（Episteme）和思想（Ennoia）。上层有一个类似的结构，唯一的区别是上层的顶部有山形墙。图书馆的内部设计和布局没有任何独到之处，它是一个长方形大厅，纵轴上有一个半圆形的后堂。后堂内有一尊雕像，在其两侧的墙上有一排长方形壁龛，壁龛内有入墙式书柜。图书馆共有三层，分别是地下室和二楼三楼的两个画廊。顶楼的画廊墙上很有可能挂的是画，而不是内置书柜。图书馆被两个通道"包围"，形成一个L形，在正门的两侧各有一扇门。关于这两个通道，人们有不同的解

| 古罗马图书馆史 | 从罗马世界拉丁文学的起源到罗马帝国的私人图书馆

• 修复后的以弗所凯尔苏图书馆正面照片

释：有人认为通道是用来将图书馆隔离开的，也有人认为通道是用来作雨水排水沟的。人们认为，在通道和画廊之间是由一些轻木结构连接起来的，而陵墓则位于中央后堂下方，可以沿着楼梯进入其中。

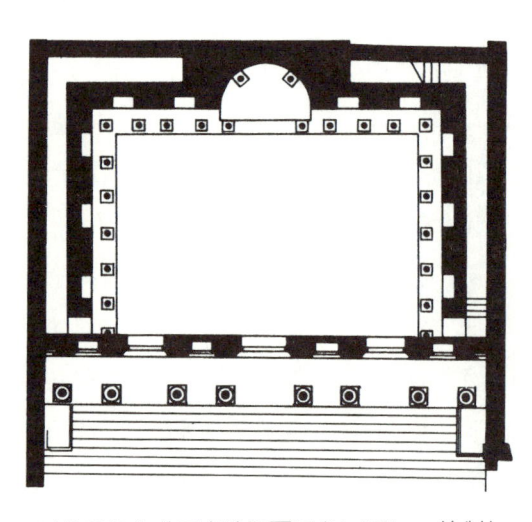

• 以弗所凯尔苏图书馆平面图（W. Wilberg绘制）

凯尔苏图书馆似乎不是为了推广知识，也不是作为学校或其他教育机构的附属设施来满足普通公众的需求。尽管创始人的遗嘱明确提到要为图书馆购买书籍，但很有可能整座建筑仅被当作纪念馆。尽管如此，对于图书馆本身的运作，以及它的藏书，并没有任何文献有所提及。在公元3世纪，这座建筑被大火烧毁，但没有人试图对之进行重修。在这里有一点值得强调,这座城市在当时至少有6座体育馆。从中我们可以看出当时的以弗所在文化知识领域上的巨大威望。

德尔斐的提图斯·弗拉维乌·索克拉鲁斯图书馆

人们在卡斯特里附近的帕纳贾修道院的庭院里发现了4行铭文,上面记载着德尔斐有1座公共图书馆或附属于体育馆的图书馆,它位于玛玛雅(Marmaria)和卡斯塔利亚泉(Castalian Spring)之间,这里原是古代德尔斐体育馆的所在地。这段铭文可追溯到公元99年至公元103年,即图拉真统治期间,德尔斐"近邻同盟"(Amphictyonic League)在提图斯·弗拉维乌·索克拉鲁斯(Titus Flavius Soclarus)担任官方负责人时,用阿波罗"国库"中的资金建造了一座图书馆。在德尔斐发现的另外两段铭文也证实了索克拉鲁斯在其任期内参与了彼提亚官邸(House of the Pythia)和体育馆餐厅(strouktorion)的重建。

作为地中海"文化部长"的皇帝

在康士坦丁二世(Constantius II,公元337—公元361年)之前的所有皇帝中,在文学和艺术方面最杰出的是哈德良。纵观他复杂的个性,人们会觉得他对人和事格外感兴趣,这可能是因为他认为自己是地中海文明各种表现形式的知识和艺术遗产的保护者。

哈德良于公元76年生于西班牙一个富裕的移民家庭,年轻时,他在学习上就表现出非凡的天赋,对各学科知识都有浓厚的兴趣,这也促使他在晚年时去往罗马帝国最遥远的角落探索。哈德良喜爱旅游,在他统治期间,帝国所有的省份没有一处不曾受到皇帝的光临。因此,德尔图良(Tertullian)称他为"充满好奇心的探索者"(curiositatum omnium explorator)并非毫无道理。哈德良自幼喜读希腊文学,以致获得带有鹦鹉学舌之义的绰号"小希腊人"(Graeculus)。与大多数同时代的人相比,他明确表示,比起荷马他更

• 哈德良皇帝的肖像（J. Wilker雕刻，1797年）

喜欢安提玛库斯，比起维吉尔更喜欢恩尼乌斯，比起西塞罗更喜欢加图。尽管他身边有许多哲学家和作家，但他从来没有与任何一个特定的哲学流派结盟。事实上，在思想上，他非常独立自信，对"自然哲学"（即自然科学）和形而上学也同样非常精通。他是一位多产的作家，为后人留下了大量的诗集。语法学家索西帕特尔·卡里西乌（Sosipater Charisius）在罗马的图书馆里找到了他的很多作品。① 在公元9世纪，佛提乌斯（Patriarch Photios）在梳理君士坦丁堡的图书馆时，也发现了他的一些著作。但是哈德良最钟爱的还是建筑：正是他用狄安娜（Diana）神庙和那座建筑奇迹万神殿（万神殿始建于公元前27年，后遭毁，约公元118年在哈德良皇帝时期重建）以及其他许多建筑来装饰罗马。对他来说，建筑不仅仅是一种创作冲动，因为在他位于罗马城外蒂布尔（Tibur）的别墅里，他建造了一个建筑群，代表了希腊建筑的所有风格（以及其他风格），以保存希腊罗马文明最伟大的成就。正是对这些爱好的追求，他与大马士革的伟大建筑师阿波罗多洛斯卷入了一场旷日持久的争端（阿波罗多洛斯多次嘲笑哈德良的建筑和设计，从而得罪哈德良。哈德良将其放逐，之后他被指控犯有虚有的罪名而被处死）。

哈德良被他的养父图拉真指定为他的继承者②，后于公元117年登基，几

---

① 弗拉维乌·索西帕特尔·卡里西乌（Flavius Sosipater Charisius）是一位活跃于公元4世纪的北非语法学家，他为自己的儿子编写了一本语法教科书《语法学技艺》（Ars grammatica）。也许他自己缺乏研究技能，知识也不够渊博，因此，他引用了一些如波勒蒙、科米尼亚努斯（Cominianus）和朱利乌斯·罗曼努斯（Julius Romanus）等早期语法学家的资料，他自己也承认这一点。
② 中译者注：更确切的是皇后普洛提娜指定哈德良为继承人。

年后,他开始周游整个帝国,最终抵达雅典。在那里,他花了几个月的时间游览了整个希腊大陆,并于公元125年3月回国。在雅典,人们认为他住在赫洛德斯·阿提库斯的一所房子里,阿提库斯是他的一个朋友。即使在他那个时代,这座属于帕拉斯·雅典娜(Pallas Athena)的城市仍然无可争议的是文学生活的中心,于是他决定在这座城市的历史上为自己留下一席之地,正如拱门上所刻的铭文,对着卫城一侧写着"这里是雅典,忒修斯的古城",对着宙斯神庙一侧写着"这是哈德良的城市,而非忒修斯的城市"。哈德良对地中海各个国家建筑的修复和建设的贡献是不可估量的。他下令重建被多米田占领后成为废墟的耶路撒冷的一大片地区,他还给这座城市的新城区起了一个新的名字,即埃里亚卡匹托里那(Colonia Aelia Capitolina)。在西泽库(Cyzicus),他建造了一座宏伟的阿耳忒弥神庙;在安提阿,他修复了城墙;在亚历山大里亚,他建造了各种各样的新建筑;在埃及,他建立了一座以"挚爱"命名的新城安蒂诺波利斯(Antinoopolis);在色雷斯,则建立了阿德里安堡(今埃迪尔内)。

哈德良的第一个图书馆是在他的"第二故乡"雅典建立的,大约在公元132年完成。与凯尔苏图书馆一起,它是古代保存下来的最辉煌的独立的图书馆建筑之一。赫洛德斯·阿提库斯(Herodes Atticus)是促成哈德良决定在雅典建立另一个公共图书馆的重要人物。赫洛德斯(Lucius Vibullius Hipparchus Tiberius Claudius Atticus Herodes)于公元101年出生于马拉松一个富裕的贵族家庭,他是一个值得称赞的人,不仅因为他自己的文学学识,更是因为他对别人的慷慨和他高雅的品位。他跟随最著名的修辞学家和智者学派(他自己也成为其中一个杰出的成员)学习,包括斯考皮利亚纳斯(Scopelianus)、波勒蒙、卡维昔乌·陶鲁斯、塞孔杜斯和法弗里努斯(Favorinus)。他与哈德良的友谊可能可以追溯到这位未来的皇帝当初被宣布为雅典执政官的时候,在这不久之后哈德良就继承了王位,这也是从赫洛德斯到帕诺尼亚,这座城市中最富有的公民也出来迎接他。尽管如此,公元124年或公元125年,哈德良在雅典,可能从那时候起,他就想建立一个新的独立的公共图书馆，或者更确切地说，是一个按照哲学学派路线运行的文化中心，这一点我们可以从赫洛德斯对书籍和哲学的偏好判断出来。

赫洛德斯·阿提库斯过着四海为家的生活，从雅典到罗马，再到更远的其他希腊文化中心，如亚历山大里亚。通过这种方式，他结识了许多政治家、作家和学者。公元143年，如前所述，他在罗马担任执政官，也是马库斯·奥勒留和维鲁斯（Verus）的导师，他们是安东尼努斯·庇乌斯（Antoninus Pius）的继任者。他在雅典和其他希腊城市慷慨修建纪念性公共建筑（如体育场和剧场），并因此而家喻户晓。他还在雅典讲学，他圈子里的学生有：埃利乌斯·阿里斯提德、帕伽玛的阿里斯托克勒（Aristicles）、该撒利亚的鲍萨尼亚（Pausanias）、瑙克拉提的托勒密和罗马作家奥鲁斯·盖留斯。格兰多（P. Graindor）认为，赫洛德斯·阿提库斯的每一所房子里都有图书馆。根据盖留斯的说法，赫洛德斯在他位于凯费希阿（Cephisia）的别墅中有一个图书馆（盖留斯本人曾在那里参加过他的一次讲座），很可能在他位于马拉松的家里也有一个图书馆，此外，在他雅典和罗马的家中还分别有一个图书馆，这里面的藏书是他的老师法弗里努斯送给他的。除此之外，他在基诺里亚（Kynouria，伯罗奔尼撒东部）的大别墅里一定还有一个图书馆。

• 赫洛德斯·阿提库斯的半身像

• 赫洛德斯·阿提库斯的方碑（发现于哥林多）

法弗里努斯是哈德良皇室随从中的一员,是文学界的一位杰出人物,他有一个私人图书馆。从他所创作的百科全书《历史杂录》(*Omnigena historia*)来看,他一定参阅了大量不同门类学科的知识。我们也可以据此推测,他图书馆中的藏书一定很丰富。他将这座图书馆,连同他在罗马的房子和他的印度奴隶奥托莱克修斯(Autolecythus)一同遗赠给了赫洛德斯·阿提库斯。赫洛德斯·阿提库斯是一位精湛的阿提卡散文大师,尽管他有很多种职业,但他也在百忙中创作了很多作品,其中有演说集、讲座、编年史、书信和杂集等。他于公元177年在马拉松去世,葬在雅典。

在基诺里亚的尤亚古城(Eua),梅塔莫夫斯·图索蒂罗斯(*Metamorfosi tou Sotiros*)修道院对面,考古学家发掘出了一座属于赫洛德斯·阿提库斯家族的别墅。根据考古挖掘的证据,这座别墅是由赫洛德斯的父亲于公元1世纪中叶建造的。该建筑遵循罗马建筑的样式,会让人想起罗马帝国早期的建筑风格,如我们前面提到过的庇索在赫丘兰努的别墅,小普林尼在劳伦图的别墅。事实上,这座别墅可以说是哈德良在蒂布尔别墅的一个缩影版。它被布置在一个四面柱形花园庭院的两边,庭院四周环绕着长方形会堂(basilica)、小型神龛、成宁芙女神(Nymphs)仙女的神龛以及其他各种私

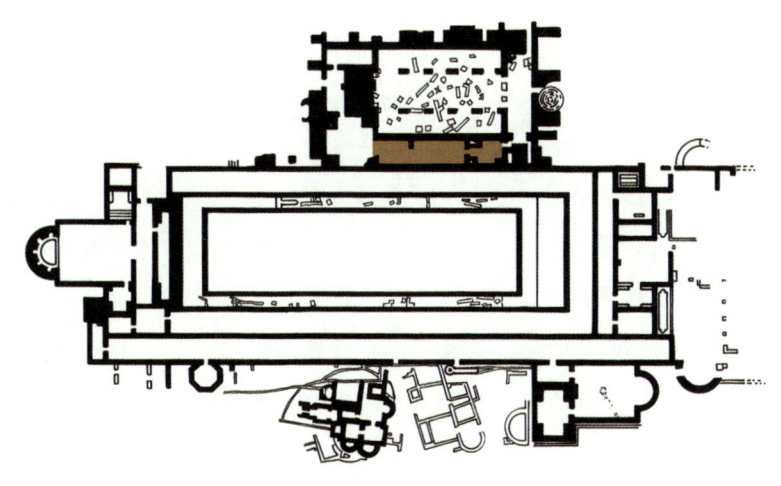

• 赫洛德斯·阿提库斯别墅平面图(G. Spyropoulos绘制)

人或公共用途的建筑。庭院北侧是一座大型长方形会堂，其水平轴线上有一座半圆形壁龛，壁龛内供奉着雅典娜神像。在别墅精美的装饰中，除了雕像和半身像外，还有一些美丽的彩色马赛克地板。任何这样大规模的别墅一般都会有图书馆，尤其是属于赫洛德斯·阿提库斯的别墅，无论是他在城市还是乡下的房子，都有图书收藏。图书馆本身是一座长方形建筑，它紧挨着长方形会堂的南墙。它的两侧墙上都有长方形壁龛的痕迹，这些壁龛可能被当作书柜。在这座建筑原来的位置有一些残存下来的基座和半身像，它们可能是赫洛德斯家族成员或者他的亲密好友的半身塑像。

这座别墅被装饰得非常华美，再加上赫洛德斯的家族声望和对作家和艺术家的慷慨资助，这座别墅就成为很多贵族甚至皇帝旅行的必经之地。从这里存放的塞提米乌·塞维卢斯（Septimius Severus）、哈德良和马库斯·奥勒留的雕像和半身像来看，我们就可以证明这一点。在赫洛德斯去世以后，这座"学园"在几个世纪里一直保持着它的声望。

哈德良在雅典的图书馆

让我们回到哈德良图书馆这个主题，首先要注意的是，哈德良皇帝本人可能参与了图书馆的建筑设计。这座图书馆被认为是雅典这座城市的装饰品，被鲍萨尼亚描述为是哈德良遗赠给这座城市的最著名的建筑：

哈德良还为雅典人建造了其他建筑：赫拉和宙斯·帕列列奥斯神庙（Zeus Panellenios，意为"全希腊人的宙斯"），这是所有神的共同庇护所，最著名的是，一百根弗里吉亚大理石柱子。墙壁也是用与回廊相同的材料建造的。在那里有镀金屋顶和雪花石膏的房间，里面有书，还有雕像和绘画。此外，还有一个体育馆，以哈德良的名字命名，其中有一百根柱子来自利比亚的采石场。

• 哈德良图书馆的中央位置正面图

图书馆位于城市的行政和商业中心，靠近希腊城市广场和罗马市场。它代表了哈德良重建历史悠久的城市中心的雄心，通过参考古代的自然、历史、知识和艺术中心，突出了希腊罗马文明的起源。埃利乌斯·阿里斯提德（Aelius Aristides）在哈德良图书馆建成后访问雅典时说，雅典拥有的图书馆在任何地方都是无与伦比的。他在说这句话时，大概想到了那些大大小小的公共图书馆、私人图书馆和哲学学校中的图书馆，其中包括：柏拉图学园的图书馆、吕克昂学园的图书馆、柱廊学派的图书馆、伊壁鸠鲁学派的图书馆、体育场图书馆、卫城图书馆，可能还有潘泰诺斯的图书馆和哈德良的图书馆。

哈德良图书馆的设计灵感来源于柏拉图学园的设计，还融入了"和平圣殿"的建筑风格（尤其是在图书馆的主建筑中），正如我们所见，和平圣殿是在韦斯帕西安统治时期在韦斯帕西安广场修建的。这是一座长方形建筑，完全对称，通过一个由四根哥林多式立柱组成的三角门廊进入。门廊的前面是一排柱子，为立面的大理石墙增添了优雅的装饰感。门廊通向一个庭院，庭院中间有一个池塘和一个围柱，形成了一个带屋顶的回廊，这可能是一个阅览室，当然也可以在这里踱步、沉思和讨论哲学。柱廊的每一面侧墙上有三个与"和平神殿"上一样的凹槽，其中一个是长方形（oecus），另两个是半圆形（exedrace）。图书馆的房间在整座建筑的东端，中间的是主书房和阅览室。主书房的显著特征是三面环绕的高平台：它是通往书架的通道，也是双层柱廊的基础，支撑着上层走廊和更多的书架。东边有一排长方形的壁龛，中间的壁龛比其他壁龛宽，呈拱形，里面应该有一尊雕像。

书架沿四面墙中的3面排列，围绕中轴线对称放置。图书馆大厅的西墙被庭院的围壁保护到一定高度，在上层走廊的水平面上可能有一排窗户。图书馆的中心部分两侧是4个房间，同样对称地布置在中间房间的两侧。与图书馆相邻的两个较小的房间可能用来作相关的图书馆工作，例如作为缮写室或储藏室。其中一个房间可能作为图书管理员办公室，还有一个通向图书馆大厅上层的内部楼梯。两端的房间是一个大礼堂，用于开展公共朗诵活动、讲座、讨论会，可能还有一些课程。

鲍萨尼亚告诉我们，这座建筑由一百根柱子支撑着，房间里有多彩的天花板和雪白的墙壁，而壁龛里的雕像则增添了一种辉煌的氛围。哈德良的图书馆一直保存到公元267年，当时统治罗马的皇帝是伽利努（Gallienus），但在那一年，它被赫鲁利人（Herulians）摧毁和洗劫。此后，再没有人试图将它恢复原貌。随着时间的推移，整座建筑被慢慢"蚕食"，最终它成为晚期罗马城墙的一部分。

公元5世纪，伊利里亚的总督赫库利乌斯（Herculius）进行了一些局部的修缮，一座巨大的四瓣形教堂（tetraconch，四方形基础上有4个突出的半圆形后殿）在中央庭院内建成。

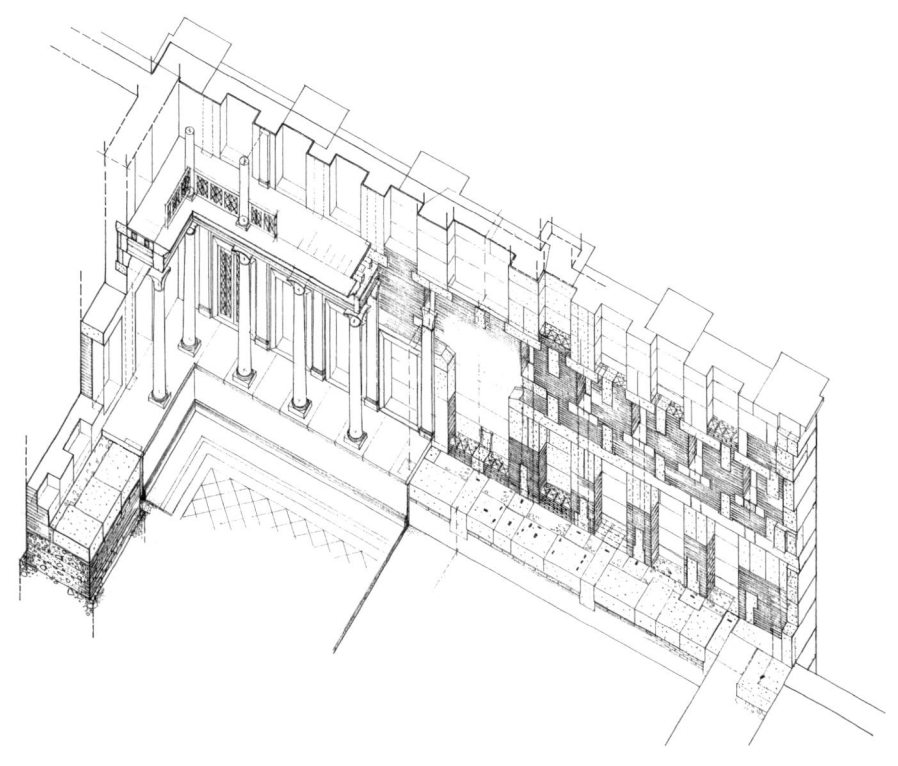

• 哈德良图书馆主厅的立体投影图（Yanna Tinginaga绘制）

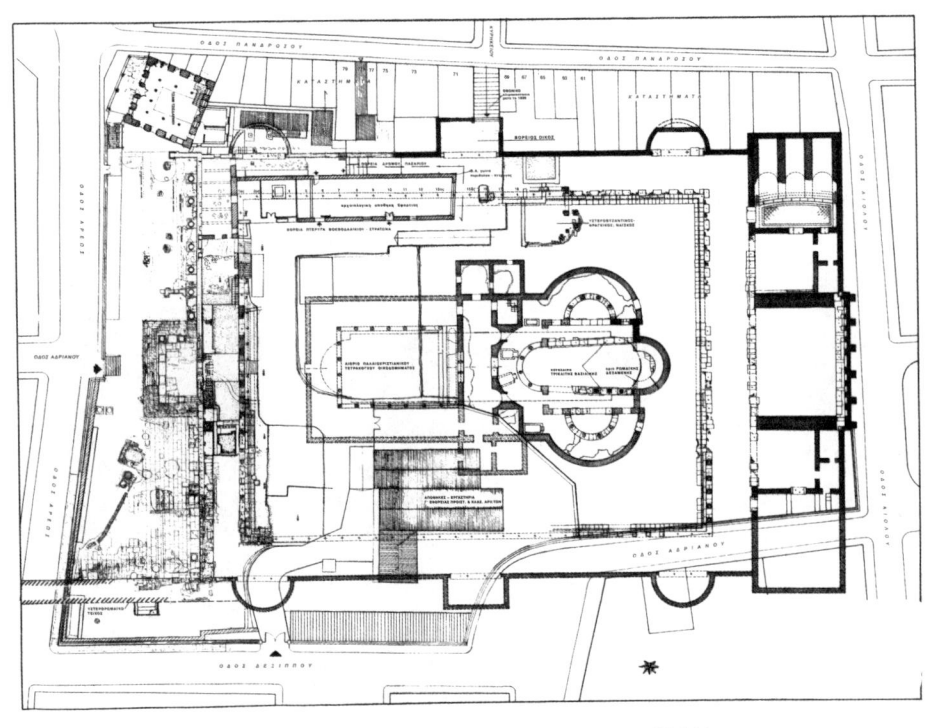

• 哈德良图书馆的测量图（Yanna Tinginaga绘制）

• 哈德良图书馆的外柱廊

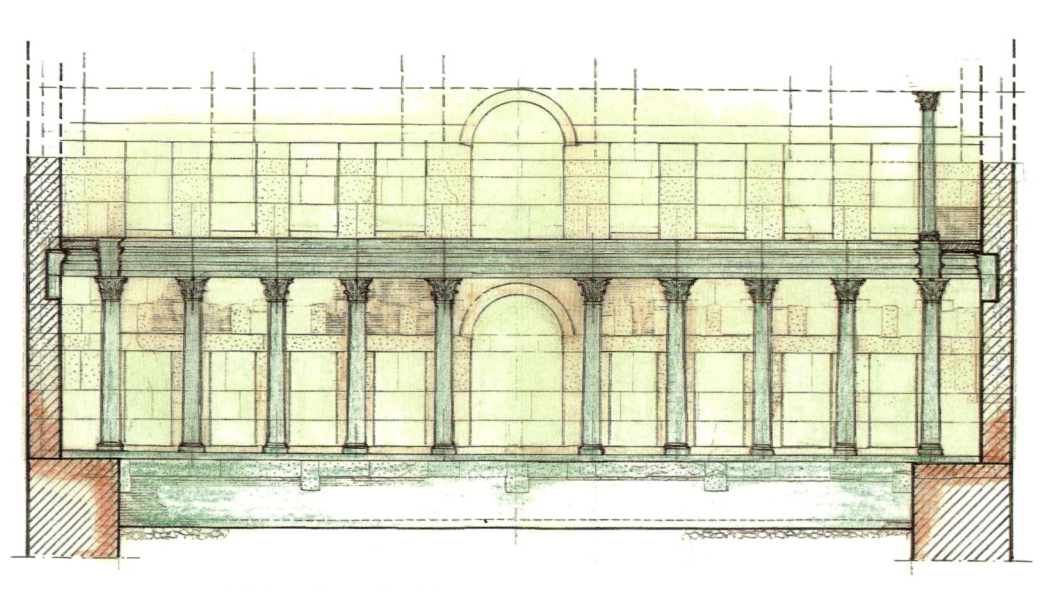

• 哈德良图书馆西墙的推测性重建图（Yanna Tinginaga绘制）

哈德良图书馆的废墟

哈德良在蒂布尔的图书馆

　　哈德良很可能把他的私人图书馆保存在罗马城外蒂布尔（位于罗马以东丘陵上的一座城市）的大别墅里。这不是一座普通的皇室别墅，更像是皇城，位于距离罗马埃斯奎利门28公里的巨大庄园中。这是一个巨大的建筑群，包括剧院、体育场、神庙、体育馆、宫殿、浴场、住宅区、宴会厅、四周围有围柱的大池塘、客房，以及至少三个图书馆和一个哲学讨论室，所有这些建筑都由柱廊和宽阔的小路连接在一起，并装饰着雕像（既有原件，也有仿制品）以及精美的马赛克地板。当哈德良建造这个宫殿时，他意图把罗马各行省的典型文化成就都聚集在这里，特别是希腊的艺术和建筑成就，以彰显罗马帝国（*Imperium Romanum*）的荣耀。他经常在这座别墅中履行其帝王职责，这并非偶然，正如我们从一些铭文中了解到的，他曾在那里做了一些重大决策。

• 蒂布尔哈德良别墅

按照帝国的传统,哈德良至少建造了两个图书馆,一个希腊语图书馆和一个拉丁语图书馆。更准确地说,它们是被皮罗·利戈里奥(Pirro Ligorio)描述为图书馆,尽管与罗马时期的普通图书馆设计相比,这种认识似乎非常可疑。有关蒂布尔图书馆的文献证据仅限于盖留斯著作中的两段话。在其中一本书中,他提到了昆图斯·克劳狄(Quintus Claudius)的一本书,这本书是他在蒂布尔的图书馆里发现的,这本书引导他讨论了"facies"这个词语的形态格。

在另一本书中,他描述了一次与逍遥学派信奉者的讨论,后者提出了亚里士多德关于自然生理和健康观察的许多告诫。为了支持他的论点,这位"哲学家"引用了亚里士多德的一部著作,这本著作是他(和许多其他人)在图书馆里发现的,当时,它被安放在大力神神庙(Temple of Hercules Victor)里。但是,盖留斯在这里所指的究竟是哈德良别墅里的图书馆(他在哈德良死后的某个时候曾参观过这里),还是指蒂布尔的其他图书馆,我们不得而知。

哈德良别墅里的希腊语和拉丁语图书馆

哈德良别墅中的两座建筑被确认为图书馆,一座是希腊语图书馆,另一座是拉丁语图书馆,这两座建筑构成了一个形状不规则的建筑群,周围环绕着柱廊和庭院,其最初的建筑方案尚不清楚。这个建筑群的东翼紧挨着曾经被称为"海洋剧场"(Maritime Theatre)的围墙。对这些"图书馆"的设计特征的研究并不能消除人们最初的印象,即这些建筑与帝国时期公共图书馆的标准建筑风格相去甚远。第一,它们不是通常的孪生结构,因为这里的希腊语图书馆比拉丁语图书馆大得多。第二,这座图书馆与罗马其他的图书馆相比,在各方面都没有联系。比如主要房间的对称和轴向布局,书柜在壁龛中的相同尺寸和间距规则,或者当人们从正门进入到图书馆时所看到的景色,甚至连建筑的形状都是不规则的。事实上,公平地说,关于这两座建

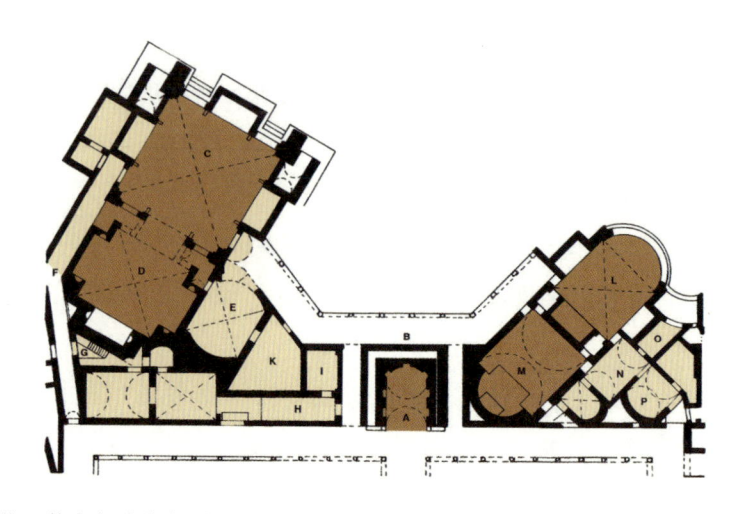

•位于蒂布尔哈德良别墅中的双语图书馆建筑群平面图（H. Winnefeld绘制）

筑的风格和布局理念，给我们留下了许多尚未解答的问题，当然，也有可能它们是为了其他目的而设计的，比如宁芙女神的圣殿或进行哲学讨论的大厅。

•"希腊语图书馆"的侧面图（H. Kähler绘制）

"图书馆"建筑群的正面面对一个巨大的长方形四合院，而它的北立面形成了一个U形，围绕着另一个庭院，东侧有一座名为"哲学家大厅"（Sala dei Filosofi）的建筑。"图书馆"就在"哲学家大厅"的正对面，与之相连的是一个面向北侧庭院的拱廊。这两个"图书馆"的共同特点是，每一个都由两个独立的房间组成，它们之间通过对称的安放在凹室两侧的通道相互交流。没有其他的建筑特征表明这些区域是图书馆，此外，如果这些区域真的是用来阅读书籍的，那么我们马上就会浮现出一个问题——假设这个底层平面图是正确的，那自然光会非常昏暗，但事实上这个问题却并不存在。"图书馆"东侧的辅助办公室可能是用来存放书籍的，但房间的形状和布局也不能为这种功能提供确凿的证据。尽管如此，所谓的"希腊语图书馆"的建筑理念很可能被作为公元17世纪教堂建筑重要范例的设计模式。

• 在蒂布尔的哈德良别墅里所谓的"希腊语图书馆"

罗马文明博物馆图书馆

另一座图书馆位于蒂布尔的哈德良别墅，这座图书馆的功能完全是从其对称排列的矩形壁龛中推断出来的。这个房间被当作重建古罗马文明博物馆图书馆的模型。这座建筑坐落在共和国时期的一座别墅的原址上，在那里建造了一些列柱廊。图书馆的入口在柱廊的南侧，在其横向轴线上。与图书馆相邻的是两个对称的房间，一个在东侧，一个在西侧，还有一个内部拱廊保护着图书馆的南墙。就建筑而言，需要注意的一点是，从任何方向看，图书馆似乎都没有灯光，也没有后门或侧门，这意味着阳光唯一可能进入室内的地方可能是北墙的一扇窗户。除此之外，这座图书馆与罗马公共图

古罗马图书馆史 | 从罗马世界拉丁文学的起源到罗马帝国的私人图书馆

・位于蒂布尔的哈德良别墅图书馆修复假想图

书馆和帝国图书馆的建筑类型一致。图书馆大厅的后墙正中央是一尊神像或女神雕像,其正对着前门。雕像左右两侧各有八个书柜,沿后墙和两侧墙呈"P"形排列。书柜在两层台阶之上,上面一层台阶是立柱和壁柱的底座,立柱和壁柱也支撑着书柜,书柜最上面一直延伸到拱形天花板的顶部。

哈德良别墅里还有两个房间被初步确定为是图书馆。其中一个房间可能是整个建筑群的中心房间，里面存放着希腊语和拉丁语书籍；另一个则是"哲学家大厅"。其中，第一个房间在温尼菲尔德（Winnefeld）绘制的平面图上被标记为A室，它具有帝国时期图书馆的所有建筑特征：四面墙中有三面对称排放着壁龛，有一个不同于其他形状的后墙和一个"Π"形柱廊，通过书柜的内置凹槽保护着墙壁。然而，还有一个由古斯曼（Gusman）等人支持的另外一种假设，即A室不是一个图书馆，而是宁芙仙女的一个圣地。另一个假定的图书馆，即温尼菲尔德的平面图中的L室，位于所谓的波西莱（Poicile）东南侧，夹在它和"海洋剧场"之间。在平面图上，它是一座长方形会堂，凹处的布置会让人想起大马士革阿波罗多洛斯的建筑风格，图拉真浴场的图书馆就是一个典型例子。藏书的地方是面向入口处的半圆形区域。主门廊由两个立柱构成，立柱还作为大门和可移动窗户的支撑，同时，充足的日光可以进入朝北的房间。建筑的每一面纵向墙都有两条对称的走廊，分别通向波西莱和"海洋剧场"。

• 位于蒂布尔的哈德良别墅图书馆的平面图（H. Winnefeld绘制）

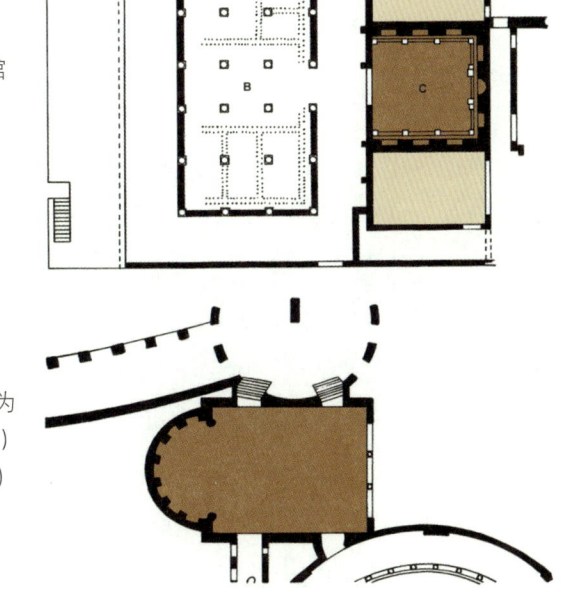

• 位于蒂布尔的哈德良别墅中被称为"哲学家大厅"（Sala dei Filosofi）的平面图（H. Winnefeld绘制）

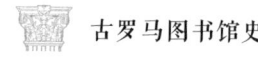

亚历山大里亚的哈德良图书馆

对于一个研究档案史的学生来说,埃及的古希腊罗马时期提供了一个近乎完美的国家机器和官僚组织的样例,这些都被系统地保留记录了下来。罗马占领时期的埃及被称为"古代世界最大的商业组织",为了确保每一种文件记录都能被归档,必须非常用心。这种做法自然导致了数量惊人的档案记录的积累,但是系统的归档不是一件简单的事情。因此,从公元2世纪初开始,特别是哈德良统治时期,在亚历山大里亚至少有三个档案馆:亚历山大里亚帕特里卡区的公共档案局(*bibliotheke enPatrikois*)、哈德良图书馆(可能是皇帝本人建立的)和纳奈雍(Nanaion,可能在娜娜神庙里)。根据一些报告,哈德良图书馆是最新的公共记录办公室,它还有一部分负责监督的职能,以确保不再发生过去在纳奈雍发生的违规行为。我们不知道这个哈德良图书馆是专门为官僚目的而存在的,还是它也收藏一些各类的图书资料,甚至是文学作品。

爱利亚·卡皮托林纳的档案图书馆

根据许多古代和现代历史学家的说法,哈德良在耶路撒冷旧址上修建了一个新城,叫爱利亚·卡皮托林纳,这是罗马七丘之一,主要祭祀以最高神朱庇特为首的众神。这激怒了信奉唯一上帝的犹太民族,哈德良离开之后,犹太人的不满很快就汇聚成了一次大规模的叛乱。公元131年秋天,犹太人巴尔·科赫巴和犹太祭司拉比·阿基巴领导了这场叛乱,他们宣称巴尔·科赫巴是"星星的孩子",是救世主,是犹太之王。这场叛乱从公元132年一直持续到公元135年。当叛乱被镇压后,第十军团的退伍军人就在这个城市的新城区定居下来。根据"俄克喜林库斯诸卷"(Oxyrrhynchus papyrus,俄克喜林库斯是古埃及时期的上埃及城市,公元20世纪时,人们在此挖掘,发现了大量的莎草纸古书卷,这些书卷可以追溯至托勒密和古罗马时期的埃及)的证据,在爱利亚·卡皮托林纳(Aelia Capitolina)建立的其中一个设施似乎是一个记录办公室,它也可能是这个新殖民地的图书馆:

> ... τήν γε μὴν συνπᾶσαν ὑπόθεσιν ἀνακειμένην εὐπέσεις ἐν τε τοῖς ἀρχείοις τῆς ἀρχαίας πατρίδος κολωνείας Αἰλίας Καπιτωλείνης τῆς Παλαιστείνης, κἂν Νύσῃ τῆς Καρίας· μέχρι δὲ τοῦ τρισκαιδεκάτου ἐν Ῥώμῃ πρὸς ταῖς Ἀλεξάνδρου θερμαῖς ἐν τῇ ἐν Πανθείῳ βιβλιοθήκῃ τῇ καλῇ ἣν αὐτὸς ἠρχιτεκτόνησα τῷ Σεβαστῷ ...[93]

在这里,让我们总结一下哈德良对罗马、雅典、亚历山大里亚和耶路撒冷图书馆的建立和管理所作的贡献,以及那些为纪念他而在帕伽玛附近的阿斯克勒皮厄姆(Asclepieum,由弗拉维娅·梅利特尼创建)和萨加拉萨斯建立的图书馆的情况。不得不说关于他与文学家和爱书人关系的证据确实很少。

我们知道,苏维托尼乌斯曾短暂地担任过他的侍从秘书(ab-emissulis)和帝国图书馆(bibliothecis)馆长,但因违反规定而被免职。取代苏维托尼乌斯的是卢西乌斯·朱利乌斯·维斯特努斯(Lucius Julius Vestinus),哈德良的语法学家和导师(astudiis,文化科学事务办公室),他曾是亚历山大博物馆的负责人。目前尚不清楚维斯特努斯负责哪一个宫廷图书馆,也不清楚公共图书馆(a bibliothecis)这一标题是否涵盖了所有的帝国图书馆。

公元125年哈德良在雅典逗留期间,他不仅与赫洛德斯·阿提库斯交上了朋友,而且至少还认识了另外两位朋友,爱庇克泰德(Epictetus,他们两人在尼科波利斯早已会过面)和来自叙利亚的阿维丢·赫利奥多鲁斯(C. Avidius Heliodorus)。阿维丢·赫利奥多鲁斯后来成了哈德良的侍从秘书,之后哈德良又任命他为埃及的总督。哈德良在雅典与之关系较好的另一个人可能是哲学家塞孔杜斯(Secundus),这位"沉默的哲人"[①]是赫洛德斯的老

---

① 据传塞孔杜斯是一名活跃于公元2世纪前半叶的犬儒学派或是新毕达哥拉斯派的哲人,他的称号得名于他发誓一生不开口说话,哪怕面对死亡的威胁也绝不违背他的誓言的故事。

师。哈德良与塞孔杜斯的会面是非常传奇性的：这位哲学家拒绝打破他自己设定的发誓一生都保持沉默的誓言，即使是在皇帝哈德良面前，也只是书面回答他提出的问题。

塞萨洛尼基的公共图书馆

大约在公元2世纪中叶，可能是在安东尼时期（Antonines，公元138—公元180年），或者在哈德良统治的最后几年，在塞萨洛尼基的罗马广场一带修建了一座图书馆。在布局和功能方面，这座独立的公共建筑具有罗马帝国时期图书馆的所有特征。这个图书馆只由一个大厅组成，没有与之相连的任何附属配套的办公室，这意味着这个大厅既用来存放书籍，又用来作阅览室。

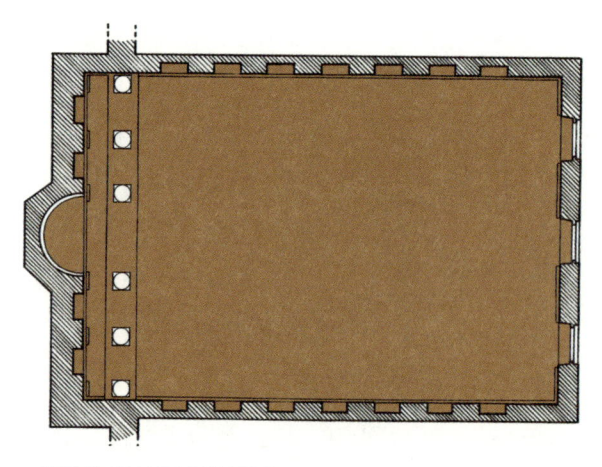

• 塞萨洛尼基图书馆平面图（Evangelia Kambouri绘制）

图书馆是一个长方形的大厅，主入口处由三扇门组成，在侧墙上对称地布置着长方形壁龛。这些壁龛非常大，总共可以放下十四个书柜。在大厅的中轴线上，正门的正对面，有一座后堂，后堂中央摆放着一座以特殊方式制作的巨大的雅典娜雕像。在后堂的两侧，同样是对称的布局，有四个长方形的壁龛，壁龛两侧由浅壁柱围成边框。这些柱子除了有装饰效果外，还作为承重构件来承受屋顶的重量。整座图书馆的地板和墙面都用大理石(也许是多色的)装饰。我们并不清楚图书馆是如何照明的,门上可能有窗户,这样阳光可以从南面照射进来。

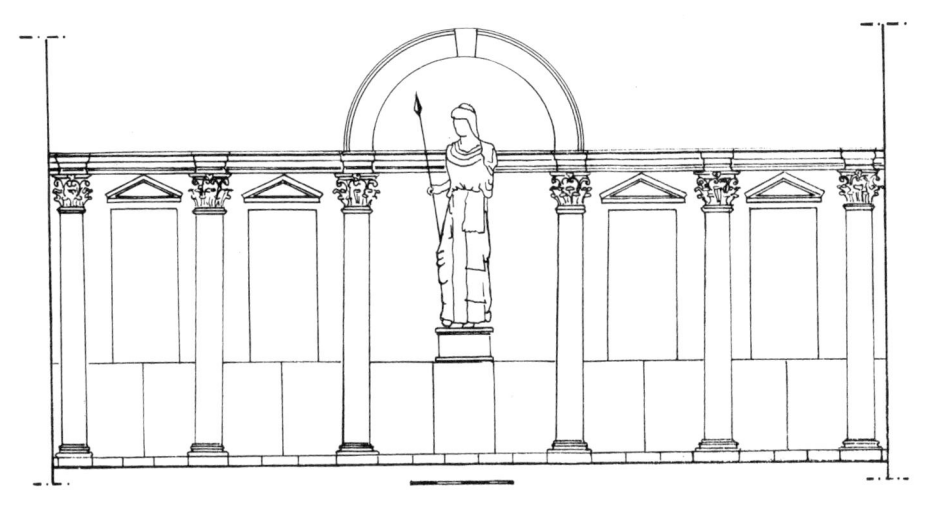

• 塞萨洛尼基图书馆北墙的推测性重建(Evangelia Kambouri绘制)

图书馆后堂中摆放的是雅典娜(*Medici Athena*)的雕像,因为它在风格上受到了斐狄亚斯(公元前5世纪)的影响,所以格外引人关注。它是由大理石和木材制成的,模仿了古典时期用金和象牙做成(或覆盖)的雕像。它也是一种希腊化时期经过"改良"的雕像,在罗马时期更为常见。在公元3世纪早期的某个时期,雅典娜的雕像被置换成了朱丽娅·多姆娜皇后的雕像,朱丽娅·多姆娜以她在罗马文学圈的地位和她的学术兴趣而闻名。

在公元4世纪末或公元5世纪初,这座图书馆又被设计重建过一次。当时,塞萨洛尼基开始具有了拜占庭城市的建筑特征:罗马体育场被拆除,罗马建筑的许多结构或装饰元素被重新用作为改造旧建筑和建造新建筑的材料。

希腊的私人图书馆

资料证实,在古典时期已经有独立的房间作为图书馆或书房。然而,在希腊化时期却发生了变化,维图维乌在《论建筑》中,提到了用来作图书馆的特殊房间。对罗马别墅的挖掘证明,这些房间朝向带柱廊的庭院,与餐厅和画廊毗连,柱廊保护着它们。关于这些房间的其他建筑或装饰特征,维图维乌在描述中并没有提到。从这些房间的尺寸来判断,我们推测,它们有可能只用于存放书籍,也有可能作为一般的阅读室和写作室。挖掘工作证实了维图维乌的这些说法,在希腊的不同地区,有一些特殊的房间专门作为私人图书馆,与本书前面所述的意大利南部的罗马图书馆完全相同。例如,在狄翁的狄奥尼索斯的别墅,狄奥尼索斯在培拉的别墅,埃雷特里亚的别墅,赫洛德斯·阿提库斯在马拉松的别墅,基诺里亚的尤亚别墅(也许还有其他地方),还有在德洛斯和埃迦伊(Aegae)的别墅。

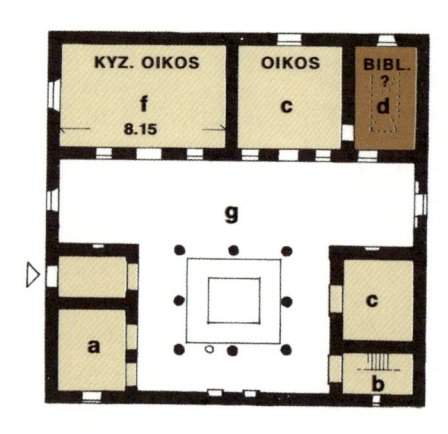

- 德洛斯山上所谓的山屋平面图(W. Hoepfner绘制)

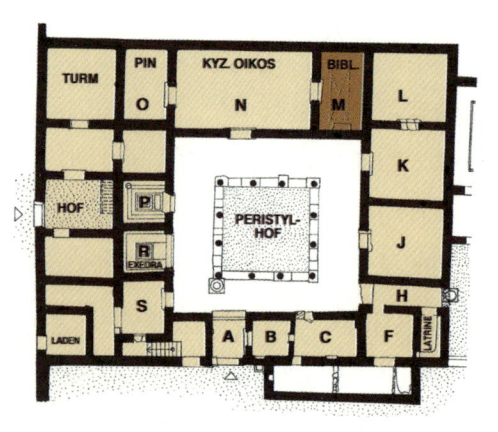

- 位于市中心街区的"Maison aux frontons"平面图(W. Hoepfner绘制)

狄奥尼索斯在培拉的别墅作为阅读室和图书馆的房子中有一些与众不同的地方。这组房间是古典主义和希腊化时期私人建筑的一个极好的例子,在亚历山大死后的那段时间里，它属于马其顿社会中一个显赫的家族。这座别墅是由马卡罗纳斯（Ch.macaronas）和埃琳尼·伊乌里（Eleni Yiouri）绘制的平面图，沃尔夫拉姆·霍普纳（Wolfram hoephner）确定了一个他认为用来当作图书馆的区域。设计这座"房子"的建筑师显然特别注意了这一部分。它是由一组房间组成，从北边柱形庭院向外开放，面朝西方，占据了整个四合院的一侧。它的前面是一个带圆柱的门廊，可能是阅览室。从门廊内侧打开的是一排三个房间，没有互通的门——唯一的通道是从门廊进入——这可能是存放书籍和家庭文件的房间。

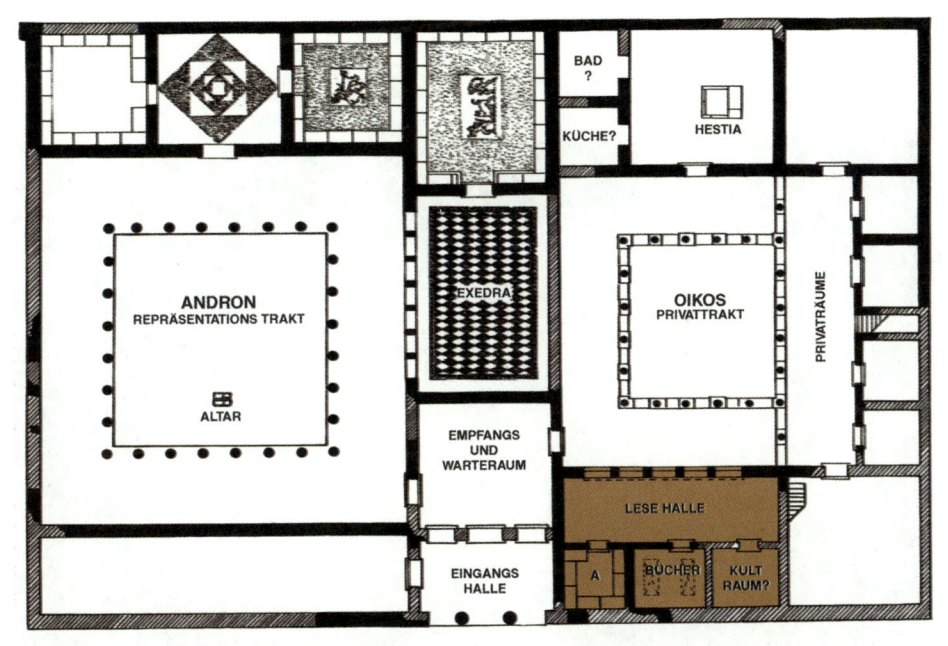

• 位于培拉的狄奥尼索斯的房子，展示了房间和露天院落的用途（W. Hoepfner绘制）

我们必须记住，那时候的贵族家庭以及那些在罗马帝国的元老院和帝国各行省担任公职的家庭，他们都保存着大量的私人档案，这些档案中不仅包括记录他们的荣誉头衔、官职和财产的家族文件，还包括他们与罗马中央政府就各种各样的议题进行的大量的通信。

狄翁的私人图书馆

狄翁是马其顿人的圣城,位于奥林匹斯山东麓,自公元1970年以来,在迪米特里奥斯·潘德马利斯(Dimitrios Pandermalis)的指导下,从挖掘工作来看,至今尚未发现那里存在公共或教育性的图书馆。然而,在所谓的狄奥尼索斯之家(House of Dionysus,也许可以追溯到公元2世纪)中有一个房间可能是房主的私人图书馆。这种观点是由潘德马利斯提出来的,他也告诉过我他的这个猜想。这座房子中一定有一个私人图书馆,这一假设可以由以下事实得到证实:显然房主对哲学非常感兴趣,因此,我们在宴会室里发现了四尊"哲学家"雕像,地板上镶刻着精美的酒神狄奥尼索斯图案。

· 狄翁的狄奥尼索斯别墅图书馆

用来作为图书馆的区域是一个近乎方形的房间,与中庭相通,在宴会厅的正对面,门口朝西,可以从前墙中央的一扇门进入其中。靠着图书馆侧墙的两个拱形结构可能是用来放置书柜并保护它们的。侧墙上并没有用来装书柜的壁龛，因此，书柜一定是沿着侧墙排列的。

• 在狄奥尼索斯的狄翁别墅里，哲学家们的雕像，按照挖掘者发现的顺序排列

治疗中心的图书馆

阿斯克勒庇俄斯被神化为疗愈之神可以追溯到公元前6世纪晚期，所有迹象表明他第一次被神化是在埃皮道伦。从那里开始，对这位新神的崇拜以出人意料的速度传播开来，最终有四百多个供奉他的圣殿和庙宇，其中有一些在公元6世纪仍在发挥着作用。这些治疗中心中最受推崇的是埃皮道伦、雅典、特里卡（Tricca）、帕伽玛，尼都斯和科斯，最后一个是其中最著名的，因为它与希波克拉底的生活和工作有关，希波克拉底出生于小亚细亚科斯岛的一个医生世家。阿斯克勒庇俄斯（Asclepius）的大部分大庇护所都是大型的建筑群，里面有专门为病人提供住宿和治疗的房间，还有各种其他设施供他们的亲属放松和娱乐，包括剧院、音乐厅、竞技场和体育馆。除了这些医疗

和治疗中心以外,还有另外一些在古代文献中经常提到的独立的医学学院,特别是在昔勒尼、罗得岛、尼都斯和科斯。

可以肯定地说,阿斯克勒庇俄斯庇护所最早的"图书馆"主要是出于一些实际原因而建立起来的,因为去那里的大多数病人都患有慢性或无法治愈的疾病,因此需依靠神的干预来治疗。病人们在圣所与神交流,在那里,通过"孵化"(enkoimesis)式的冥思,阿斯克勒庇俄斯会给他们托一个梦,指导他们如何治疗。治疗过程的最后一个阶段是制定一种处方清单,以满足病患的需要,治疗最初记录在鲍萨尼亚提到的那些石板上(《希腊志》,*Description of Greece*, II.27.3):

围墙内竖立着石板,在我那个时代,还有六块,但过去有更多。上面刻着被阿斯克勒庇俄斯医治过的一些男人和女人的名字,他们各自所受的疾病,以及诊疗的方法。所使用的语言是多立克语。

在埃皮道伦和其他地方的挖掘中,发现了大量的这样的石碑。在相当短的时间内,这些记录在石头上的处方单和疗程就形成了一种最重要的医学图书馆,据说希波克拉底不仅跟随他的父亲和他的老师希罗狄库一起学过医学,而且还在医学院或科斯岛上的阿斯克勒皮厄姆(Asclepieum)学习医学。有一个很好的权衡事实的尺度,科斯岛医学院的图书馆和希波克拉底本人的真实著作构成了《希波克拉底文集》(*Corpus Hippocraticum*)。现在已经证实,大多数作品可以追溯到公元前5世纪和公元前4世纪,唐格拉的巴切斯(Baccheus)早在公元前3世纪就开始写作,他编制了一个词汇表,其中他试图挑出那些他认为是"希波克拉底"真正的作品。

希波克拉底确实通过研究古代文献获得了一部分医学知识,这一点可以通过与尼都斯图书馆相关的文献证据加以证明。

尼都斯的公共图书馆

卡里亚的重要城市尼都斯，在公元前4世纪就已经发展成为一个重要中心，那里有许多著名的宗教圣地（如阿佛洛狄忒和阿斯克勒庇俄斯），也是古代伟大的医生和历史学家帖西亚（Ctesias）的出生地。显然，这座城市著名的医学院中确实有一个图书馆，正如我们从《希波克拉底》中的一段话所知："根据安德烈亚斯（Andreas）在其著作《论医学》中的恶意指控，他离开了他出生的城市，因为他已经烧毁了在尼都斯的图书馆。"

很明显，在这些阿斯克勒庇俄斯庇护所的标准治疗方法中，包括对每一种病理状况进行书面记录，这是医学训练的一个重要部分，不仅对学生对医务人员也是如此。至于这些房间是如何安排用来存放"石头书"（或后来的莎草纸卷）的，以及它们是否与圣所有直接联系，仍然只是一些猜测。在这些庇护所中的考古发现，人们能够从其建筑风格或零碎的铭文中辨认出可能曾经是图书馆的房间。

· 病人用患肢模型进行的祈愿救济（藏于雅典国家考古博物馆）

| 古罗马图书馆史 | 从罗马世界拉丁文学的起源到罗马帝国的私人图书馆 |

・位于科斯的阿斯克勒庇俄斯庇护所重建假想图

科斯的阿斯克勒皮厄姆图书馆

盖乌斯·斯特蒂尼乌斯·色诺芬（Gaius Stertinius Xenophon）在科恩·阿斯克勒皮厄姆（Coan Asclepieum）捐赠的图书馆可能是罗马帝国统治下在希腊东部建立的第一个图书馆。盖乌斯·斯特蒂尼乌斯·色诺芬是罗马家族中的一员，其家族可追溯到公元前2世纪，他出生于科斯，根据塔西佗（《编年史》，XII.61）的说法，他是阿司克勒彼亚得家族的后裔。他和他的兄弟昆图斯都是一个名叫色诺芬的人的孙子，色诺芬与他们的祖先同名，据说曾在普拉克萨哥拉斯（Praxagoras）门下学习。普拉克萨哥拉斯是希波克拉底同时代的另一位伟大的医学家，也是医学学校的校长。在克劳狄（Claudius）统治时期，盖乌斯访问了罗马，并在其兄弟的推荐下，普拉克萨哥拉斯被任命为皇帝的御医。为了表彰他的功劳，克劳狄任命他为侍从秘书，并授予了许多特权。

根据塔西佗的说法，盖乌斯与皇帝中毒事件有牵连，而苏维托尼乌斯在记录这一事件时没有提到他的名字。在尼禄的统治时期，盖乌斯在科斯（Cos），他身上有许多的殊荣，被称为英雄和"尼禄的朋友"（philoneron）。在他对科斯岛的众多捐赠中，包括一座纪念尼禄的建筑，即一座他建立的图

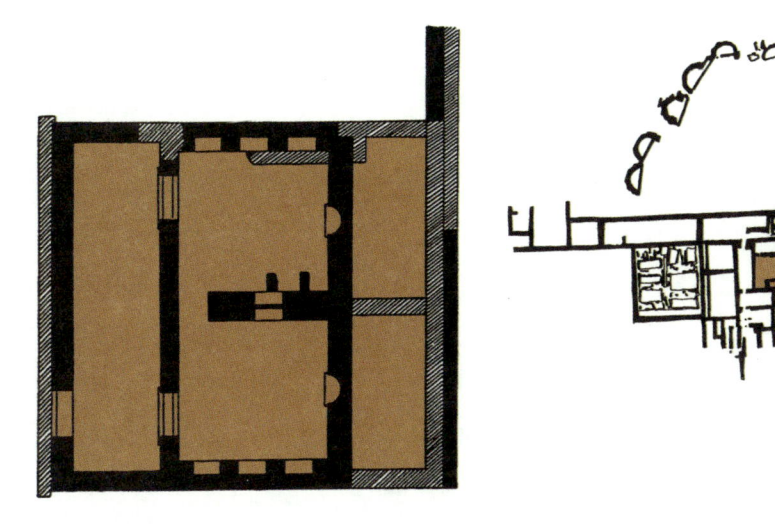

• 位于埃皮道伦的阿斯克勒庇俄斯图书馆平面图（P. Kavvadias绘制）

书馆。我们可以从当代铭文中了解到这一点：

> Γάιος Στερτίνιος Ἡρακλείτου υἱὸς
> Ξενοφῶν φιλόκαισαρ ἱερεὺς Ἀσκλαπίου
> Ὑγείας Ἀπιόνας καὶ τῶν Σεβαστῶν
> τοῖ(ς) Σεβαστοῖς καὶ τῶι δάμωι
> ἐκ τῶν ἰ[δί]ων τὰν βυ[βλιοθήκαν ...].

这段铭文是在公元1903年在阿斯克勒皮厄姆（Asclepieum）发现的，并由赫尔佐格（Herzog）首次发表。在科恩·阿斯克勒皮厄姆的废墟中，卡勒默（C. Callmer）在阿斯克勒庇俄斯神庙辖区内的一座建筑中发现了两个房间，这两个房间可能就是两个图书馆。这个治疗中心的图书馆是一座方形的建筑，由三个相互连接的区域组成。图书馆立面右侧的一扇门通向一条走廊，有两扇门分别通向两个图书馆。每个房间的两面墙上都有长方形的凹槽，用来放置书柜；房间的后墙中央，也就是门的正对面，都有一个半圆形的壁龛，用来放置祭祀的雕像。这两个房间被一堵墙隔开。

埃皮道伦的阿斯克勒皮厄姆图书馆

挖掘者在埃皮道伦的阿斯克勒皮厄姆发现的图书馆可以追溯到公元2世纪,根据屋顶瓦片上浮雕的铭文,这座建筑是在安东尼努斯·庇乌斯(Antoninus Pius)统治时期(公元138—公元161年)建成的。卡瓦迪亚斯(P.Kavvadias)认为,在这座建筑群中,图书馆在与圣所相邻的地方,面向东方。这是一座长方形的建筑,分为4个房间。它的东边有一个拱廊,那里有许多刻有铭文的底座和祭品。建筑北侧的一个方形房间没有任何特殊的建筑特征,这里被确定为是图书馆。

现存的两个碑文证明了这个图书馆的存在。一个人名为鲁富斯的捐赠者,他可能是附近圣所的一位牧师或医生,他将这所图书馆及其中的所有藏书都献给了阿波罗·梅莱塔斯(Apollo Meleatas)和阿斯克勒庇俄斯。另一个碑文描述了对来自小亚细亚的阿佩拉(M. Apellas)的治疗,里面讲到这个病人由于阅读太多而开始头痛。由此得出的推论是,阿斯克勒皮厄姆图书馆并不是专门为医务人员保留使用的,而且也被用作阅览室。

帕伽玛的阿斯克勒皮厄姆图书馆

另一个图书馆在公元2世纪的帕伽玛,比阿塔利亚(Attalids)王朝皇家图书馆和希腊和罗马体育馆图书馆要晚一些:它可能是阿斯克勒皮厄姆图书馆。当然,这并不是说,帕伽玛的阿斯克勒庇俄斯崇拜并非是在罗马帝国时期最早出现的:它可以追溯到公元前3世纪阿尔基亚时期。此外,如前所述,在疗养中心留出一个或多个房间存放药理学和医学书籍,供给病人和医务人员的使用,这种做法的出现甚至要早得多。

帕伽玛的阿斯克勒皮厄姆位于城外,由一组建筑群组成,周围环绕着围墙和庭院,里面主要是一座供奉宙斯的神庙。图书馆位于这座建筑群的东

罗马帝国统治下的图书馆 ——意大利和罗马各行省的公共和私人图书馆

• 位于帕伽玛的体育馆废墟

北角,这些书保存在一座建筑里,这座建筑可能是专门为藏书而建造的,也可能是改建的。图书馆的捐赠者是一位富有的上流社会的女士,名叫弗拉维亚·梅利特内(Flavia Melitene)。关于她为何要捐赠阿斯克勒皮厄姆图书馆给这座城市,并没有任何记载。事实上,关于她捐赠的事情,只有图书馆的一座雕像基座的致献铭文中,有一些记载,内容如下:

Ἡ βουλὴ καὶ ὁ δῆμος τῆς μητροπόλεως τῆς Ἀσίας καὶ δὶς νεωκόρου πρώτης Περγαμηνῶν πόλεως ... ἐτίμησεν Φλ. Μελιτίνην γυναῖκα Φλ. Μητροδώρου πρυτάνεως καὶ μητέρα ... Φλ. Μητροδώρου πρυτάνεως, κατασκευάσασαν τὴν ἐν τῶι ἱερῶι τοῦ Σωτῆρος Ἀσκληπιοῦ βιβλιοθήκην.[125]

除此之外,没有任何关于这位捐赠者的其他信息。图书馆中的这座雕像是被神化了的哈德良皇帝,底座上刻有梅利特内的名字。据推测,这座图书馆可能是在公元123年哈德良访问帕伽玛之际建造的,没有任何考古证据证明它比这个时间建立的更早或者更晚一些。

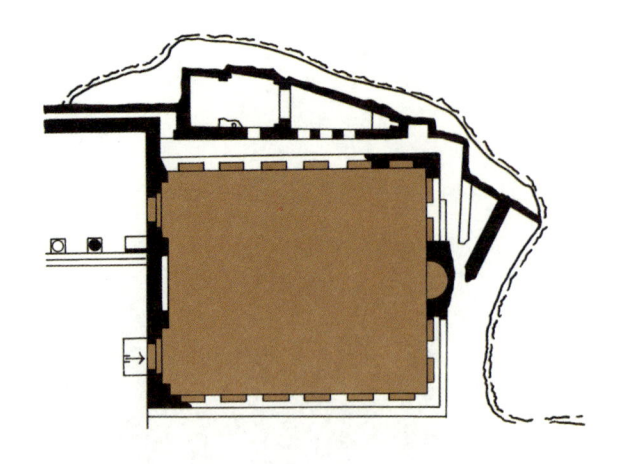

• 帕伽玛阿斯克勒皮厄姆图书馆平面图

这座长方形的图书馆共有两个入口，一个在北面的拱廊处，另一个在庭院中。图书馆的南北两边被廊道保护着，有几个形状不规则的房间紧靠着北面的廊道。这座有长方形拱形凹槽的图书馆的布局没有任何独到之处。每一面墙上都有六个凹槽，成对称分布。其中，东面的墙上有六个相同的凹槽，用来存放书柜，后堂的壁龛内放着哈德良皇帝站立着的裸身雕像。雕像底部刻着"Θεεν\AΔριανεν/Φλ. Μελιτηνήν"。

后堂、地板和墙壁都镶嵌着彩色大理石。凹槽壁龛上方有一排窗户，阳光可以照射进来，窗户玻璃是用非常薄的大理石板做成，可以用来过滤光线，这样书籍就不会因阳光直射和曝晒而受损。从壁龛离地面的高度和铺砌地板的大理石大小等方面来看，难以判断每个房间的实际用途。据推测，这里最初可能是一个医疗场所，后来才被用作为图书馆。

萨加拉萨斯的图书馆

在哈德良统治的早期，即公元120年后不久，另一个图书馆在近东开设起来，这次是在萨加拉萨斯，这座古城位于庇西狄亚西北部，靠近弗里吉亚的边界。这座图书馆是由比利时考古学院挖掘出来的，它具有极高的建筑价值，因为这座遗址提供了人们在不同时期对其内部和立面进行改造直至

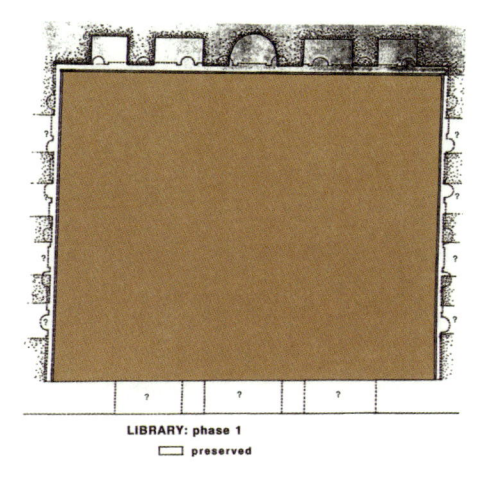

• 萨加拉萨斯图书馆第一阶段平面图 　　• 萨加拉萨斯图书馆第二阶段平面图

最终被摧毁的证据。

图书馆创建人的名字刻在图书馆的北墙上：他是一个当地人，名叫提图斯·弗拉维乌·塞威里亚努·尼昂（Titus Flavius Severianus Neon），他将这座建筑献给他的父亲和叔叔。

在图书馆的北墙上总共刻着七段铭文。其中，有一段是萨加拉萨斯的公民大会和元老院对图书馆的创建者，以及对他的叔叔、祖父和其他许多家庭成员表示敬意的。似乎塞威里亚努家族在弗拉维王朝时期（公元69年—公元96年）获得了罗马公民身份，并成为萨加拉萨斯最有名望的家族之一。他的家族成员对组织节日庆典活动这方面非常积极，其中，多人在东罗马帝国的政府中担任要职。

像以弗所凯尔苏的图书馆一样，萨加拉萨斯的图书馆也是一座单独的建筑，正面有三个门廊。这个图书馆是一个不规则的四边形大厅，与其他房间之间没有任何通道。图书馆的建筑设计和装饰与罗马帝国时期的任何其他图书馆都不太相同。但与其他图书馆相比，这个图书馆具有相对较少的用来藏书的凹座，这表明它在最初时应该是一个"博物馆图书馆"。

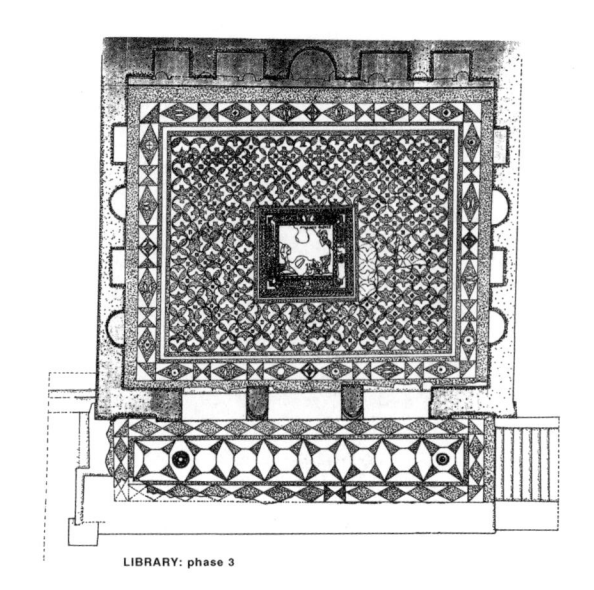

• 萨加拉萨斯图书馆第三阶段平面图

图书馆大厅的设计和装饰分为两个阶段。在第一阶段，有一个2.35米高的讲台围绕着四面墙的三面：墙上装饰着半圆形壁龛，壁龛中可能有雕像。讲台的框缘上刻着纪念性的铭文，通过这个讲台可以靠近到书柜的位置。正门对面的后墙上有一个半圆形的壁龛：从壁龛内发现的一根铜手指来判断，里面供奉的雕像可能有3～4米高，因此，壁龛肯定也非常高。壁龛的两侧有4个不同大小的凹座，用来作为书架。从中心壁龛的高度判断，在北墙上还有第二排书架。每个侧墙壁上都有4个凹座，交替呈矩形和半圆形，这一层凹座的上方可能还有第二层凹座。因此，这个图书馆就有16个用来作为书架的矩形凹座。除此之外，还有9个壁龛（包括后墙中间的壁龛），在讲台的前墙上还有20个较小的壁龛，每一个壁龛中都供奉着雕像。

在第二阶段，也许是在公元2世纪末，由于一些原因，这座建筑遭到了严重破坏，因此，它的两边被重新修正过。石头讲台被拆除了，壁龛也被重新改造（假设它们在第一阶段就已经存在），而侧墙部分用木料覆盖，部分用灰泥覆盖，并用奢华的巴洛克风格（也许是壁画）进行了装饰。而后墙的设计基本没有改变。

大约在公元4世纪中叶（可能在公元361—公元363年之间），可能是在

罗马帝国统治下的图书馆 ——意大利和罗马各行省的公共和私人图书馆

• 萨加拉萨斯图书馆的背墙

朱利安皇帝的倡议下,图书馆又进行了第二次重建。在这一阶段,图书馆的正面进行了重新设计,侧墙的有些部分在结构上与前墙连接了起来。其他的墙壁在建筑上没有改变,但是墙面和装饰被替换了。地板铺面在这个时候可能换成了马赛克,马赛克上有精心设计的带有边框的几何图案,中间是《荷马史诗》中阿喀琉斯离开的场景,旁边是他的母亲忒提斯(Thetis)和他的导师腓尼克斯(希腊一名王子,阿喀琉斯的老师,特洛伊战争期间是一名老人)。负责设计这些马赛克的艺术家名字叫迪奥斯库鲁(Dioscurus)。对于读者如何在图书馆中上下楼的问题,我们并不知道。更令人费解的是,讲台的宽度不允许图书馆工作人员在近两米半的高度上自由活动。有人猜测,不同楼层之间,可能有一个带轮子的、可移动楼梯,这是专门为图书管理员设计的,用这种楼梯他们就可以随时走到书柜旁边。

公元363年朱利安去世后不久,萨加拉萨斯的基督教社区的图书馆就被拆除了,藏书也被毁坏,镶嵌画中的阿喀琉斯、忒提斯和腓尼克斯的形象也被污损。同样,图书馆中的雕像也被砸碎,整座建筑被烧毁。为了永远埋葬对异教的记忆,图书馆的内部堆满了被大火烧焦的残骸。

腓立比的公共图书馆

腓立比,马其顿古代城市克里尼德斯(Crenides,意即"泉水"),于公元前358年改名,以纪念马其顿国王腓立二世,他是该城的捐助者。

公元前168年罗马吞并希腊,腓立比归了罗马。罗马把这座城市分成4个行政区,第一区以暗妃波里为首府,但比不上腓立比城的重要性。公元前146年,整个区域合并成为罗马的马其顿省。公元前42年,腓立比城成为罗马帝国的竞争点,屋大维与安东尼的部队打败杀害凯撒大帝的凶手布鲁斯和迦修斯,于是诞生了罗马帝国。屋大维以这场在腓立比的得胜为荣,于是把腓立比地位提高了,改称犹利亚腓立宾西斯驻防城。11年后(公元前31年),又改称为犹利亚腓立宾西奄(Colonia Iulia Augusta Philippensis)驻防城。这样,腓立比就成为罗马的驻防城,有"小罗马"之称。奥古斯都允许罗马禁卫军(Praetorian Guard)的老兵在这里定居。

从广场上挖掘出来很多文物,包括一些有柱顶过梁和一排与东侧柱廊侧毗的房间的废墟。柱顶门楣上刻着铭文,写着"经过修复,……朱尼乌斯……奥普塔斯捐赠了一座图书馆,以纪念皇室和腓立比公民":

[...] In ho[n]orem div[i]nae do[mus] et colo[niae Iul(iae) Aug(ustae) Philipp(ensis) ...]ut [...]m C[...]ia
[...] Iunior [...]s [...]oni Optatus opus bybl[iothecae ...] a solo [...]titus ep[...]vit.

铭文的日期是公元2世纪中叶,也就是奥古斯都死后大约一百年,也许是安东尼努斯·庇乌斯(Antoninus Pius)或他的继任者统治时期。我们没有任何关于腓立比图书馆的文献资料,甚至也没有任何关于这一时期的文化活

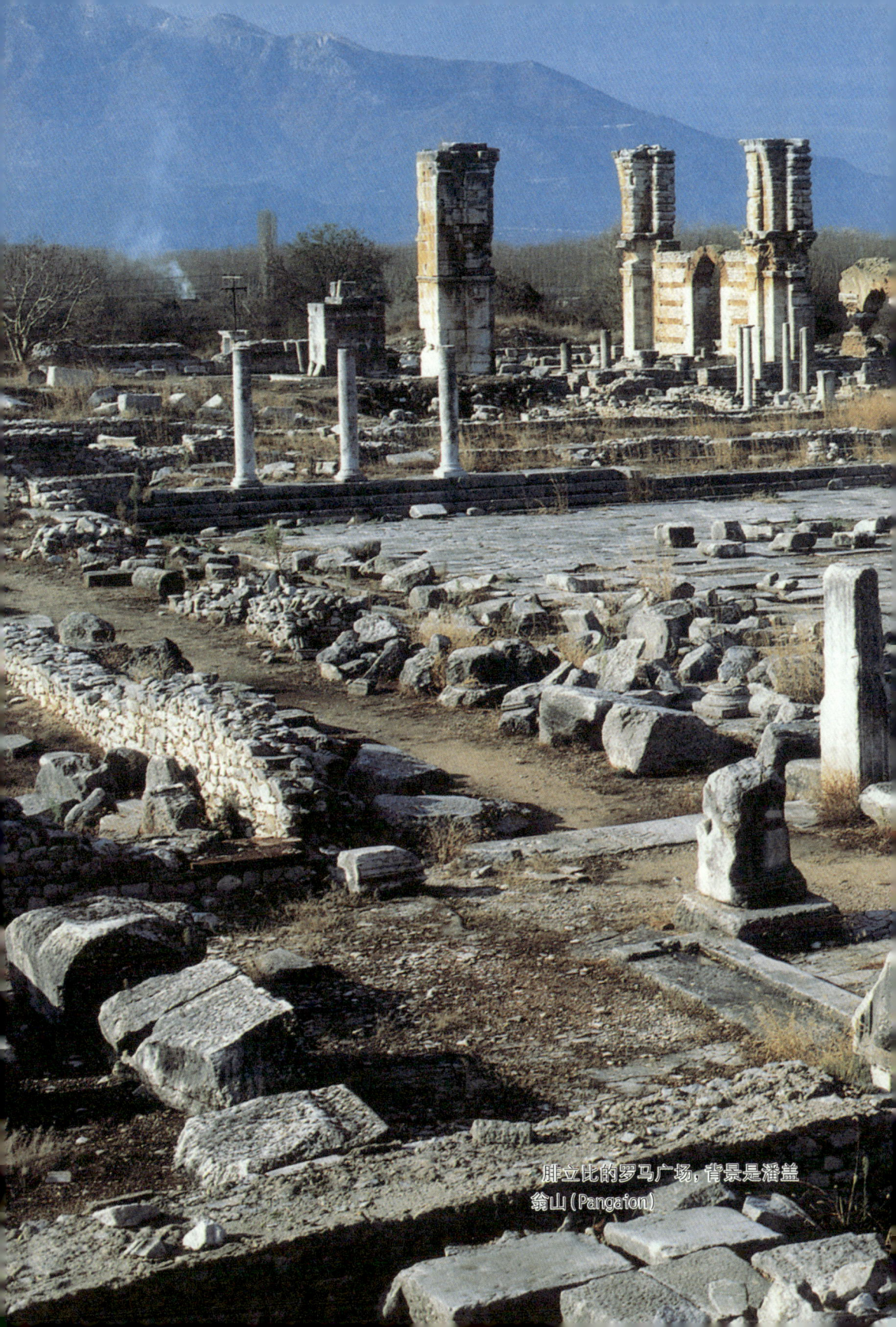

腓立比的罗马广场，背景是潘盖翁山（Pangaion）

动间接暗示有图书馆存在。然而，应该再次强调的是，罗马各行省的小型图书馆的藏书并不只是文学作品，它们往往既有文学作品，也有档案记录，如公共文件、市政会议的公文以及与该城市历史相关的资料。

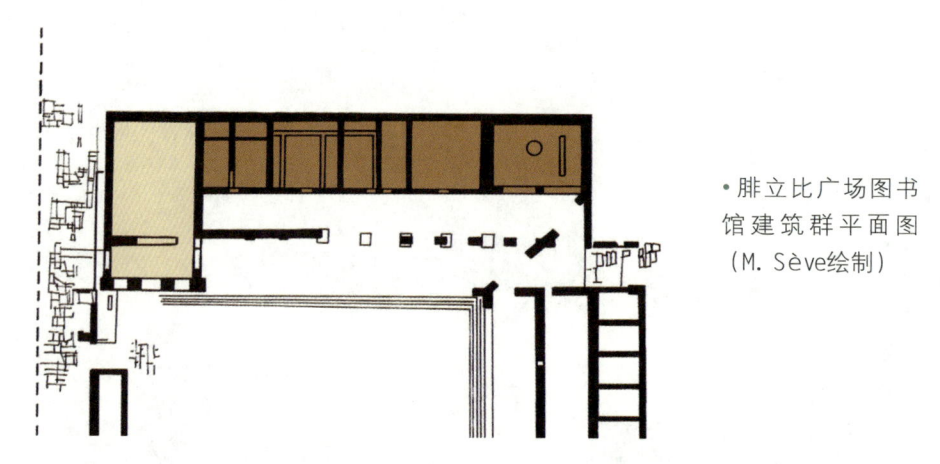

• 腓立比广场图书馆建筑群平面图（M. Sève绘制）

至于腓立比图书馆的建筑，它由一排房间组成，北端有一个更大的房间，根据平面图和靠后（北）墙发现的两个雕像基座来判断，这里原来可能是一座神庙。建筑群的西侧由一排大小大致相等的长方形房间组成，整排房间前面都有起到保护性作用的柱廊。很难说这些房间的实际用途是什么：很可能它们是档案储藏室、对腓立比市民开放的书房、阅览室和图书馆管理员或图书馆工作人员的办公室。在一些房间的墙壁边还有墩座的痕迹——在罗马的图书馆中，站在这些墩座上可以够到书架上的书——尽管我们无法确定它们是属于奥普塔斯图书馆（Optatus）还是更早期的阶段。

卡里亚的图书馆

从公元1世纪起，在近东各地区，像卡里亚，很多公民（通常是当地统治阶级的成员）开始捐赠藏书，而图书馆通常是用来存放这些藏书的。卡里亚是小亚细亚的一个地区，在罗马时期，它从未像帕伽玛、以弗所和其他历史名城那样重要。但早在公元2世纪时，它的四个主要的城市中都存在公共图书馆：哈利卡尔纳苏斯（Halicarnassus）、阿佛洛狄西亚、赫拉克利亚（Heraclea）和密拉萨（Mylasa）。

哈利卡尔纳苏斯的图书馆

哈利卡尔纳苏斯是一座伟大的城市，在毛索鲁斯（Mausolus，毛索鲁斯是波斯帝国驻卡里亚的总督）统治时期是卡里亚的首府。公元前6世纪时是古希腊的一个城邦。很可能正是从瑙克拉提（Naucratis）开始，这座城市的人们开始使用莎草纸卷。哈利卡尔纳苏斯是很多关于历史和诗歌伟大人物的诞生地，如希罗多德、希罗多德的叔叔——诗人帕尼亚西斯（Panyassis）、皮格斯（Pigres），还有就是哈利卡尔纳苏斯的狄奥尼修斯，他在罗马创立了一个文学学校，也是《罗马古事记》（*Roman Antiquities*）这部作品的作者。然而，即使在托勒密时期，当帕伽玛图书馆与亚历山大图书馆相抗衡时，我们也没有发现哈利卡尔纳苏斯存在过图书馆的证据，甚至没有任何附属于学校的图书馆。即使到了今天，考古学家已经用鹤嘴镐挖遍了整个哈利卡尔纳苏斯，但是，我们依然不能确定那里是否真的存在过图书馆。

威廉·沃丁顿（William Waddington）在希腊和近东的一次旅行中，发现了一块建在阿佛洛狄西亚城墙上的碑文，这是另一座城市对诗人盖乌斯·朱利乌斯·朗吉安努斯（Gaius Julius longinus）的赞颂，这位诗人是阿佛洛狄西亚的公民。那座不知名城市的公民大会（Popular Assembly）授予朗吉安努斯最高荣誉，并委托将他的铜像放在城市的显要位置，如缪斯圣殿和体育馆里，紧挨着"老希罗多德"的半身像。政府还下令把他的著作保存在公共图书馆里，这样年轻人不仅可以从这位古代作家的作品中得到熏陶，也可以从同时代的作品中得到启迪。

残存下来的碑文中，并没有提到这个城市的公民大会为什么要把这些荣誉加在这位不太知名的诗人朗吉安努斯身上。这座城市显然是卡里亚的一个大城市，它的居民被描述为是阿佛洛狄西亚人民的"亲戚"；此外，资料中提到的图书馆、缪斯圣殿和体育馆，以及其中摆放着的"历史之父"老希罗多德（他在哈利卡尔纳苏斯出生和长大）的半身像，这些都很清楚地表明，这座卡里亚的城市肯定就是哈利卡尔纳苏斯。

铭文的日期尚不清楚，因为人们对法令中所提到的诗人一无所知，但在它旁边，沃丁顿发现了另一个铭文，这是由一个酒神节的庆祝活动的演员"圣会"颁布的法令，目的是纪念朗吉安努斯。根据铭文上所署的执政官斯奎拉·加利卡努斯（M.Squilla Gallicanus）和阿提利乌斯·鲁富斯·提阿努斯（T.AtiliusRufus Titianus）的名字，这项法令可以追溯到公元127年；沃丁顿断言，这两项法令都提到了同一个人，因此，可以推断这两项法令都应追溯到公元127年。因此，我们就有了一个初步的结论，在哈德良统治时期，朗吉安努斯可能在哈利卡尔纳苏斯捐赠了一所体育馆图书馆和公共图书馆，于是，公民大会通过了这项法令，向这位名叫朗吉安努斯的诗人致敬，并使他与希罗多德齐名。

阿佛洛狄西亚的图书馆

在罗马帝国时期，卡里亚统治下的阿佛洛狄西亚变得越来越繁荣，有证据表明这座城市的图书馆可以追溯到公元2世纪。阿佛洛狄西亚有一位专门评论亚里士多德的学者非常出名，他的名字叫亚历山大。同时，这座城市也有一所哲学学校，并且以其高水平的教学而闻名。

据说，这座城市也有一座图书馆，是由一位名叫杰森（Jason）的人捐赠的，为了对此表示纪念和酬谢，当地的民众大会为此刻下了以下碑文：

Ἡ βουλὴ καὶ ὁ δῆμος ἐτείμησαν
Ἰάσονα Μηνοδότου τοῦ Μενάδρου τοῦ Πραβρέα ... τετελειωκότα ...
[...]
ἐξέδρας τὰ λείποντα λευκόλιθα πεποιηκότα
πάντα σὺν ὀποφαῖς καὶ τοῖς ἐν τῷ οκω κείοσιν καὶ
βιβλιοθήκαις καὶ τοῖς φυραματικοῖς καὶ τοῖς λοιποῖς πᾶσιν ...[143]

赫拉克利亚的图书馆

从考古发掘中发现的遗迹来看，公元2世纪，卡里亚的赫拉克利亚显然是一个文化生活和经济都非常繁荣的城市。这座城市有一座公共图书馆，是由一个名为斯塔提留（Statilius）的贵族资助建立的。这些信息来自公元前2世纪三块装饰华丽的大理石碑文残片。经仔细研究后，人们发现这座图书馆是由巴克勒（W.H.Buckler）和卡特尔（W.M.Calter）重建的，石碑上的铭文如下：

[τὴν βυβλιοθή]κην ἐκ θεμελίων κατ[α]σκευάσαντες καὶ τὸν περὶ αὐ[τὴν κόσμον ...]ος ἀνέθηκαν τῆι π[ατρ]ίδι
[ἐκ τῶν Τ. Στα]τιλίου Ἀπ[ολλιναρίου (;) χρημάτων].

这座"献给祖国"的图书馆的创始人，也许是斯塔提留·阿波利纳里乌斯（Statilius Apollinarius），当然他属于罗马贵族斯塔提留家族，在赫拉克利亚发现的铭文中经常提到他们这个家族的成员。

密拉萨的图书馆

在密拉萨（Mylasa）发现的一段铭文残片中，证明这里曾经存在过一座图书馆。密拉萨一直是卡里亚的首府，直到毛索鲁斯时期才将首府迁至哈利卡尔纳苏斯：... mv πepd tcv βιβλιοθηκην πα ....。除了这篇碑文，没有找到流传下来的其他证据，也没有任何文献提到密拉萨的图书馆。

北非的图书馆：塔穆加迪的图书馆

图书馆是东方元老院行省和元首（皇帝）行省中每个城市的基本文化特征，例如，公元2世纪初，在图拉真的倡议下建立的城市塔穆加迪，这座城市是罗马第三军团退伍军人的新家。塔穆加迪，现在被称为提姆加德（Timgad），在阿尔及利亚。在图拉真时代，它的正式名称是科洛尼亚·乌尔皮亚·马西亚娜·特拉贾尼塔穆加迪（Colonia Ulpia Marciana Trajani Thamugadi）。它并不是努米底亚（Numidia）这一地区的文化中心，但在很久之后，很可能在公元3世纪末，属于元老院阶级的马库斯·朱利乌斯·昆蒂安努斯·弗拉维乌·罗加蒂纳斯（Marcus Julius Quintianus Flavius Rogatianus）给予该市40万塞斯特斯（古罗马货币）的拨款，用于建设一座图书馆：

Ex liberalitate M. Juli(i) Quintiani Flavi(i) Rogatiani c(larissimae) m(emoriae) v(iri) quam testamento suo reipublicae coloniae Thamugadensium patriae suae legavit opus bibliothecae ex sestertium CCCC mil(ibus) num(mum) curante republica perfectum est.

塔穆加迪图书馆于公元20世纪初（1901年）由卡格纳特（M.R.Cagnat）和巴卢（A.Ballu）挖掘出来，他们用在这个图书馆原址发现的铭文发表了考古研究的第一项成果。奇怪的是，尽管这座城市是在公元2世纪初建立的，但至少一个世纪后，这个中心地点仍然空无一人。当然，它可能是建在了早期建筑的地基上，或者年代可能有误。尽管如此，塔穆加迪图书馆占据了整个街区，就在市中心的十字路口，紧挨着卡杜·马克西姆（Cardo Maximus，公民中心建筑群），它包括广场、长方形会堂和剧院。

塔穆加迪图书馆的设计在美学和建筑学上都相当新颖，从重建中依旧可以看出来它当年的风采。图书馆的主入口处下面有一大段非常宽阔的台阶。在台阶的顶端有一个三面带有柱廊的庭院。通往柱廊的地方是六个小房间，围绕纵轴对称布置，这些房间用来作为图书馆的办公室和储藏室。图书馆的正厅位于东侧的中间，它基本上是长方形的，但在远端有一个半圆形的后堂，与从柱廊通向房间的门口相对。后堂的天花板很可能是一个半圆顶，西侧由一个拱门支撑，拱门内有一扇窗户，为主厅提供照明。这座图书馆内部没有偏离通常的建筑风格：有一些柱子围绕着平台，沿着每一个侧墙延

罗马帝国统治下的图书馆 ——意大利和罗马各行省的公共和私人图书馆

• 塔穆加迪图书馆重建假想图
（H. F. Pfeiffer绘制）

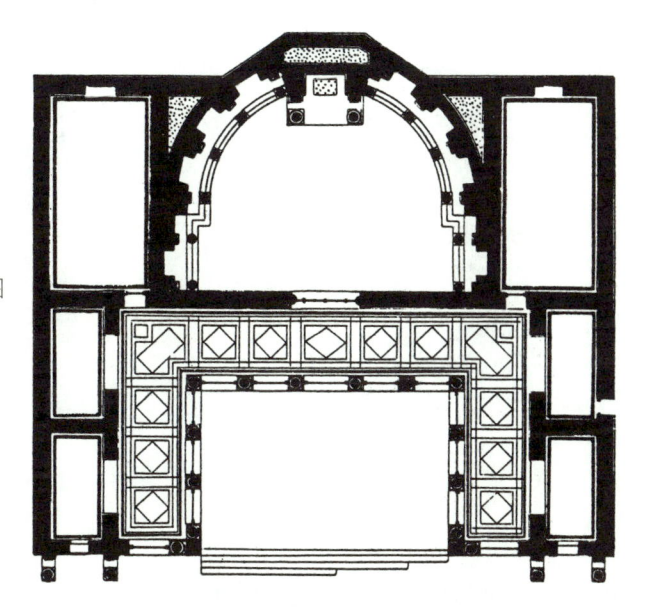

• 塔穆加迪全景，最引人注目的是剧院和凯旋门

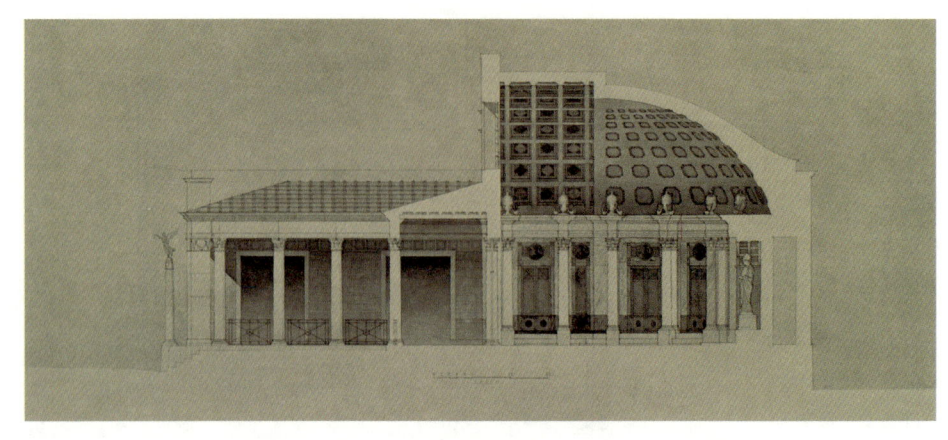

古罗马图书馆史 | 从罗马世界拉丁文学的起源到罗马帝国的私人图书馆

• 塔穆加迪图书馆重建假想图（H. F. Pfeiffer绘制）

伸，摆放书架的凹座就在那里。正对着主入口，在后墙的中央，有一个由两根柱子和一个门楣围成的壁龛，里面供奉着一尊神像，供奉的也有可能是皇帝的雕像。按照现代标准，这只是一个小型的省级图书馆，里面并没有大量的藏书，只有八个书柜；但除了大厅外，还有许多辅助房间，这些房间中有可能也有书柜。

迦太基的图书馆

迦太基是罗马的劲敌，也是东方使用拉丁语的城市中最大的一个，这里至少有一个大型公共图书馆，里面有很多藏书。如前所述，当迦太基最终在公元前146年被征服时，罗马人认为迦太基的书籍并没有多大价值，不值得作为战利品带回罗马，因此，这些书籍被那些与罗马人结盟的非洲王子均分了。唯一的例外是迦太基的玛戈所作的关于农业的文章，元老院命令由狄西摩斯·朱尼乌斯·西拉努斯（Decimus Junius Silanus）领导的一个委员会将其翻译成拉丁文。

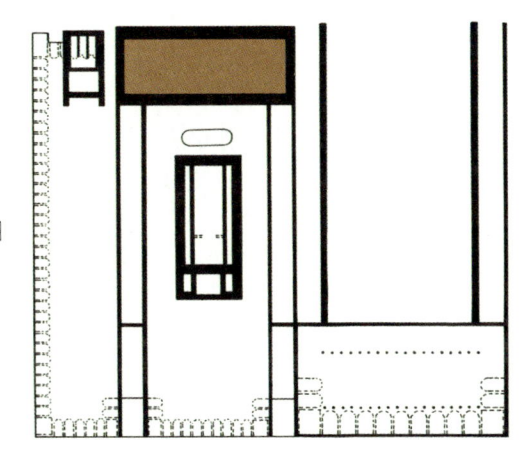

• 迦太基中心平面图

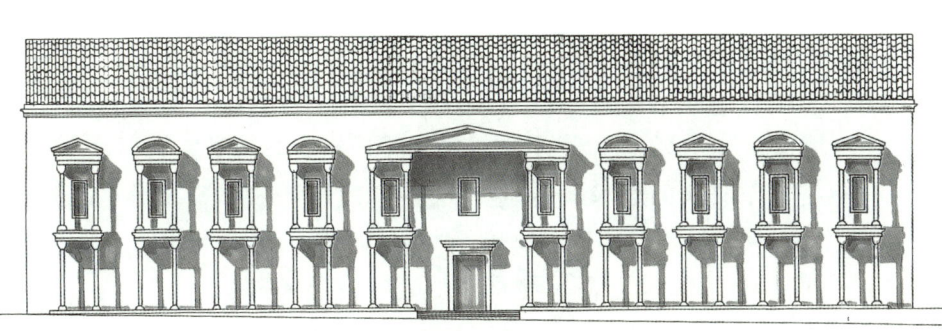

• 迦太基图书馆的建筑正面假想图

让·德诺夫（Jean Denauve）坚持认为，他在广场南部挖掘的那个纪念性建筑就是迦太基的公共图书馆，可以追溯到安东尼时期（公元2世纪末）。这是一座长方形的两层建筑，长65米，宽22米，其正面对称地延伸在寺庙前面的门廊两侧，带有明显的罗马巴洛克建筑元素（叠加的建筑）。它的建筑设计很可能是仿照了以弗所的凯尔苏图书馆。这座图书馆建筑的一些特征表明，其建筑可能至少保存到拜占庭时期。这可能就是阿普留斯在他的 *Florida, pomposi fori scrinia publica*一书中提到的公共图书馆。来自麦道拉的阿普留斯在迦太基研究修辞学，在雅典学习哲学，他卷入了一场由地方总督克劳狄·马克西姆（公元158—159年）审理的诉讼，面临使用魔法的指控。在他的《申辩》（*Apology*）中，他提到了一些公共图书馆，在那里他发现了关于神秘崇拜的书籍:大概他受到了他喜欢的新柏拉图主义思想的影响。

另一个间接提到迦太基书籍的人是克劳狄皇帝,他曾创作过八卷关于迦太基历史的书,这部作品是基于一些未知来源的材料写成的。值得一提的是,克劳狄的作品为亚历山大博物馆的图书馆增加了一个新的部分,在那里建立了一种惯例,即让不同的读者在特定的日子里大声朗读迦太基历史的段落,以纪念这位皇帝。当然,这只是一些题外话。无论如何,基督教时期迦太基仍然是图书贸易的一个重要中心,与特里尔、君士坦丁堡和亚历山大里亚一样,迦太基是公元4世纪最丰富的图书市场之一。

布拉雷吉雅(Bulla Regia)的公共图书馆

布拉雷吉雅是努米底亚(Numidia)的一座古老的皇家城市,帝国统治时期是一个繁荣的学术中心,这里有一座建筑,马塞尔·莱莱(Marcel Leglay)认为可能是一座公共图书馆。自公元1972年以来,法国人和突尼斯人联合对该遗址进行了挖掘,发现了这座城市的整个街区,一般称之为"神圣之地"(esplanades monumentales)。这个地方有一座伊希斯(Isis)神庙和两个公园,公园中到处都有神龛和各种小型建筑,在它们之间的空地上还有许多雕像。此外,还有一座建筑,也许是图书馆,坐落在一座大拱廊的北

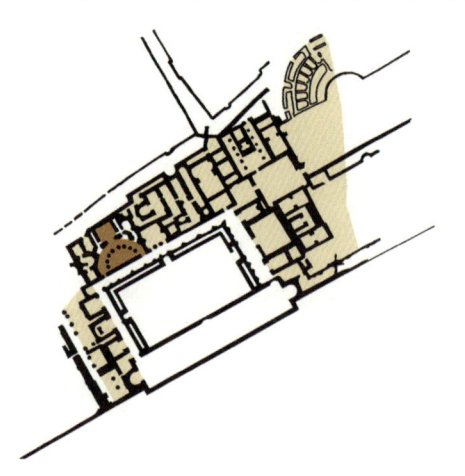

• 布拉雷吉雅遗址新平面图
(M. Leglay绘制)

侧。它有两个主入口通向多边形大厅,大厅的主要特征是由八根柱子组成的半圆形柱廊。这个柱廊提供了通往建筑北侧的一个广场的便捷通道,人们认为这里可能是图书馆的阅览室。

通过将这个图书馆与塔穆加迪的罗加蒂纳斯(Rogatianus)图书馆作了比较,马塞尔·莱莱解释了他的想法,并得出结论,这两座图书馆(布拉雷吉雅的图书馆和罗加蒂纳斯的图书馆)肯定是在公元2世纪末或公元3世纪初同时开放的。这也许可以解释它们在建筑设计上的相似性,因为每座图书馆都有一个半圆形的主厅。

帝国北部各行省有图书馆吗?

在意大利北部和阿尔卑斯山以外的城市,如在高卢和西班牙,公共图书馆——无论是作为独立建筑的图书馆还是附属于市场和温泉浴场的图书馆——都不是社会和文化生活的重要组成部分。事实上,直到公元2世纪末,罗马帝国北部几乎所有省份都没有任何关于文化机构、学校或其他教育机构的证据,这意味着在这些地区人们对抄写和传播书籍并没有真正的兴趣。这就可以解释为什么小普林尼在卢格杜努姆(Lugdunum,现在的里昂)发现有书商出售他的书籍时他感到如此惊讶的原因。但是,也有一个例外,人们找到了一座图书馆,这座图书馆可以追溯至奥古斯都统治时期,这可能也是在整个帝国北部地区的唯一例外。更值得注意的是,这座图书馆建筑的某些基

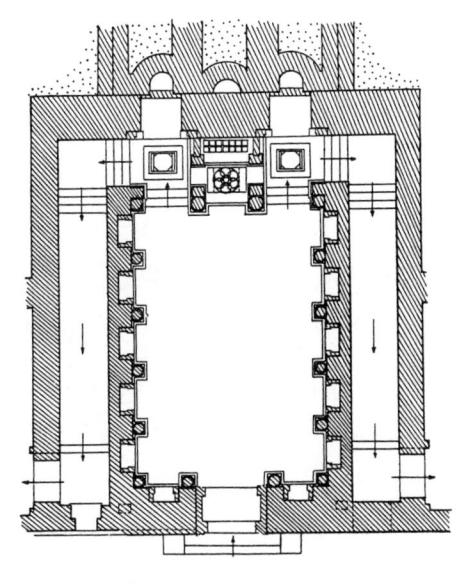

• 位于尼姆的狄安娜神庙图书馆平面图(R.Naumann绘制)

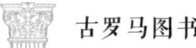

本特征，既与古希腊罗马图书馆的通常建筑类型有些不同，也与其所在地点的建筑风格有些不符。

这座建筑是法国尼姆的所谓"狄安娜神庙"，这座建筑曾被当作图书馆。据说，这座供奉狄安娜的神庙与一个泉水有关，它的守护精神被认为是神圣的（Nemansus），水可能从那里被引到神庙内的喷泉中。寺庙设计中首先要注意的一点是它的"保护"方式，图书馆的主要房间（如果是图书馆的话）完全由"∏"形的外围走廊保护，这可能也满足了寺庙或图书馆的一些功能需求。唯一能说明这个地方是用来放置书籍的，就是侧墙上有长方形的凹座，书柜沿着三个侧面排列，呈两个L形。入口的正对面是壁龛，这是一种列柱式的神龛，用于放置祭拜雕像或其他具有象征意义的雕像。在神龛的两边有三个台阶通向周边走廊。每一个长方形凹座都由一排镶有精美爱奥尼亚柱头的圆柱构成，顶部有一个支撑拱形天花板的楣梁。通过对意大利和非意大利的公共和私人图书馆的调查，应该注意到，有许多的用于归档信件、希腊和拉丁文学档案记录的房间，这些信件或档案记录在石板或莎草纸卷上。因此，历史学家和考古学家有时无法根据现有的证据确定这些地方是图书馆，但有时他们也会将图书馆确认为是用于其他目的的房间。表明房间被当作图书馆的主要建筑特征是对称排列的矩形凹座。在帕拉丁山上奥古斯都的私人图书馆，以及另一处未经确认的建筑遗迹，立面也有长方形拱形的凹座，被认为是用来装书架的。同样，希拉波利斯（Hierapolis）体育馆的长方形凹座处也建有书柜，这与希腊化时期的纪念性城市佩尔格（Perge）和所谓的万神殿图书馆中保存得相当完好的长方形凹座相似。

人们通常会根据长方形凹座这个特征，将一些功能未知的建筑确认为图书馆，但是，长方形凹座的设计并不是图书馆的唯一特征，因为有一些设计风格不定的"双子"建筑，也会被解释为是双语图书馆（希腊语和拉丁语），其中之一就是位于哥林多的东南部大楼。哥林多在公元前44年成为罗马殖民地，这座城市的规划被修改，一座带柱廊的长方形建筑在广场的南侧被建造起来。这座建筑围绕一条横向轴线对称布置，有两个近乎方形的大

• 位于尼姆的狄安娜神庙内部结构

• 佩尔吉城门废墟西墙的内立面

厅，大厅两侧有两个长方形的房间，人们认为这里就是一个双语图书馆。

不仅建筑特征常常误导人，有时有些文字资料也会误导人们，但是，这样的图书馆在实际当中存在与否，仅仅从考古学家发现的废墟和遗迹中根本无法鉴别。一个典型的例子是昔德的马凯鲁斯，他是一位活跃于公元2世纪的医生和诗人，他除了受赫洛德斯·阿提库斯委托创作诗歌外，还创作了一首关于医疗方法的长篇说理诗。不知何故，他碰巧引起了皇帝哈德良和安东尼努斯·庇乌斯的注意，两位皇帝都下令将马凯鲁斯的著作收藏在罗马的图书馆里。还有吕西亚的罗地亚波利斯（Rhodiapolis）的赫拉克利特，他与马凯鲁斯是同时代人，在一篇纪念性的铭文中，他被描述为是"医学诗歌中的荷马"，他把自己作品的抄本送给了家乡的图书馆和亚历山大里亚、罗德岛和雅典的其他图书馆。在塞浦路斯重要的古城索里，有一座建于公元1世纪的图书馆，有一篇铭文证明了这所图书馆的存在，而且据说，阿波罗尼乌斯的儿子担任这所图书馆的管理员。

综上所述，应该重申的是，从公元2世纪起，罗马各行省的社会和官僚组织以及希腊和拉丁文学的巨大发展和传播，使每个地区都有义务建立一个档案馆和图书馆，即使只是最基本的那种图书馆。在接受了这一说法之后，我们发现自己正在寻找一个巨大的拼图，这个拼图的组成部分除了管理者之外，还包括学者、教师、学生、语法学家和智者、文学赞助人、有抱负的作家和各地区受过教育的阶层，作为一个特殊群体，这些人在地中海各国家游历，用书籍作为宣传知识的手段，并将知识传递给那些有着共同的文化背景的不同人群。

• 纪念赫拉克利特的献词

图书馆建筑

——罗马图书馆的类型、装饰、设施及其组织方式

・卡皮托利山脚下国家档案馆和其他建筑的重建

图书馆建筑 ——罗马图书馆的类型、装饰、设施及其组织方式

    毋庸讳言，设计图书馆这样重要的工作本应是要委托给专业的建筑师（architectus）去做的，但是在前面的章节中我们所提到的许多图书馆，仅仅是简单地用来存放书籍和各种文件的房间，因此，它们并不是按照严格的图书馆建筑标准设计的。此外，还有一些其他房间在进行了重新改造之后，也可以作为图书馆。事实上，对于罗马建筑师来讲，设计大型的图书馆并不是什么难题，因为他们曾经在鼎盛时期的帕伽玛、亚历山大里亚以及近东和北非其他地方"研究"过图书馆建筑。至少从罗马帝国早期开始，就有希腊建筑师所编纂的建筑教科书在广泛流通，他们就各种建筑技术问题提出了解决方案，并确定了大型图书馆设计的一些基本原则和将图书馆纳入城市整体规划的基本方案。但奇怪的是，没有任何一部这样的希腊建筑书籍被保存下来，而后来唯一流传下来的这类作品是维图维乌的《论建筑》，这部作品创作于奥古斯都统治时期。在从建筑学的角度审视古罗马时代的图书馆设计之前，我们应该先了解一下对建筑这个行业的从业人员了解多少，建筑学科的希腊根基是什么，以及建筑师需要接受怎样的理论训练。

罗马建筑的先行者

    在《论建筑》第一卷中，维图维乌讨论了建筑师需要接受的通识教育，通过这样的教育就可以将理念与表达理念的事物区分开来。此外，建筑师还需要有必要的专业训练，这样他就既可以画出图纸，又能把自己的想法和观点书写记录下来，从而建造出更加牢固结实的建筑。

• 卡斯托耳和波吕克斯神庙的重建设想图

正如苏维托尼乌斯所言，罗马从一座砖砌的城市变成了大理石城市，在这个过程中，奥古斯都时代的建筑师肩负起了怎样的职责？首先，由建筑师负责设计，选择最适合的建筑场所，当然，还要决定整座建筑的朝向。从某一时期开始，罗马建筑师就具备了必要的专业技能，并接受几何绘图的训练，因此，他们能够为客户绘制建筑图纸。很多可以追溯至公元前1世纪中叶的资料可以证明绘制图纸在当时已经成为惯常的做法。例如，起初西塞罗无法从建筑师的图纸中看出他的兄弟昆图斯的别墅是什么样子。几个世纪后，盖留斯说，公共浴场建筑的图纸已经张贴出来供公众观看。普罗塔克则提到了建筑商的公开竞标，这些建筑商通过他们提交给有关当局的图纸，竞标城市建设的项目。关于图纸的类型，在《论建筑》的第一版中，维图维乌主要提到了三种：平面图（*ichnographia*）、立面图（*orthographia*）和透视图（*scaenographia*）。维图维乌接着说，建筑师在完成建筑设计以后，他的工作还远远没有结束，他还要负责为每栋建筑选择合适的场地，定期监督工程的进展，并对建筑成本进行检查，以确保不会超出预算。

当维图维乌着手写作他的著作时，没有任何可供借鉴参考的拉丁文教科书，因此，在这方面，他只能诉诸希腊文献进行研究。值得一提的是，正如罗马人从希腊文学各个方面借鉴了许多成就一样，他们在建筑设计方面也是如此，罗马人从希腊人那里学到了很多建筑方面的技艺。维图维乌记载了从公元前650年到公元前1世纪中叶的一百多位希腊建筑师的名字,其中,今天这些建筑师中的大多数已经湮没无闻;有一些人的名字与某些特定的建筑和纪念碑相关,但几乎没有人知道这些建筑师的具体出身、教育经历、学术造诣、社会地位和职业生涯。但是,尽管如此,正如维图维乌所言,这些建筑师的工作却对罗马的建筑理论和实践产生了决定性的影响,他们在罗马和东部各行省所取得的辉煌成就给后世留下了宝贵的经验。

在《论建筑》第七卷的序言中,维图维乌向皇帝保证他的作品没有被剽窃,他向几个世纪以来所有那些为建立宝贵素材库提供资料的作家表达了感激之情,这些素材资料现在每个人都可以拿来参考和使用。他还提到了阿加塔库斯(Agatharchus)的倡议,即为埃斯库罗斯的一部悲剧绘制一个舞台布景,然后写一篇相关主题的文章。然后,他列出了编写教科书的建筑师的名字,这些教科书详细说明了每种建筑的标准比例和独特美学以及一些古代圣殿的艺术特征等。其中有一位叫西勒诺斯(Silenus)的建筑师,他曾写过一本关于多立克柱式(古希腊建筑风格之一)建筑的书;另一位是阿塞修斯(Arcesius),他记录了哥林多柱式的比例以及特腊勒斯(Tralles)的阿斯克勒皮厄姆医神庙(Asclepieum)中爱奥尼亚柱式的特征。维图维乌还提到了由伽尔瑟夫农(Chersiphron)和梅塔奇尼斯(Metagenes)所创作的相关作品,这部作品主要是关于以弗所阿耳忒弥神庙的爱奥尼亚式建筑。此外,还有福西亚(小亚细亚古爱奥尼亚城)的西奥多(Theodore)关于德尔斐圆形神庙建筑的论著。他总共列举了十四位建筑师,这些建筑师关于各种柱式比例的教科书和关于各个建筑的专题著作显然是他自己作品的主要参考资料来源之一。维图维乌承认:"从他们的评注中,我采纳引用了与我目前论述的主题相关的所有东西。"他接着解释说,与流通中的大量希腊建筑专著相比,关于这个主题的罗马著作很少。其中,有一部是由富斐西乌(Fuficius)出版的,它也是第一个出版这类书籍的人。另一部是瓦罗的《自由学科的百科全书》(Disciplinae)或《人文艺术》(Artes liberales)中关于建筑的一卷。但是,直到那时,还没有罗马人写过一部关于建筑的完整论著。

罗马的两位希腊建筑师

　　罗马的两位希腊建筑师：赫谟根尼和赫谟多洛斯。维图维乌在《论建筑》中所使用的主要资料来源可能就是赫谟根尼的著作"版本"。赫谟根尼是一位希腊建筑师，在希腊化时期（公元前250—公元前150年）活跃在近东。罗马建筑历史学家认为，赫谟根尼曾写过一篇关于论述玛格奈昔亚的阿耳忒弥神庙和忒奥斯的狄奥尼索斯神庙的文章，他是每个打算从事建筑师职业的罗马人的典范。另一位对维图维乌产生直接影响的希腊建筑师是来自萨拉米的赫谟多洛斯，他将整个希腊建筑传统引入到罗马，在罗马的建筑发展过程中发挥了重要作用。维图维乌认为，赫谟多洛斯受到麦特鲁斯（Metellus，约公元前143年）的委托负责设计朱庇特神庙，这座神庙毗邻麦特鲁斯柱廊，它是罗马第一座大理石神庙。在麦特鲁斯（他是将希腊艺术引入罗马的主要推动者之一）的邀请和委托下，赫谟多洛斯最终来到罗马生活，他在贵族圈中备受追捧。凭借他的知识和声望，赫谟多洛斯创立了一门"建筑学科"，几百年来，这门学科受到了所有从事建筑师职业的人的尊重。

• 台伯河岸的大力神神庙

最早的罗马建筑师

在当时比较活跃的建筑师中，无论是罗马人还是自由民，维图维乌主要列举了四位，他们分别是：考苏提乌（Cossutius）、穆西乌斯（Mucius）、高奈留（Cornelius）和维图维乌自己本人。

狄西摩斯·考苏提乌（Decimus Cossutius）是一位罗马公民，他活跃于公元前2世纪中叶。不知道他是从哪里获得的专业训练，但他可能与在坎帕尼亚和普特利（Puteoli）工作的同名建筑师和建筑商有亲戚关系。由于种种原因，有可能是因为他天赋异禀，也有可能他有深厚的人脉关系，在所有希腊建筑师中，他幸运地被亲罗马的叙利亚国王安提奥库斯四世埃庇芳尼选中，并受委托在雅典完成奥林匹亚宙斯神庙的建造工程。

维图维乌提到穆西乌斯时，没有提到他的姓氏（Praenomen）格奈乌斯，这也从侧面表明，穆西乌斯在他那个时代是非常有名气的。但同时，这也给历史学家留下了广阔的想象空间，他们试图在他和穆西乌斯家族之间建立联系，有时甚至与K.穆西乌斯·斯卡沃拉本人联系起来。尽管如此，格奈乌斯·穆西乌斯（Gnaeus Mucius）仍是一位被载入史册的建筑师，他曾在马里亚纳（Mariana）附近建造了美德与荣耀神庙（Temple of honour and Virtue，又称为荣德殿，是一座围柱式的神庙）。维图维乌认为，如果这座神庙当时是用大理石建造的，它将是有史以来最辉煌的建筑之一。

公元1世纪初，在所有技术含量较大的职业中，一种更强烈的专业精神开始出现，因此，建筑学这门学科获得了更多的实质性内容。这种专业精神可以从当时两位最著名的建筑师高奈留（Cornelius）和维图维乌的职业生涯中体现出来，另外，在西塞罗的书信中所提到的很多建筑师和工程师的作品中也能体现出来。事实上，在这些信件中，经常提到贵族为自己建造乡间别墅，从卢库鲁斯时代开始，罗马以南地区的别墅数量如雨后春笋般迅速增长。

资料记载，第一个在公元前1世纪担任专业建筑师的罗马人是卢西乌斯·高奈留，他是卢西乌斯的儿子，在公元前65年至公元前35年的碑文中经常提到卢西乌斯的名字。在昆图斯·鲁塔提乌·卡图鲁斯（Quintus Lutatius Catulus）担任执政官期间，以及在卡图鲁斯担任监察官期间，他凭借自己的知识和才华成功地晋升到了罗马政府的最高职位："工兵长官"（*praefectus fabrum*）和建筑师（*architectus*）。卡图鲁斯与公元前1世纪上半叶在罗马实施的两个极其重要的公共建筑项目有关：国家档案馆（*tabularium*，约公元前78年）和卡皮托利山上的朱庇特神庙（公元前62年完成）的重建。朱庇特神庙的重建是在苏拉独裁统治时期进行的，神庙中的柱头（柱帽）是从雅典宙斯神庙中拆除并运到罗马的。因为成功完成了国家档案馆的建造工程，所以高奈留在公元前60年被授予建筑师的头衔。之后，他又负责修复和重建卡皮托利山上的神庙，这座神庙曾在公元前83年7月的一场大火中被烧毁。卢西乌斯·高奈留是一位非常具有专业精神的建筑师，在他的职业生涯中，他曾受到过很多罗马贵族和政治家的委托。

如前所述，除了高奈留以外，西塞罗与阿提库斯和他的其他朋友的大量通信，提供了大量关于其他建筑师的信息。我们不应忘记，西塞罗本人至少有7座别墅，在罗马还有1座豪华住宅，他经常让阿提库斯给他提供珍贵的雕像和其他艺术作品，这些艺术品来自哥林多的作坊。西塞罗提到的两位最重要的建筑师，可能都是希腊人的后裔，主要在私人部门工作。第一位建筑师，被称为居鲁士威提乌斯（Cyrus），他是一个讲希腊语的人，并且他有独立的手段，能够选择自己的客户。关于他的社会地位，我们一无所知，他可能是一个自由民，尽管他的财富和生活方式表明他可能是一个外来居民（*peregrinus*）。人们一般认为，他是昆图斯·西塞罗别墅的建筑师，但是阿提库斯经常批评他，因为他在设计房子时总是会设计很大的窗户。他之所以这样设计，可能是为了能让人方便在别墅中观赏周围的田园风光提供更好的视野，也可能是为了让更多的阳光照进房间。居鲁士威提乌斯可能也为克劳狄·浦尔契（Clodius Pulcher）的超大别墅绘制了设计图，老普林尼将其比作"国王的可怕愚蠢行为"。不知道什么原因，西塞罗和克劳狄不仅是居鲁士威提乌斯遗嘱的见证人，而且也是他的继承人。第二位建筑师名叫克律西波·威提乌斯，他是个自由民，据说曾在居鲁士的建筑师事务所工作过。西塞罗之所以提到他，与公元前53年他收到的特巴提乌（Trebatius）的一封信有关，当时凯撒正在高卢发动战争，特巴提乌在那里服役。

维图维乌和奥古斯都统治时期的其他建筑师

从罗马帝国早期开始，建筑成为一项专门的职业，我们对建筑以及其中运用的技艺有了更多、更详细的资料。这在很大程度上归功于维图维乌，他保存了大量各种有关建筑工程主题的数据，如果没有这些数据，我们对建筑行业的理解可能更多的就只是臆断和猜测。但是，首先让我们结合维图维乌自己作品中的记载，看看他生活中的一些故事。

维图维乌说，他的家庭能够给予他任何一个有尊严的罗马公民所享有的教育，就像贺拉斯一样，他没有放弃给予他的机会。最初，他在凯撒的帐下服兵役（大约在公元前49年）。公元前44年凯撒去世后（这一时期他与屋大维交好），他负责监督攻城机器的建造和维修，并且在奥古斯都的妹妹奥克塔维亚（Octavia）的支持下，保住了这一职位。大约在公元前29年，他作为一名退伍军人离开了军队，受命设计一座建筑（可能是唯一以他的名字命名的建筑）：法努姆·福图奈（Fanum Fortunae）的大教堂。当他开始为《论建筑》的第一卷作序时，他可能已经不再是一名建筑师了，这部作品的前四卷很可能是在公元前27年之前完成的。他花了大约十年的时间才完成了这部作品，而且几乎可以肯定的是，整部作品大约是在公元前17年出版的。此后，就再也没有任何维图维乌的讯息了，包括他何时去世的，我们也不得而知。

随着《论建筑》的出版，人们可能会期望我们能更多地了解那些在奥古斯都规划的浩大工程项目中发挥了重要作用的人，这些浩大工程包括：广场、玛尔斯神庙（Temple of Mars Ultor）、帝王陵墓和帕拉丁山上的双

• 卡利马库斯从大自然中汲取灵感，设计了哥林多柱式

语图书馆。然而，在奥古斯都时代，只有一位建筑师的名字脱颖而出，那就是卢西乌斯·科凯乌斯·奥克图斯（Lucius Cockeius Auctus），从奥克图斯这个姓氏来看，我们猜测他很可能是希腊人。他的建筑资质主要记录在两个碑文中，一个在普特利，一个在科摩，这也在一定程度上说明了他的社会地位和职业地位。这位建筑师和工程师（如果说他是斯特拉波提到的那个人的话）是一个自由民，他为自己赢得了很高的声誉，并有着极其成功的职业生涯，这可能得益于他与L.科凯乌斯·涅尔瓦的良好关系。在涅尔瓦死后，奥克图斯与一位罗马公民建筑师波斯图米乌·波里奥建立了合作关系：共同经营一家建筑工程公司。

奥古斯都时代的一些建筑师的名字，我们主要是从过去的参考文献和老普林尼的作品中得知的。那些记录最详细的是与提多·威提乌斯相关的建筑实践，提多·威提乌斯是一位专门致力于公共建筑的建筑师，我们从格鲁门顿（Grumentum）发现的公元前43年的碑文中可以确认这一点。普林尼还提到了一位名叫瓦勒留（来自奥斯提亚）的建筑师，他为罗马一家剧院的建筑外观进行了设计，以纪念利伯（Libo）举办的公共运动会，这显然是在亚基帕（Agrippa）时代。同样，普林尼还提到了另外两位建筑师的名字，这两位建筑师与奥克塔维亚回廊包围的两座神庙联系在一起，这两座神庙分别是：朱庇特神庙和朱诺·蕾吉娜神庙。他告诉我们，这两位建筑师是来自斯巴达的拉栖代蒙人，他们的名字分别叫 *Saura*（意为"蜥蜴"）和 *Batrachus*（意为"青蛙"）。这两个滑稽可笑的名字（有可能是绰号）可能是对这两位建筑师的嘲讽，因为他们千方百计地将自己的名字刻在帕拉丁山的奥古斯都纪念碑上，为自己在永恒的名人堂中占据一席之地，但这一切仍然都只是我们的猜测，有时甚至连这些人的存在本身都是值得怀疑的，因为并没有任何其他证据可以证实他们的身份。

帝国时代的建筑师

从基督纪元的最初几年开始，我们就有了更多关于建筑师的信息，他们的名字与伟大的"建造者"皇帝发起的具体规划和建筑项目直接相关，尤其是尼禄（公元54—公元68年）、多米田（公元81—公元96年）、图拉真（公元98—公元117年）和哈德良（公元117—公元138年）。这些建筑师在帝国的行政事务中担任职位，根据他们的专业分配在不同的部门工作：例如，除了设计建筑外，一些建筑师负责确保罗马不间断的供水，其他人（*curatores viarum*）则掌理城外公路事务的维护和保养。现存的碑文记录表明，帝国皇室家族包括建筑师（奴隶和自由民），他们经常受雇在罗马的城外和首都执行建筑任务。我们还从资料中得知，有时候建筑师会从帝国最遥远的角落被召到罗马，为帝国的行政部门服务。在下面的段落中，我们将会看到几个特意挑选出来的与帝国大型建筑规划项目和纪念碑有关的建筑师，以及他们与赞助人的关系。

尼禄的建筑师塞维卢斯和凯莱尔

尼禄的计划雄心勃勃，他想在罗马为自己建造梦幻般的宫殿，这一宏伟工程的规划和实施委托给了两位建筑师：塞维卢斯和凯莱尔。尼禄的这座宫殿被称为金宫（Domus Aureus），这项工程涉及包括帕拉丁山在内的重新规划，它要将乡村小镇改造成大城市，这就要求对整个城市的平面图进行重新规划和修订。

塔西佗保存了这两位负责规划和建造金宫的建筑专家的名字，他认为这两位建筑师有不同的专长。塞维卢斯是建筑师和规划师，在麦克唐纳（MacDonald）看来，他在景观园艺方面有一定的造诣。而凯莱尔则负责设计机械和管道装置，这让后来的历史学家们惊叹不已。不管事情的真相是什么，可能是塞维卢斯卓越的才华、综合的素养和广博的学识为他赢得了备受追捧的"建筑博士"职位，在这个职位上他将负责罗马的重新规划和工程项目的全面监督。虽然我们对塞维卢斯的了解是非常零碎的，但他确实是罗马建筑界一个伟大的人物，他代表了帝国时代建筑的开端。

多米田的建筑师：拉比利乌

关于拉比利乌的文献资料也比较少，他也是一位杰出的建筑师，负责建筑和城市规划项目，该项目是由多米田皇帝发起的（公元81—公元96年），但一直没有完成。诗人马提亚尔总是竭力地取悦奉承皇帝，他写了两首讽刺短诗称赞拉比利乌和他的成就，甚至把帕拉丁山上的宫殿与星光璀璨的天堂相提并论。毫无疑问，拉比利乌对多米田统治时期帕拉丁山上建筑的修建，功不可没，正如我们看到的，奥古斯都时期双语图书馆的重建也应该归功于他。整个情况就是如此，我们甚至可以把多米田统治时期的所有宏伟的不朽建筑都归于拉比利乌，当然这尚未得到证实。

显然，多米田构想了一项宏大的重建计划，这项计划一旦完成，将改变罗马的历史中心，他可能委托由拉比利乌来执行这项计划。据说，拉比利乌设计了涅尔瓦广场，重建了卡皮托利山上的朱庇特神庙、维纳斯族谱神庙（Temple of Venus Genetrix），还参与设计了凯撒广场（Forum caesaris）以及皇帝在阿尔巴诺湖畔附近的别墅。这些建筑的废墟充分证明了拉比利乌卓越的艺术理念和高超的技术水平以及渊博的学识。公元96年，多米田被暗杀后，再也没有关于拉比利乌的音讯，拉比利乌在完成了涅尔瓦广场和维纳斯族谱神庙的建设后，涅尔瓦广场紧接着第二年就正式开放了。

大马士革的阿波罗多洛斯的影响

大马士革的阿波罗多洛斯运气很好，与其他跟随尼禄和多米田的建筑师一样，他非常幸运地在有生之年就看到自己的作品获得认可，他还在整个帝国赢得了较好的声誉。更重要的是，他还是唯一一位有幸在两位皇帝手下工作过的人，尽管这也可能是最终导致他死亡的原因。从图拉真在达契亚（Dacia）的战役中，阿波罗多洛斯第一次被提及，他成功地实现了皇帝在多瑙河上建造一座桥的野心，普罗柯比（Procopius）生动地描述了他的成就。他可能还出版了这一伟大工程的技术规范，从而推动了他事业的进一步发展，同时也为有关这一主题的文献增添了很多宝贵的内容。回到罗马后，图拉真很可能任命阿波罗多洛斯担任拉比利乌在多米田统治时期所担任的那个职位。尽管在公元104年之前，几乎没有任何关于重新规划和建设这座城市的任何实际行动，但在这一年，政府决定恢复、修订和完成许多在多米田死后尚未完成的项目。阿波罗多洛斯几乎和图拉真统治时期的所有建筑项目都有联系，有时他会按照自己的设计进行工作，有时会做总体项目主管，有时可能只是项目的顾问。特别值得一提的是，图拉真广场和图拉真浴场这两个大型公共建筑群也都是由他设计的。尽管在图拉真登基之前，这两个项目就早已完成了一部分，但阿波罗多洛斯无疑在上面留下了不可磨灭的印记。他独特的设计哲学将他与罗马巴洛克建筑的开端联系在一起，他的作品在某种程度上是对赫谟根尼和赫谟多洛斯所创立的希腊罗马传统的延续。在公元117年哈德良登基后，阿波罗多洛斯仍然做了很多年的帝国建筑师（*magister architectus*），因为在《罗马君王传》（*Historia Augusta*）中曾记录了他与这位新皇帝的具体合作项目。然而，哈德良对建筑的兴趣由业余爱好逐渐变成了一种痴迷，这也使他后来与阿波罗多洛斯之间发生了公开性的冲突。正如狄奥·卡西乌斯告诉我们的，即使面对皇帝本人的作品，阿波罗多洛斯也不愿意隐藏淡化他的看法，哈德良对此非常愤怒，他先是放逐了阿波罗多洛斯，之后又将他处死。

建筑师皇帝

我们对帝国时期的建筑师知之甚少，因为皇帝们都想独揽罗马所有的功绩。我们对于协助哈德良完成他的重大项目的建筑师和工程师更是知之甚少，因为哈德良一直坚信自己本人就是一位拥有伟大建筑师才华和能力的皇帝。狄奥·卡西乌斯在他的《罗马史》中说，哈德良喜欢尝试将不同的建筑柱式组合在一起以寻求创新。他在蒂布尔的著名别墅的废墟就是典型的体现创造力的有力证据，他从希腊古典时期和希腊化时期的建筑传统中吸取了很多营养。就罗马城而言，据说万神殿、维纳斯神庙和罗马神庙、图拉真神庙和许多其他建筑都是他的辉煌成就。然而，实际上，据说只有维纳斯神庙和罗马神庙确凿无疑的是由哈德良建造的。

在哈德良统治的整个时期，除了一位名叫德西亚努斯（Decrianus）的建筑师与皇帝合作重新安置一座巨型雕像，从而为维纳斯神庙和罗马神庙腾出空间以外，再也没有提到过其他的建筑师及其具体建筑项目。

从公元138年哈德良去世到查士丁尼大帝登基，几乎没有建筑师的名字流传下来。据说，一位名叫克林德（Cleander）的自由民建造了康莫杜斯（Comodus，公元180—公元192年）浴场，而密拉萨的某位名叫伯里克利的

图书馆建筑 ——罗马图书馆的类型、装饰、设施及其组织方式

• 维纳斯神庙和罗马神庙的部分剖面图（Léon Vandoyer绘制）

建筑师则受马森修斯委托重新设计和修复了维纳斯神庙和罗马神庙，这座神庙最初是由哈德良设计的。另一个非常有趣的证据来自一些莎草纸残篇，上面写着塞克斯都·朱利乌斯·阿非利加努受亚历山大·塞维卢斯的委托，在万神殿的塞维卢斯浴场附近设计一个图书馆……自公元19世纪末以来，这段文字中谈到的关于图书馆的具体位置问题引起了很大的争论。因为从万神殿以南一幢建筑中发现的遗迹来看，表明那座有争论的图书馆就在那里。

图书馆设计的基本规则

对于任何建筑而言，尤其是对于图书馆的设计，无论是大型建筑还是小型建筑，都必须有一些基本的参数和规则，这些参数和规则是建筑师在设计建筑或者储存莎草纸卷的图书馆时所需要的一些标准。据我所知，几乎没有希腊建筑师的名字与图书馆有关，如果说有的话，卡桑德里亚的亚提蒙（Artemon）可能在他的两本专业书籍《藏书》（*Collection of books*）和《书籍的使用》中包含了一些图书馆的设计原则。当然，瓦罗在他的《论图书馆》和与建筑有关的《自由艺术》(Artes liberals)两部作品中，都提到了图书馆设计的一些基本要求。尽管如此，这些书中的理论首先要与当地的环境条件、建筑朝向和光照时长等这些不可改变的客观条件联系起来。尽管很多建筑师都很清楚这些基本规则，但他们并不一定会把这些规则应用到实践之中。有时在城市的某个位置建造一座大型图书馆，还要看一下捐赠者捐助了多少钱，以及与之前的旧建筑在功能性上的结合性。因为这个图书馆有时可能是一个更大的、多用途的建筑综合体的一部分，有时可能是由其他功能的房间改建而成的。

图书馆中的图书保护规则

莎草纸卷以及其他书籍的最大"敌人"是潮湿和直接暴露在阳光下，这对书籍有毁灭性的影响。因此，最重要的事情是要确定图书馆的位置和朝向，防止气流通过门窗进入。图书馆的入口必须在东面，这样黎明前吹来的微风就可以驱除屋内的湿气。进入图书馆中的光照亮度也要恰到好处，便于阅读、注解和抄写，而不会对书籍造成任何损害。图书馆的正面不应该紧靠着主干道，这样就不会让与主干道平行的恒风吹入，避免湿气和空气中的各种有害颗粒物对书籍产生损害。因此，即使建筑师不能决定图书馆建在他们自己选择的理想地点，他们仍然必须在现有的条件下调整建筑的设计和朝向。

图书馆内部的照明主要来自门廊和扇形窗。一般来说，根据神庙的设计原则，图书馆的侧墙（书柜通常放在那里）上没有窗户。前门为图书馆提供通风和照明，通常由柱廊、带顶的门廊或庭院保护着。从公元1世纪起，罗马帝国东部各行省图书馆的标准做法是在其前墙上安装扇形窗，并用飞檐框起，这样也可以防止风雨的侵袭。然而，罗马大型图书馆（如图拉真广场的双语图书馆）的前墙和侧墙上是否有窗户，我们只能臆测。既然如此，我们不得不假定，使图书馆能够正常发挥阅览室和抄写中心作用的主要照明设施应该是人工制造的，即油灯。同样，在图书馆大厅两侧的辅助房间也是如此，这些房间被当作抄写室。从建筑学的角度来看，这将排除墙壁上可能有"采光井"的可能。

图书馆面临的最大的困难是如何保护它们不受潮湿的影响，尤其是那些独立于大型建筑群的图书馆更是如此，潮湿会以各种方式渗透进来：有时弥漫在空气中，有时会穿透侧墙（墙壁并不能做到完全隔绝），有时从地基和受潮的地面上升起的湿气会影响到地板、墙壁上的设施和天花板，如果图书馆建在斜坡上的话，有时洪水会渗入砖石结构或直接涌入图书馆的一楼。当然，人们也想尽了各种防止受潮的办法：一种是用碎瓦片代替沙子制成的砂浆，另一种是建造防护墙。这种防护墙是一种与外墙平行的内墙，两道墙中间形成一条隔离带（peristasis），隔离带的宽度可根据每个图书馆的具体情况而变化。隔离带既是一个隔绝防护的空间，也可在必要时作为排水沟，因为它的地面低于图书馆的地面，并且它有一个排水口，可以将水排出到室外。这些隔离带不仅可以解决图书馆建筑物内的潮湿问题，还可以提供一道防护屏障，将图书馆与邻近的建筑物和外面的街道、小巷隔离开来，因为这些街道和小巷在下暴雨时可能会变成洪水区。

在凯尔苏图书馆、帕伽玛附近的梅利特图书馆（library of Melitene）、尼姆（Nîmes）的图书馆以及在蒂布尔的"哈德良双语图书馆"等，都曾建造过类似的隔离带。

雅典的哈德良图书馆和很多广场和浴场图书馆的门上都有大的扇形窗，这些图书馆就没有得到足够的防护，因为大量的湿气可以从这些扇形窗中进来。而且，它们经常暴露在强风中，这样也会进一步缩短书籍的使用寿命。出于各种实用的目的，当时的人们一定经常不加限制地使用这些扇形窗。在普善佛（Pfeiffer）、吉斯蒙德（Gismondi）、伯格（Burg）和帕克（Packer）等在对塔穆加迪图书馆、图拉真广场的双语图书馆进行重建的建议中，他们已经考虑到了这些潜在的问题。

大型图书馆的特征

我们在第一卷中曾经详细讨论过柏拉图学园的图书馆和帕伽玛阿塔利亚（Attalid）国王的图书馆。从建筑特征上来看，这两座图书馆没有任何相似之处：柏拉图学园图书馆建筑的最大特征是绝对对称，而帕伽玛图书馆则是一个不规则的建筑群，它以寺庙前面的主图书馆建筑为核心，通过柱廊相互连接起来。

柏拉图学园的主要建筑是图书馆大厅，它位于整个建筑群的纵轴线上，两侧有房间，通向四面院落，院落四周环绕着柱廊。这一建筑理念为罗马帝国统治时期的广场图书馆和雅典哈德良图书馆的设计提供了范本。

凯撒被暗杀三年后（大约在公元前41年），以柏拉图学园图书馆、帕伽玛图书馆和亚历山大图书馆作为范本，阿昔纽斯·波里奥开始委托一些希腊或罗马的建筑师设计罗马的第一个公共图书馆。维图维乌对此毫不知情，他不仅没有直接提到这座公共图书馆，而且他对存放公共档案的公共档案馆（tabularia，公共档案的存放之处称为"tabularium"，复数形式为"tabularia"。罗马城有多处"tabularia"，但部分位于神庙之内）也没有作任何介绍。公元前39年后不久，这座图书馆就开始运转起来，这座图书馆是重建的"自由主义者"天井的一部分，那里存放着监察官的档案。据说，"自由主义者"天井的确切地点位于凯撒广场的西北部，在维纳斯神庙（Temple of Venus）的后面，位于连接卡皮托利山和帕拉丁山的堤岸上，换句话说，它是凯撒广场的一座"附属建筑"。

奥古斯都、屋大维和多米田的双语图书馆

如前所述，当奥古斯都重新开发帕拉丁山地区时，他在那里有建造双语图书馆的规划。罗马城图志中有这些图书馆的位置，它们在多米田统治时期

被改造修整过，最初的建筑样貌我们不得而知。维图维乌可能与这座图书馆的设计者相识，但是他依然对这座图书馆的具体位置缄默不语。普洛佩提乌对奥古斯都图书馆的丰富藏书感到非常惊叹，并对阿波罗神庙周围的地区赞不绝口，但除了从文献中收集到的一些资料外，我们没有其他可以用来重建这座图书馆的证据。

我们所掌握的关于奥克塔维亚图书馆的资料也少得可怜，这个图书馆——可能是双语图书馆——是在奥古斯都的妹妹奥克塔维亚的命令下建造的，建造这座图书馆的目的是纪念她死于公元前23年的儿子马凯鲁斯。菲利克斯（Félix Duban）曾经重新修建过奥克塔维亚图书馆，并描绘了整个图书馆建筑群的样貌，但其中大部分可能都是错误的。

此外，没有任何证据支持这样的假设，即多米田图书馆的建筑师的设计是基于奥古斯都时期的建筑样式。考虑到拉比利乌负责帕拉丁图书馆重建的建筑和规划，因此，他绝不可能是多米田双语图书馆的建筑师。罗马城图志中的城市规划图使人们能分辨出这些建筑的布局和特征，这种建筑类型后来也成为罗马以及各行省的图书馆建筑师尊崇和效仿的对象。

如果仔细观察罗马城图志，我们可以发现，多米田的双语图书馆是一座面向东北的长方形建筑，它由两个房间组成，前门被一个柱廊遮蔽。图书馆的内部完全对称。每个房间门口的两边都有一个与侧墙平行的柱廊，在房间后面的正中间有一个檐口，正对着入口。据推测，在希腊语和拉丁语区域里供奉着雅典娜和阿波罗的神像。不知什么原因，带有檐口的后墙有一点弯曲。底层的柱廊也是上部廊道的主要支撑。柱廊的柱座形成了一种有两个台阶的讲台，从台阶上可以通向书架，读者还可以坐在台阶上看书。图书馆每个房间侧墙上用来盛放书柜的矩形凹槽壁龛呈对称分布，这些壁龛的边框可能还用附墙圆柱进行了装饰。

罗马帝国图书馆的类型

正是多米田双语图书馆的建筑师——不管这位建筑师是拉比利乌还是其他人——开创了罗马大多数图书馆的特色，无论这些图书馆是独立的建筑还是更大的建筑群的一部分。图书馆的设计理念要求绝对对称，主要目的是让读者或参观者从踏进建筑的那一刻起，就能激发起他们的敬畏之情，从而让人意识到知识的神圣性；图书馆中供奉着的雅典娜神像或者那些被奉为神明的皇帝的雕像进一步加强了这种神圣性。图书馆里设有门厅，主入口的门经常被起到保护性作用的廊柱遮蔽。这些房间没有划分成各种走廊通道：它们的设计是任何人从前门进入，整个室内的全景就会整体地呈现在眼前。与侧墙平行的柱廊有一些实际的功用，因为除了有其他功用之外，它们还支撑着上层的柱廊，上层的柱廊除了作为存储书籍的空间，有时也作为画廊。图书馆不仅是读书的地方，也经常被当作演讲和辩论的礼堂，这就解释了为什么它们被布置成三面台阶的"圆形剧场"。这些阶梯除了可以作为通向书柜的通道，还可以将之当作观众的座位，此外，还有审美和功能性上的作用：一方面，它会为图书馆读者（无论是站着的还是坐着的）提供更好的观察所有书柜位置的视野；另一方面，它还可以防范洪水的破坏。每个图书馆的主要设备，即木质书柜（*armaria*或*scrinia*），大部分沿着侧墙对称排列，有时沿着供奉雕像的后墙两侧排列，但从来不会沿着前墙排列。从结构上看，存储书籍的壁龛通常是一些矩形的凹槽，大概位于墩座墙上方40厘米处，里面有带门的木质柜子。这些图书馆包括在图拉真广场的图书馆，哈德良在蒂布尔和雅典的图书馆，凯尔苏在以弗所、萨加拉萨斯和帖撒罗尼迦的图书馆和在帕伽玛的阿斯克勒皮厄姆的梅利特图书馆等。

• Porticus Octaviae的重建（Félix Duban绘制）

内部的设计与装饰

为了使图书馆彰显出宏伟华丽的外观，同时也为了向掌管图书馆的神致敬，图书馆的墙壁和地板通常都是用大理石进行装饰铺砌的。大理石的优点是它可以为图书馆提供隔离层，主要可以起到防潮的作用。从公元1世纪开始，图书馆的地板有时会用马赛克铺砌，如在萨加拉萨斯的图书馆地板就是用的马赛克。图书馆的墙壁一般是用大理石装饰的，至少到存放书柜的顶部都是用的大理石，再上面有时用的是灰泥，墙壁上画着壁画，或者装饰着希腊和罗马杰出学者的浮雕，这些浮雕是用陶土、灰泥甚至大理石做的。从哈德良统治时期开始，在极个别的情况下，墙面会用其他材料装饰，如哈德良图书馆的墙壁有些地方是用雪花石装饰的。但是，由于很多假设是缺少资料或者考古证据支撑的，因此，很多问题仍旧停留在假想的层面，如图书馆屋顶结构。可能有鞍形屋顶，也可能有单坡屋顶，还有可能为了某些实际需要，在屋顶中间建造一个"光井"。屋顶桁架下面是木质天花板，可能是为了提高室内空间的听觉效果，同时，天花板用精美的内嵌画或浮雕画装饰。

希腊罗马图书馆典型的装饰物是圆盾肖像（*imagines clipeatae*）。普洛佩提乌第一次造访帕拉丁山上新建的阿波罗神庙时，他对整个装饰的印象

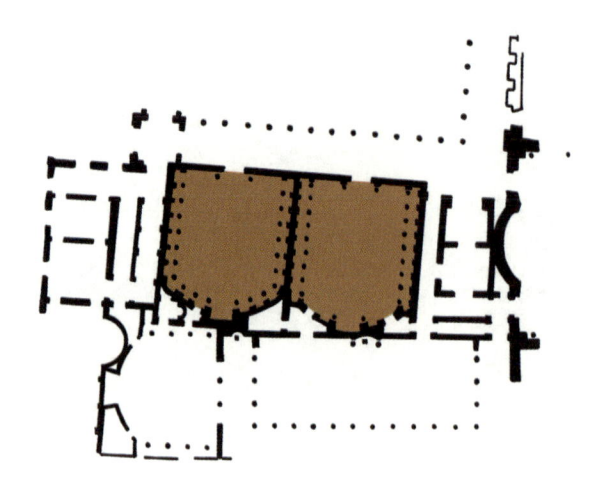

• 多米田双语图书馆平面图
（Henri-Adolphe Auguste Deglane绘制）

非常深刻，以至于后来他曾把它作为他故事的一个主题。甚至在波里奥把瓦罗的雕像放在罗马的第一个公共图书馆之前，罗马贵族就已经经常使用哲学家和诗人的半身像装饰他们的私人图书馆，比如，西塞罗在他写给阿提库斯的一封信中，他描述了在苏拉的图书馆时，感觉到亚里士多德在俯视着他。后来，随着罗马第一批公共图书馆和帝国图书馆的出现，将图书馆建造者的雕像摆放在重要的位置，不仅可以保证他能赢得公众的认可，而且也是每个作家或学者工作中迫切的渴求。马提亚尔为了确保自己不朽的名声，曾恳求塞克斯都在帕拉丁图书馆中紧挨着佩多（Pedo）、马苏斯（Marsus）和卡图鲁斯半身像的地方，为他的半身像保留一个位置。提比略皇帝曾下令在各公共图书馆摆放德鲁苏斯·朱利乌斯·格马尼库斯·凯撒（Drusus Julius Germanicus Caesar）和他儿子德鲁斯·朱利乌斯·格马尼库斯·凯撒的雕像，因为提比略认为他们都是杰出的天才，特别是后者曾翻译了阿拉图斯的《天象》，并将其献给了皇帝。从《罗马君王传》中我们得知，在图拉真广场上的乌尔比亚图书馆中有一尊努美利阿努斯（Numerianus）皇帝的雕像。

在为在世的作家树立雕像这方面，波里奥所倡议的为瓦罗树立雕像的做法并不是孤例。提比略不满足于对文学的审查，有时也会将这种审查扩大到艺术领域：例如，为了提升他喜好的诗人的地位——即欧弗里翁、帕提尼

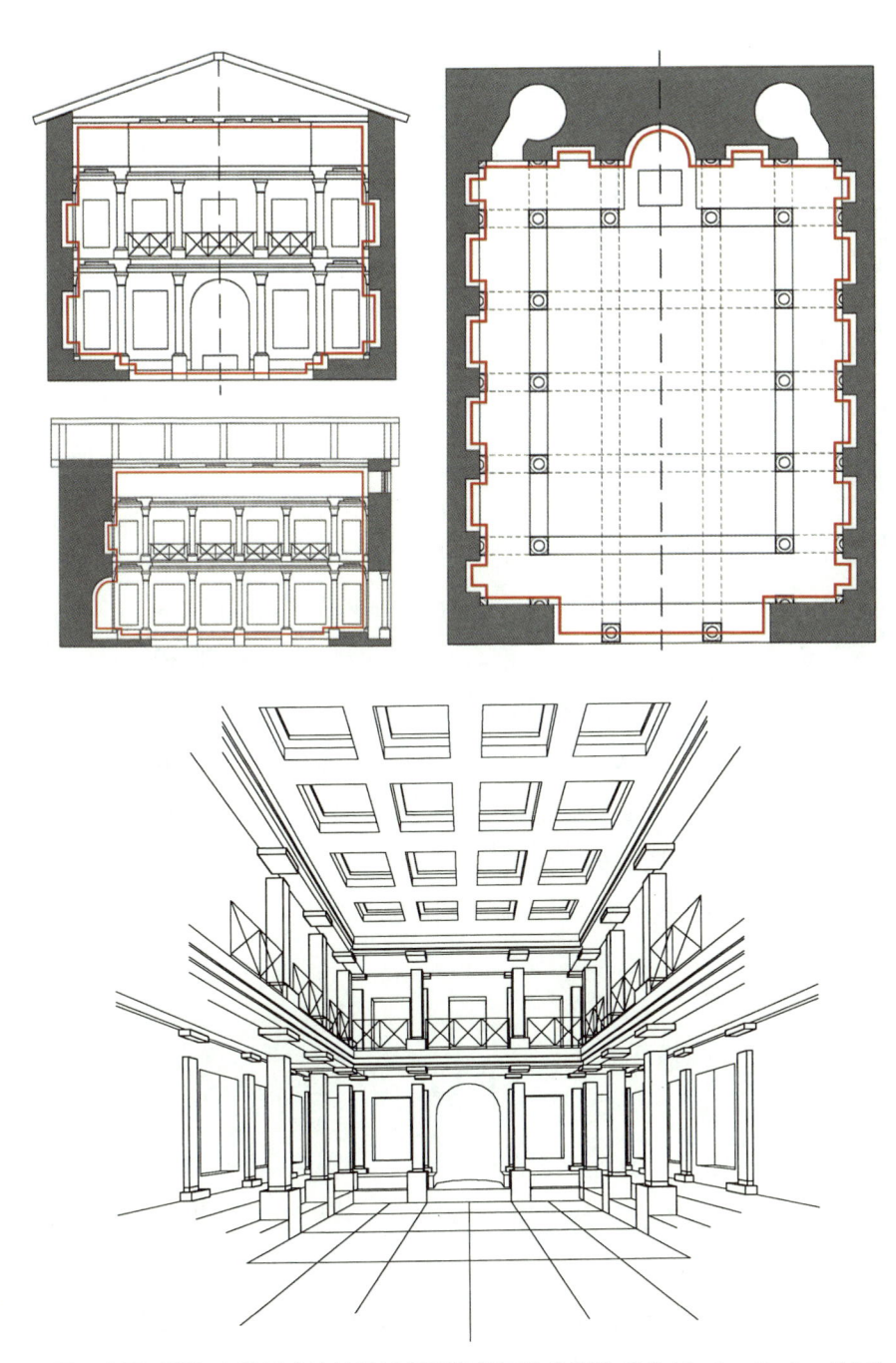

图书馆建筑 ——罗马图书馆的类型、装饰、设施及其组织方式

• 罗马帝国时期纪念性图书馆的设计原则和规则的推测性重构（K. Sp. Staikos绘制）

乌斯和里亚努斯——提比略命令把他们的半身像和诗歌都放在公共图书馆里。当帝国时期的作家提到其他作家的作品时，他们往往还会介绍这些作家的半身像：例如，小普林尼评论庞培·萨图尼努斯的文学风格时说："如果他与那些我们不了解的人是同时代的人，那么我们不仅应该搜寻他的作品的抄本，而且还应该去寻找他的半身像。"有作家在介绍西留斯（Silius Italicus）的别墅时说："在他每一栋别墅里，有大量的书籍、雕像和半身像，这些雕像和半身像不仅

• 公元4世纪一座私人图书馆的模制墙壁装饰的重建图

仅是被他保存着，并且还深受他的尊崇，特别是维吉尔的半身像。"最后，朱文纳曾嘲弄过那些拥有私人图书馆的人，他认为这些人是多米田统治时期贵族社会文化堕落的缩影："他们是没有学问的人，尽管你可能会发现他们的房子里塞满了克律西波的石膏像；他们最伟大的英雄是那些把亚里士多德或庇塔库斯的雕像带到他们面前，或让他们的书架上摆放克林塞斯雕像的那些人。"

书柜

在公共图书馆中，最常用来存放书籍的容器——主要是为了保护易破损的莎草纸卷不受潮——是木质的柜子，在一些文献资料中通常被称为 loculamentum 或 nidus。并没有任何罗马时期大型图书馆中的书柜图片或相关的确定资料流传下来，如今我们只能尝试根据幸存下来的木质柜子重现那些书柜的模样，而这些幸存下来的木质柜子并不是用来储存莎草纸卷

图书馆建筑 ——罗马图书馆的类型、装饰、设施及其组织方式

SCHEMA VOLUMINUM, IN BIBLIOTHECAM ORDINE OLIM DIGESTORUM, Noviomagi in loco Castrorum Constantini M. hoʒ diedum in lapide reperto excisum.

· 罗马浮雕雕刻

的。因此，为了尽可能完整详实地描述当时的大型图书馆，我将提出一个关于书柜建造和安装设计理念的假设。

　　基于功能和审美上的需求，人们会将书柜建在墙壁上的矩形壁龛中，壁龛约有60厘米深。如我们之前所提到的，这些壁龛在距离地面或墩座墙上方约40厘米的位置，这样就可以避免发洪水时书柜被水浸。它们的宽度通常在1.5米左右，高度一般不会超过1.7米，这样一来，图书管理员就不用站在脚凳上摆放图书了。但是，建筑师最关心的还是保护木质书柜在墙壁中不受潮，并为它们提供内部的自然通风。最可靠有效的方法是把书柜放在壁龛中，在它们和墙壁之间微微留下一些间隙，这样流动的空气就会在木质书柜和石头墙壁之间形成一个保护层。书柜的内部设计也有讲究，它最好可以容纳下一部多卷本的著作（从2卷到30卷或更多）。每个书柜都用水平隔板分隔开来，这样莎草纸卷就不会堆叠在一起，可以让书籍充分接触到外部空气。在

公共图书馆存放的莎草纸卷（包括 omphalos，即带有卷轴的莎草纸卷）的宽度一般不超过40厘米，并且通过在分类架上设置小隔段的方法，使书柜内部的各个侧面都能形成一个空气保护层。然后，书柜门（可能是两扇，也可能是四扇）不能做得太密闭以防柜子内部发霉，门板必须由木制的或金属制的带有间隙的网格做成，这样即使书柜很少打开或一直处于关闭状态，空气也可以通过这些缝隙进出从而得到循环。

大型图书馆的巴洛克建筑特征

从现存的帝国时期图书馆的外观和一些大型图书馆主厅的室内设计和布局的某些的特征来看，所谓的罗马巴洛克风格是从公元1世纪晚期引进的。但在探讨这些例子之前，我觉得应该首先谈谈罗马巴洛克建筑风格的鲜明特点。劳伦斯（Lawrence）提出李西克拉特纪念碑（Monument of Lysicrates）"是典型的巴洛克式建筑"。沃尔夫林（Wölfflin）指出，运动与变化是巴洛克风格的一个重要特征。之后，人们已经在对以巴洛克风格闻名的希腊罗马文明历史遗迹的研究和分类方面取得了很大的进步。巴洛克风格的建筑样式可以追溯到公元2世纪早期到公元3世纪，即罗马帝国时期。

这种建筑概念的起源可以追溯到公元前4世纪的希腊，当时的人们开始区分建筑的正面和实际的结构框架。显然，正是在这一趋势下，哥林多柱式才开始得以整体性的演化和发展，并在托勒密时期的亚历山大里亚逐渐得到完善和精良。虽然没有任何从托勒密时期的亚历山大里亚保存下来的这种柱式的样例，但是，它在托勒密亚（Ptolemais）的 Palazzo delle colonne 的影响却是显而易见的。

属于同一类别的其他建筑包括佩特拉（纳巴泰人的首都）的陵墓和寺庙的岩石凿成的浮雕立面：纳巴泰人的庙宇和哈斯内与德伊尔（el-Khasne 和 el-Deir）的陵墓。此外，这种风格在近东和北非的一些地方也可以找到，包括可以追溯到公元1世纪的巴贝克（Baalbek）的宙斯神庙和巴尔米拉

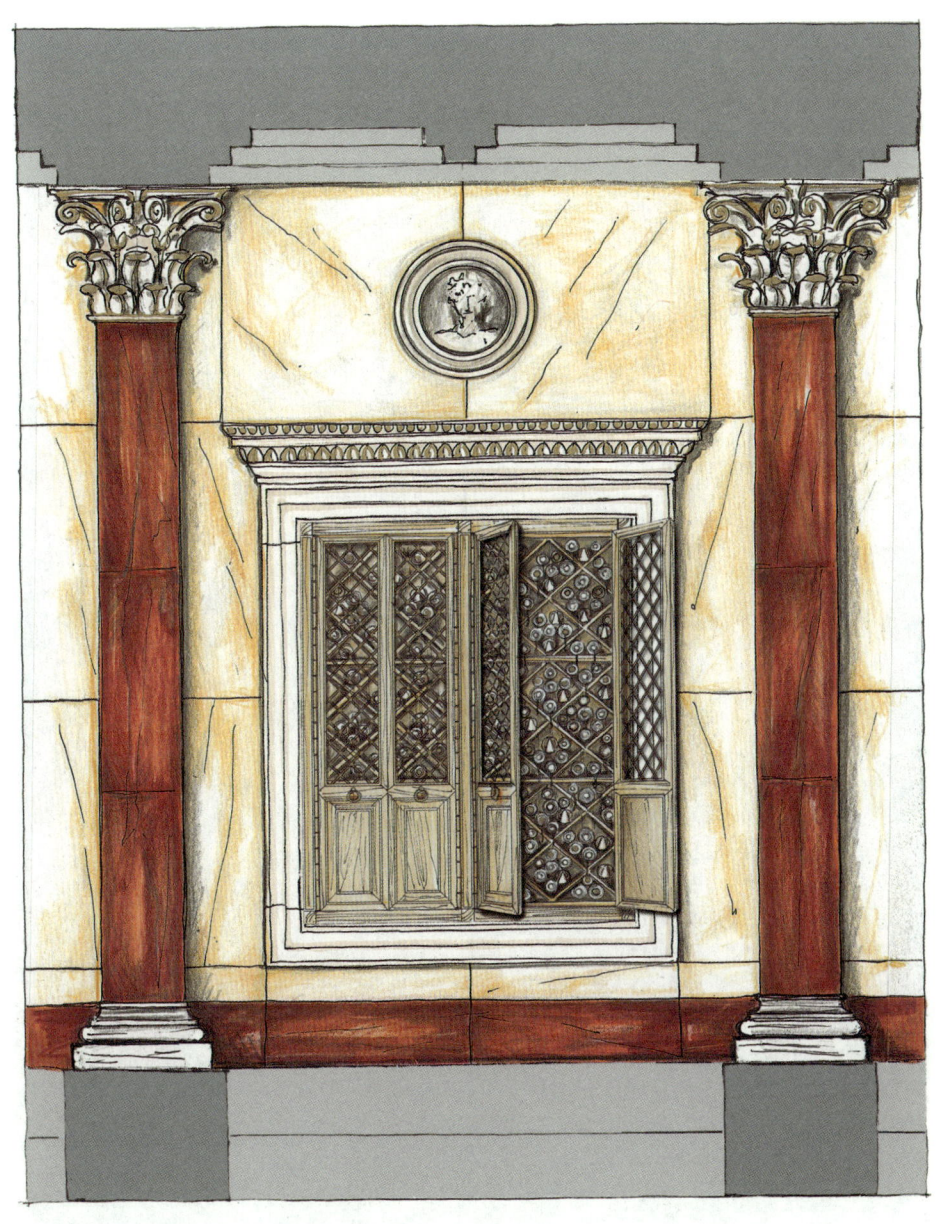

图书馆建筑 ——罗马图书馆的类型、装饰、设施及其组织方式

• 罗马帝国时期书架的推测性重建（K. Sp. Staikos绘制）

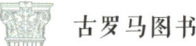

| 古罗马图书馆史 | 从罗马世界拉丁文学的起源到罗马帝国的私人图书馆

• 佩特拉的财政部（图片来自：Dora Minaidi）

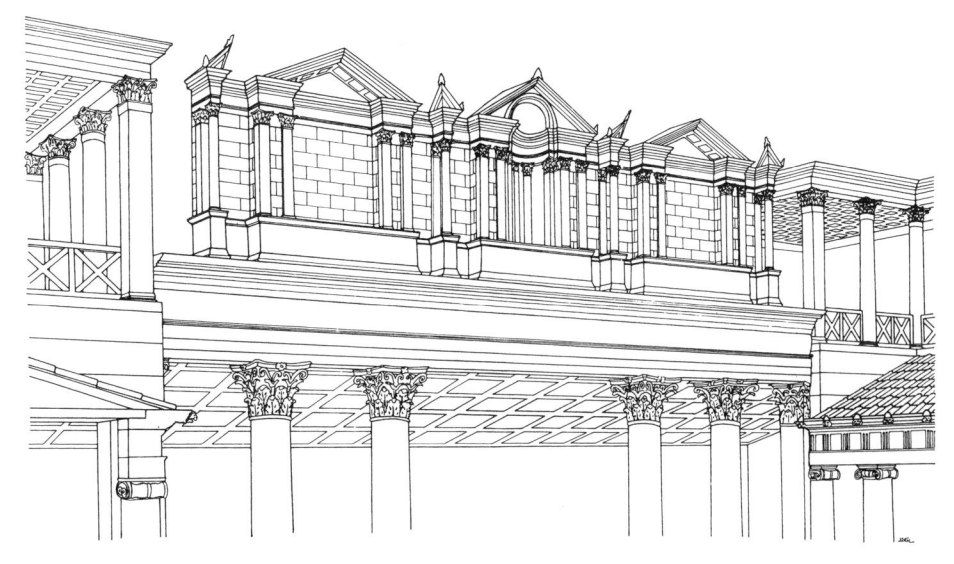

图书馆建筑 ——罗马图书馆的类型、装饰、设施及其组织方式

・托勒密亚的科隆宫（Palazzo delle Colonne绘制）

（Palmyra）的贝尔神庙；以及可以追溯到公元2世纪的阿塔利亚（Attaleia）的哈德良拱门、阿斯潘都的剧院和萨加拉萨斯剧院的幕后墙（*scaenae frons*）。

图书馆管理和日常工作

罗马世界公共图书馆的历史与罗马皇帝的个性密切相关，在整个帝国时期，罗马皇帝对图书馆有着强有力的管控。更重要的是，他们与文学圈子的关系决定了每个作家及其作品的命运，正如我们经常提到的那样。因此，图书馆成为皇室的一个管理部门，由皇帝完全信任的人领导：图书馆的负责人经常同时在皇帝的宫廷中担任其他要职，如可能是皇帝的"信件官"（*ab epistulis*）。早在奥古斯都统治时期，我们就了解到，庞培・玛凯尔和海因努斯（Hyginus）被任命为帕拉丁图书馆的馆长，而语法学家盖乌斯・麦里梭则是奥克塔维亚图书馆的馆长。在图拉真统治时期，苏维托尼乌斯也担任这

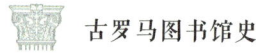

一职务，后来他被解雇后，由哈德良的导师卢西乌斯·朱利乌斯·维斯特努斯（Lucius Julius Vestinus）接替，他来自亚历山大里亚，曾经是亚历山大博物馆的负责人。一段时间以后，在罗马的广场和公共浴场有了很多公共图书馆和皇室图书馆，因此，有必要对它们进行更有组织性的监督和管控。我们发现某位名叫提比略·朱利乌斯·巴普斯（Tiberius Julius Pappus）的人，他是一位希腊裔的罗马公民，被称为"图书馆管理员"：*supr[a] bybliothecas omnes Augustorum ab Ti Caesare usque ad Ti Claudium Caesarem*（"从提比略到克劳的所有皇帝的图书馆"）。我们之前还提到过，在图拉真统治时期，安尼乌斯·波图姆斯（Annius Postumus）是广场上双语图书馆的主管。

在图书馆馆长的命令下，一群受过良好教育、训练有素的奴隶作为图书

- 墓碑上刻有普鲁斯（Prouses）的名字，他是米涅克拉特（Menecrates）的儿子，死于二十四岁

- 一幅带有不寻常构图的墓葬浮雕：顶部是一个男人和一个女人之间的握手，下面是一种乐器（纳布拉或纳布拉斯），一张部分展开的莎草纸和一些文字暗示。1994年在迪翁发现的

馆管理员，他们的头衔是 *promus librorum*：他们不仅负责将图书摆放在合适的位置，还负责抄写和保存书籍手稿。他们的名字并没有在文字资料中流传下来，但是在放骨灰瓮的壁龛里的墓葬碑文中有一些记载。其中有两个为人所知的名字，亚历山大和安提奥库斯，"凯撒·奥古斯都·日耳曼库斯的奴隶，阿波罗神庙希腊图书馆的亚历山大，他活了三十岁"，还有"提比略·克劳狄·凯撒的奴隶，阿波罗拉丁图书馆的苏皮西乌·泰勒斯·安提奥库斯"。

我们还从一篇碑文中得知，皇室图书馆的工作人员还会得到医疗服务，并且图书馆中专门有一个"图书馆医师"(*medicus a bybliothecis*)的头衔：这个职位由一个名为提比略·克劳狄的自由民担任。

盖留斯描述了他寻找书籍的旅行，并讲述了一些事件，这些事件清楚地表明当时的很多图书馆都非常有活力和生机，比如在赫洛德斯·阿提库斯的别墅图书馆、蒂布尔的赫拉克勒斯神庙和帕拉丁的提比略图书馆。正如前面提到的，盖留斯告诉我们，有一次他和一些朋友谈话，谈话的主题是关于某位名叫马库斯·加图·涅波斯的人的身份。在《罗马君王传》(*Historia Augusta*)中保存了一段关于书架编号的信息，这表明当时存在着某种图书分类体系，这种分类体系可能沿袭了卡利玛库斯的目录分类传统。

古代图书馆的日常运作和借阅政策是否有规章制度？这又是一个几乎没有证据可以明确证明的问题。正如我们所看到的，在雅典的潘泰诺斯图书馆中，不仅有明确的图书馆规章制度，而且还会将这些制度张贴在显眼的位置。关于罗马的公共图书馆的图书借阅问题，据推测，它们只在特定日子的特定时间对公众开放，但在帕拉丁山上的图书馆，情况肯定不是这样，那里图书馆的开放时间和借阅政策完全掌握在皇帝和他的亲信手中。马库斯·奥勒留在登上皇位之前，他写了一封信给他的导师弗龙托(Fronto)，告诉他，他从帕拉丁图书馆借阅了一些关于加图演讲的书籍，他希望能够说服泰伯伦(Tiberian)图书馆管理员，让弗龙托也可以从那里借到图书。

附录

希腊罗马世界的图书馆
——从前苏格拉底时期到罗马帝国晚期

埃迦伊
私人的 267

埃里亚卡匹托里那
哈德良的档案图书馆 264-265

埃·哈奴姆
欧克拉提德一世的宫廷图书馆 KSI, 256-257

亚历山大里亚
哈德良的档案图书馆 263-264
博物馆（托勒密王朝的宫殿图书馆）KSI, 168-174
塞拉皮雍 KSI, 174, 176-177

安科那
来自庞培的战利品 110

安提阿
塞琉古的宫廷图书馆 KSI, 257- 259

安齐奥
西塞罗的私人图书馆 82, 86

阿佛洛狄西亚
杰森的私人图书馆 289

阿波罗尼亚
体育馆 151

阿尔皮诺
西塞罗的私人图书馆 82, 88, 89

阿图拉
西塞罗的私人图书馆 110

雅典
国家博物馆
雅典卫城 KSI, 76-77
庇西特拉图的 KSI, 74, 76-77

学院图书馆

伊壁鸠鲁的 KSI, 108-109

哈德良的 248-255

吕克昂学园 KSI, 106, 108, 115, 118-119

潘泰诺斯的 232-236

柏拉图的 KSI, 105-106

斯多葛学派的 KSI, 109-110

体育馆图书馆

雅典的青年会所 KSI, 260

私人图书馆

亚贝里康 KSI, 123-125

亚里士多德 KSI, 112, 114-115

赫洛德斯·阿提库斯 245-247

涅留斯 KSI, 120-121

柏拉图 KSI, 93, 96-97

塞维乌斯·克劳狄 82-83

塞奥弗拉斯特 KSI, 119-120

布隆狄西

阿提库斯的私人图书馆 97

布拉雷吉雅

公共的 295-296

布特罗图姆

阿提库斯的私人图书馆 97

卡比拉

米特拉达梯六世的皇室图书馆 76

迦太基

靠近广场的公共图书馆 293-295

卡西努

瓦罗的私人图书馆 67

考尼亚

阿提库斯的私人图书馆（阿玛塞亚）92-93

尼都斯

图书存储库 273

科摩

公共的，普林尼赠送的 199

哥林多

公共的，在古市场 299

科斯

阿斯克勒皮厄姆 274-276

体育馆 KSI, 260

克罗通

菲罗劳斯的私人图书馆 KSI, 80

库迈

西塞罗的私人图书馆 82, 83

塞浦路斯

私人的奈柯克拉底的图书馆 KSI, 74

德洛斯

私人图书馆 267

德尔斐

体育馆 241

德托纳

公共的 224

狄翁

狄奥尼索斯的别墅 270-271

狄拉基乌

公共的 236

以弗所

凯尔苏的（公共的）237-241

埃皮道伦

阿斯克勒皮厄姆 276

埃雷特里亚

Great House IB 267

尤亚，基诺里亚

赫洛德斯·阿提库斯的私人图书馆 245-247

福米埃

西塞罗的私人图书馆 82, 86

哈利卡尔纳苏斯

公共图书馆 287-289

赫拉克利亚

斯塔提留的（公共的）289

赫丘兰努

帕比里的别墅（私人的）227-230

劳伦图

普林尼的私人别墅 200

马拉松

赫洛德斯·阿提库斯的私人图书馆 245-246

密拉萨

公共的 290

尼姆

"狄安娜神庙" 296-297

尼萨

体育馆 KSI, 291-292

奥斯提亚

公共的 299

帕特莱

公共的 100, 115

培拉

私人的 267, 269

帕伽玛

阿斯克勒皮厄姆 278-280

阿塔利亚的宫殿图书馆 KSI, 250-252

体育馆图书馆 KSI, 231, 290

佩尔格

公共的 299

费拉德尔菲亚

公共的 92

腓立比

在广场上（公共的）284-286

比雷埃夫斯

体育馆 KSI, 260

庞贝

米南德的官邸（私人的）226

小型家庭教堂 224

食品市场 224

福耳图那神庙 224

广场的会议场所 224

普鲁萨

迪奥·克里索斯托姆的（公共的）308

普特利

西塞罗的私人图书馆 82, 89

罗得岛

体育馆 KSI, 260

罗地亚波利斯

赫拉克利特赠送的 300

罗马

公共的

阿西尼乌斯·波里奥的 131-133

阿文廷山上的"博物馆" 32

万神殿 299

私人的

阿西尼乌斯·波里奥的 132

阿提库斯的 96

西塞罗的 82

高奈留和福斯图斯·苏拉的 83

以巴弗提的 202

法弗里努斯的 245

马凯纳斯的 121

马库斯·奥勒留的 363

桑莫尼库斯的 202

提拉尼奥的 76, 83

帝国的

帕拉丁山上奥古斯都的 133, 134, 136

奥古斯都的（私人的）299

帕拉丁山上多米田的 184

戈尔迪安二世的 202

奥克塔维亚的 137

帕拉丁山上提比略的 184

在帝国议事广场

图拉真的广场 184-188

韦斯帕西安的广场 179-180

在浴场中

卡勒卡拉的 194

戴克里先的 196

尼禄的 191

图拉真的 191, 194

萨宾的领地

马凯纳斯和贺拉斯的(私人的) 121, 161

萨加拉萨斯

塞威里亚努的(公共的) 280-284

萨摩斯

波吕克拉底的 KSI, 74

司凯昔斯

涅留斯的私人图书馆 KSI, 120-121

昔居翁

克利斯提尼的 KSI, 74

昔德

在公共的市场 299

昔诺佩

米特拉达梯六世的皇室图书馆 76

士每拿

附属于荷马纪念院的公共图书馆 231

索利,塞浦路斯

公共的 299

苏埃萨·奥伦卡

玛蒂迪亚的(公共的) 224

叙拉古

锡拉库扎 231, 307

叙罗斯

斐瑞居德的私人的图书馆 KSI, 80-81

忒奥斯

亚贝里康的私人的图书馆 KSI, 123

塔穆加迪

罗加蒂纳斯的(公共的) 290-293

帖撒罗尼迦

公共的 265-267

蒂布尔

哈德良的帝国图书馆 255-263

大力神神庙(公共的) 256-257

图斯库鲁姆

私人的

西塞罗的 82

卢库鲁斯的 73-74

沃尔西尼

公共的 224

索引

A

Academy of Plato 柏拉图学园 3, 57, 65, 66, 110, 248, 310, 343

Accius, Lucius 阿西乌斯, 卢西乌斯 64, 107, 169, 211

Achillas 阿基拉斯 65

Achilles 阿喀琉斯 283

Acron 阿克龙 48

Acropolis（Athens）卫城（雅典）110, 248, 320

— Cicero's residence 西塞罗的住所 110

Actium 阿克兴 119, 151, 230

Adrianople 阿德里安堡 243

Aegae 埃迦伊 267

— library 图书馆 267, 320

Aelius Antipater 埃利乌斯·安蒂帕特 205, 219

Aelius Aristides（Theodorus）埃利乌斯·阿里斯提德（塞奥多洛）204, 218, 223, 245, 248, 312

Aelius Herodianus 埃利乌斯·希罗迪亚努斯

Aelius Saturninus 埃利乌斯·萨图尼努斯 139

Aelius Stilo 埃利乌斯·斯提罗

Aelius Tubero, Quintus 埃利乌斯·图伯洛, 昆图斯 24, 46, 47, 58

Aemilius Macer 艾米留斯·玛凯尔 121

Aemilius Paullus Macedonicus, Lucius 艾米留斯·保卢斯·马其顿，卢修斯 5, 9, 46, 114, 196, 203

— his library 他的图书馆 46

Aemilius Scaurus, Mamercus 艾米留斯·斯考鲁斯，玛迈库斯 139, 176

Aeneas 埃涅阿斯 35, 114, 122

Aeschylus 埃斯库罗斯 34, 329

Agamemnon 阿伽门农 139

Agatharchus, scene-painter 阿加塔库斯，布景画师 329

Agathocles, ruler of Syracuse 阿伽索克莱，叙拉古的统治者 56

Alba 阿尔巴 110

Alcaeus of Messene 墨西涅的阿凯乌斯 48, 59

Alexander, librarian 亚历山大，图书管理员 136, 362

Alexander of Aphrodisias 阿佛洛狄西亚的亚历山大 289

Alexander of Ephesus 以弗所的亚历山大 84

Alexander the Great 亚历山大大帝 3, 84

Alexander of Miletus 米利都的亚历山大 71

Alexander Severus, Emperor 亚历山大·塞维卢斯，皇帝 190, 191, 339

Alexandria 亚历山大里亚 3, 65, 77, 90, 106, 133, 136, 138, 163, 166, 184, 190, 201, 219, 223, 230, 231, 244, 264, 281, 295, 300, 320, 327, 343, 357, 361, 364

— libraries 图书馆 65, 138, 219, 287, 320, 343, 373

Alexis 阿莱克斯 38

Amalthea (Amaltheum), Atticus's villa 阿玛塞亚，阿提库斯的别墅 92, 93, 96, 97, 112, 113, 236

Amastris 阿玛斯特里斯 76

Ambivius Turpio 安比维乌·图尔皮奥 169

索 引

Amisus 阿米苏 76

Ammianus Marcellinus 阿米安努斯·马凯利努斯 180, 186, 202

Ancona 安科那

Ancus Marcius 安库斯·玛修斯 14

Annaeus Cornutus, Lucius 阿奈乌斯·考努图斯, 卢西乌斯 144, 157

Annius Postumus, library supervisor 安尼乌斯·波图姆斯, 图书馆监管 361

Antaeus, Atticus's copyist 安泰俄斯, 阿提库斯的抄写员 89

Antimachus of Colophon 科罗封的安提玛库斯 242

Antioch 安提阿 3, 7, 108, 188, 190, 230, 243

— library 图书馆 320

Antiochus, librarian 安提奥库斯, 图书馆员 136, 362

Antiochus IV Epiphanes 安提奥库斯四世埃庇芳尼 331

Antiochus of Ascalon 阿斯卡隆的安提奥库斯 65, 67, 77, 110

Antipater, L. Caelius 安蒂帕特, 凯留斯 85, 111

Antipater of Sidon 西顿的安蒂帕特 54

Antium 安齐奥（意大利拉丁姆的海滨城市，因建有命运女神的神庙而驰名）5, 80, 83,

— library 图书馆 80, 320

Antoninus Pius, Emperor 安东尼努斯·庇乌斯, 皇帝 245, 276, 284, 299

Antony, Mark (Marcus Antonius) 安东尼, 马可（马库斯·安东尼努斯）67, 78, 131, 132, 212, 284

Apellicon of Teos 忒奥斯的亚贝里康 75

— library 图书馆 75

Aphrodisias 阿弗罗狄西亚 287, 288

— library 图书馆 287-288, 320

Apollodorus of Athens 雅典的阿波罗多洛斯 163, 164

Apollodorus of Damascus, architect 大马士革的阿波罗多洛斯, 建筑师 185,

191, 194, 214, 215, 243, 262, 337, 342, 360, 361

— architect of Library of Celsus 凯尔苏图书馆的建筑师 360-361

— designs Baths of Trajan 设计图拉真浴场 191

— designs Trajan's Forum 设计图拉真广场 185, 337

— his life 他的一生 215

— his relations with Hadrian 他与哈德良的关系 337

Apollodorus of Pergamum 帕伽玛的阿波罗多洛斯 119, 151

Apollonia 阿波罗尼亚 97, 151

— library 图书馆 97, 151, 320

Apollonius Molon 阿波罗尼乌斯·莫隆 58, 77

— his life 他的一生 58-59

Apollonius Rhodius 罗狄乌斯的阿波罗尼乌斯 128

Apollonius 阿波罗尼乌斯 372

Appian of Alexandria 亚历山大里亚的阿庇安 223

Appius Claudius Caecus 阿庇乌斯·克劳狄·凯库斯 107

Aquila 阿揆拉 308

Aratus of Soli 索利的阿拉图斯 125, 352

Araus, Atticus's copyist 阿劳斯，阿提库斯的抄写员 112

Arcesius, architect 阿塞西乌斯，建筑师 153, 329

Archelaus 阿凯劳斯

Archias, grammaticus 阿尔基亚，语法学家 201

Archias of Corinth, architect 哥林多的阿尔基亚，建筑师 306

Archias of Pergamum 帕伽玛的阿尔基亚 278

Archimedes 阿基米德 306

architects 建筑师

— Apollodorus of Damascus 大马士革的阿波罗多洛斯 337

— Archias of Corinth 哥林多的阿尔基亚 306

索 引

— Celer 凯莱尔 335-336

—Cornelius , Lucius 高奈留, 卢西乌斯 331-332

— Cyrus 居鲁士 332-333

— Fuficius 富斐西乌 329

— Greek architects in Rome 罗马的希腊建筑师 330-331

— Hadrian, the architect emperor 哈德良, 建筑师皇帝 338

— Hermodorus of Salamis 萨拉米的赫谟多洛斯 330-331

— Hermogenes 赫谟根尼 330-331

— Julius Africanus, Sextus 朱利乌斯·阿非利加努, 塞克斯都 339

— Mucius 穆西乌斯 331

— Pericles of Mylasa 密拉萨的伯里克利斯 339

— Rabirius 拉比利乌 336

— Roman architects 罗马建筑师 331-339

— Septimius, Publius 塞提米乌, 普伯里乌 370

— Severus 塞维卢斯 335-336

— Silenus 西勒诺斯 329

— Valerius of Ostia 奥斯提亚的瓦勒留 334

— Vettius, Chrysippus 威提乌斯, 克律西波 333

— Vettius, Titus 威提乌斯, 提多 334

— Vitruvius 维图维乌 333

architecture 建筑

— an architect emperor 建筑师皇帝 338

— architectural drawings 建筑绘图 328

— baroque features 巴洛克风格特征 354, 356-361

— books on architecture 建筑书籍 330

— bookcases 书架 353-355

— decoration 装饰 349, 352-353

— Domitian's library 多米田的图书馆 345

— Greek architects in Rome 罗马的希腊建筑师 330-331

— interior architecture 内部建筑 348-351

— library architecture 图书馆建筑

— lighting 照明 340

— principles of library security 图书馆的安保原则 340-341

— responsibilities of an architect 建筑师的责任 328-329

— Roman architects 罗马建筑师 331-339

— the writing of *De architectura* 《论建筑》的写作 327-330

— typology of imperial libraries 帝国图书馆的类型 345-348

— Hadrian's, at Alexandria 哈德良的, 在亚历山大里亚 263

Ariarathes, son of Mithradates VI 阿里亚拉塞斯, 米特拉达梯六世的儿子 76

Aristarchus of Samothrace 萨莫色雷斯岛的阿里斯塔库 155

Aristarchus of Tegea 太盖亚的亚里达古 35

Aristocles of Pergamum 帕伽玛的阿里斯托克勒 245

Ariston of Alexandria 亚历山大里亚的阿里斯通 77, 110

Aristonicus, King of Pergamum 阿里斯托尼卡, 帕伽玛的国王 59

Aristophanes 阿里斯托芬 89, 369

Aristophanes of Byzantium 拜占庭的阿里斯托芬 369

Aristotle 亚里士多德 74, 75, 83, 84, 85, 97, 111, 201, 257, 289, 349, 353

— library 图书馆 75

Arius Didymus of Alexandria 亚历山大里亚的阿里乌·狄狄姆斯 119, 151

armarium or scrinium 木质的柜子 353

Arpinum 阿尔皮诺（西塞罗的出生地）5, 77, 80, 88, 89

— library 图书馆 80, 320

Artemidorus of Ephesus 以弗所的亚底米多罗 198

Asclepiades of Prusa 普鲁士的阿司克勒彼亚得 75, 109, 142

— correspondence with MithradatesVI 与米特拉达梯六世的书信 75

Asclepiades of Samos 萨摩斯的阿斯克勒皮亚德 75, 142

Asclepieum libraries 阿斯克勒皮厄姆医神庙图书馆 272-273

 — of Cos 科斯的 273, 276

 — of Epidaurus 埃皮道伦的 376-378

 — of Pergamum 帕伽玛的 264, 278-280, 341, 348

Asclepieum of Tralles 特腊勒斯的阿斯克勒皮厄姆医神庙 329

Asclepius 阿斯克勒庇俄斯 272, 273, 278

Asculum, near Ancona 阿斯库鲁（意大利中部城市），安科那附近 110

 — library 图书馆 110, 320

Aspendus 阿斯潘都 357

Astura 阿图拉 110, 320

 — library 图书馆 110, 320

Ateius Praetextatus ('Philologus'), Lucius 阿泰乌斯·普拉特克斯（"非罗罗古"），卢西乌斯 5, 70

 —his life 他的一生 70-71

Atella 亚提拉 22

Athenaeum 雅典学校 184

Athenaeus of Naucratis 瑙克拉提（地名）的阿塞奈乌斯 73, 200, 201, 231, 306

Athenodorus (Calvus) of Tarsus 大数的雅典诺多洛 89, 112, 154

Athens 雅典（地名）5, 7, 44, 45, 48, 49, 50, 56, 57, 64, 65, 67, 70, 74, 77, 82, 90, 92, 93, 96, 97, 100, 110, 128, 133, 141, 163, 188, 204, 212, 218, 232, 235, 236, 237, 243, 244, 263, 264, 265, 272, 295, 300, 310, 342, 360, 364

 — libraries 图书馆 320

Atrectus, bookseller 阿特莱图斯，书商 164

 — handles Martial's works 处理马提亚尔的作品 164

Attaleia 阿塔利亚 357

Atticus, T. Pomponius 阿提库斯, 庞波纽斯 5, 80, 82, 83, 84, 85, 86, 88, 89, 90, 91, 92, 93, 96, 97, 100, 110, 112, 113, 114, 115, 141, 142, 164, 173, 174, 196, 202, 203, 217, 245, 307, 332, 349

— access to libraries 进入图书馆 90

— Amalthea villa 阿玛塞亚别墅 92, 93, 96, 97

— buys books for Cicero 为西塞罗购买书籍 82-84

— Cicero's publisher 西塞罗的出版商 85, 86, 88-92

— correspondence with Cicero 与西塞罗的通信 82-85

— exchanges books with Cicero 与西塞罗交换书籍 84-85

— his customers 他的客户 6-97

— his libraries 他的图书馆 92-93, 96

— his life 他的一生 92-93

— his writings 他的作品 93

— house at Brundisium 在布隆狄西的房子 96, 97

— house at Buthrotum 在布特罗图姆的房子 97

— house built by Tamphilus 坦皮鲁斯建造的房子 96

Augustine, St. 圣·奥古斯丁 64, 223

Augustus, Emperor 奥古斯都（罗马皇帝）4, 21, 49, 59, 64, 67, 71, 78, 93, 111, 112, 114, 119, 120, 121, 122, 124, 128, 131, 132, 133, 134, 136, 137, 138, 140, 141, 142, 143, 151, 153, 154, 169, 175, 176, 182, 184, 212, 224, 232, 284, 297, 327, 333, 336, 344, 352, 372

— attitude to the new literature 对新文学的态度 124-131

— burns 2,000 books 烧毁2000本书 122

— founds library in Alexandria 在亚历山大里亚建立图书馆 138-139

— head of his library 他的图书馆馆长 136

— his private library 他的私人图书馆 299

— libraries on the Palatine 帕拉丁山上的图书馆 133-137

— orders *Aeneid* to be published 命令《埃涅阿斯纪》出版 122, 125

— reads the *Aeneid* 阅读《埃涅阿斯纪》124

Aurelian, Emperor 奥勒良，皇帝 186

Aurelius Antoninus 奥勒留·安东尼努斯 219

Aurelius Opilius 奥勒留·奥庇利乌斯 107, 173

Aventine Hill 阿文廷（山）34, 53, 168

— Ennius's house 恩尼乌斯的房子 34

Avidius Cassius 阿维丢·卡西乌斯 312

Avitus, emperor 阿维图斯，皇帝 188

Axiopistus 阿希索皮斯托斯 34, 54

B

Baccheus of Tanagra 唐格拉的巴切斯 273

Balbus, Cornelius 巴尔布斯，高奈留 88

Baths in Rome 罗马的浴场 190-196

— libraries 图书馆 190-196

— of Caracalla 卡拉卡拉的 191, 194, 196

— of Diocletian 戴克里先的 194-196

— of Nero 尼禄的 190, 191

— of Trajan 图拉真的 191, 194, 262, 342

Batrachus, architect 青蛙，建筑师 335

Beneventum 本尼凡都 70

Bethlehem 伯利恒 223

Bibliotheca Ulpia 乌尔比亚图书馆

Blossius of Cyme 库迈的布劳西乌 49, 58, 59

— counsellor of Tiberius Gracchus 提比略·格拉古的顾问 49

bookcases: 书柜

'Book Road' "书籍之路" 97

Books 书籍

 — 'Book Road' "书籍之路" 97

 — book trade 图书贸易 3, 4, 164, 166

 — burnt by Augustus 被奥古斯都烧毁 122

 — by Crateuas 克拉泰夫阿斯 75

 — by grammatici 被语法学家 68-72

 — by Elephantis 厄勒芳迪斯 139, 155

 — Caligula's censorship 卡里古拉的审查制度 140

 — drama books 戏剧书籍 42-43

 — Galen's books burnt 盖伦的书被烧毁 180

 — intellectual property 知识产权 168-174

 — Julius Longianus at Halicarnassus 在哈利卡尔纳苏斯的朱利乌斯·隆贾纳斯

library 图书馆288

 — libri lintei 亚麻书 17, 24, 186, 215

 — old books 旧书 166

 — 'Punic books' "布匿书" 76, 107, 359

 — *Sibylline Books* 《西彼拉圣书》 122

 — Tiberius's censorship 提比略的审查 139-140

booksellers 书商 161, 211

bookshops 书店 211

 — at Brundisium 在布隆狄西 97, 113-114

 — in Rome 在罗马 100, 161-166

Brundisium 布隆狄西 96, 97, 113, 125, 236, 307

 — Atticus's house 阿提库斯的房子 96

索引

— bookshops 书店 97, 113-114

— library 图书馆 96-97, 320

Brutus, Marcus Junius 布鲁图，马库斯·朱尼乌斯 85, 88, 111, 128, 139, 152, 174

Buthrotum 布特罗图姆 97, 114

— library 图书馆 97, 321

C

Cabira 卡比拉 76

— library 图书馆 76, 321

Caecilius Epirota, Qunitus 凯西留斯·埃皮罗塔，昆图斯 5, 71, 142

Caecilius Statius 凯西留斯·斯塔提乌 42, 169

Caelius Antipater, Lucius 凯留斯·安蒂帕特，卢西乌斯 111

Caesar, C. Julius 凯撒，朱利乌斯 3, 9, 21, 23, 48, 58, 64, 65, 67, 78, 84, 86, 97, 114, 131, 133, 136, 153, 174, 227, 284, 333, 343, 364, 372

Caesius Bassus 凯西乌斯·巴苏斯 144, 157

Calenus Fufius, Quintus 卡勒努斯·富菲乌斯，昆图斯 132

Caligula, Emperor 加力果拉，皇帝 140, 176

— and censorship 和审查 176

— rehabilitates reputation of writers 恢复作家的声誉 176

Callias of Syracuse 叙拉古的卡里亚 45, 56

Callimachus of Cyrene 昔勒尼的卡利玛库斯 35, 142

Calpurnius Statura 卡普纽斯·斯塔图拉 157

Calvisius Taurus 卡维昔乌·陶鲁斯 244

Cannal 坎纳 22

Caracalla, Emperor 卡勒卡拉，皇帝 191, 201, 205, 219

—Baths and Library of 浴场和图书馆的 191, 194

Caria 卡里亚 287

— libraries 图书馆 287

Carneades of Cyrene 昔勒尼的卡尔涅亚得 49, 59, 89

Carthage 迦太基 47, 108, 124, 188, 190, 293, 295, 364

— public library 公共图书馆 107, 321, 359

Casinum 卡西努 67, 132

—library 图书馆 67, 132, 321

Cassius Dio 卡西乌斯·狄奥：参见 Dio Cassius

Cassius Dionysius of Utica 尤提卡的卡西乌斯·狄奥尼修 67

Cassius, Gaius, of Parma 卡西乌斯的盖乌斯，帕尔玛的 139, 152

Cassius Severus 卡西乌斯·塞维卢斯 141, 176

Castor of Rhodes 罗德岛的卡斯托耳 67

Cato , M. Porcius 加图，波喜乌斯 11, 13, 22, 23, 32, 43, 44, 45, 55, 56, 59, 74, 77, 113, 142, 172, 174, 242, 305, 363

— contacts with Pythagoreans 与毕泰戈拉学派的联系 44

— his life 他的一生 44

— his speeches 他的演讲辞 45

— novus homo 新人 44

— sources for his writings 他的作品来源 45

Cato, M. Porcius（of Utica） 加图，波喜乌斯（尤提卡的） 44, 58, 73, 74, 176

Catullus, C. Valerius 卡图鲁斯，瓦勒留 64, 100, 131, 142, 155, 178, 352

Catulus, Q. Lutatius 卡图鲁斯，鲁塔提乌 332

Celer, architect 凯莱尔，建筑师 335, 336

Celsus 凯尔苏

censorship 审查

— Augustus burns 2,000 books 奥古斯都烧毁了2000部书籍 122

— under Caligula 在卡里古拉之下 176

索引

— under Nero 在尼禄之下 176

— under Tiberius 在提比略之下 139

Cestius Pius, Lucius 凯斯提乌·庇乌斯,卢西乌斯 144, 156

Cethegus, P. Cornelius 凯塞古斯,高奈留 14, 22

Chaereas, historian 凯瑞阿斯,历史学家 13

Chaonia 考尼亚 93, 112

— library 图书馆 93, 321

Chersiphron, architect 伽尔瑟夫农,建筑师 329

Chrysippus of Soli 索里的克律西波 144, 156, 201, 230, 353

Chrysogonus, literary forger 克利索格努,文学伪造者 34, 54

Cibyra 西比腊 231

Cicero, M. Tullius 西塞罗,图利乌斯 4, 5, 7, 11, 14, 17, 23, 24, 45, 46, 47, 49, 56, 57, 58, 59, 63, 64, 69, 70, 73, 74, 77, 80, 82, 83, 84, 85, 86, 88, 89, 90, 91, 92, 96, 97, 100, 107, 110, 111, 112, 113, 114, 115, 141, 152, 155, 161, 164, 168, 169, 172, 173, 174, 196, 198, 201, 203, 211, 212, 212, 217, 227, 236, 242, 307, 328, 331, 332, 333

— acquires the books of Servius 获得塞维乌斯的书籍

Claudius 克劳狄 82

— Atticus buys books for 阿提库斯购买书籍 82-84

— catalogue of Varro's works 瓦罗作品的目录 91

— correspondence with Atticus 与阿提库斯的通信 82-85

— exchanges books with Atticus 与阿提库斯交换书籍 84-85

— guest of Ariston in Athens 在雅典阿里斯通的客人 77

— his libraries 他的图书馆 80

— his life 他的一生 77-78

— his villas 他的别墅 80

— house on the Palatine 在帕拉丁山上的房子 82

— in Faustus Sulla's library 在福斯图斯·苏拉的图书馆 83

— on his brother's library 在他哥哥的图书馆里 82

— praises Tyrannio 赞美提拉尼奥 82, 83

— reads books by Dicaearchus 读狄凯亚库的书 85

— testimony concerning Lucullus's library 关于卢库鲁斯图书馆的证词 76

— Tyrannio the Elder 老提拉尼奥 83

Cicero, Quintus Tullius 西塞罗，昆图斯·图利乌斯 100, 328, 332

— his library 他的图书馆 82, 93

Cinna, C. Helvius 秦纳，赫尔维乌斯 71, 131, 212

Claudian（Claudius Claudianus）克劳狄安 223

Claudius, Emperor 克劳狄，皇帝 5, 143, 156, 176, 274, 295

Claudius Agathinus 克劳狄·阿伽昔努 157

Claudius Maximus, proconsul 克劳狄·马克西姆，地方总督 295

Cleander, architect 克林德，建筑师 339

Cleanthes of Assus 阿苏斯的克林塞斯 353

Cleitomachus of Carthage 迦太基的科里托马库斯 57

Clodius Licinus 克劳狄·李锡努斯 136

Clodius Pulcher, Publius 克劳狄·浦尔契，普伯里乌 82, 115, 333

Cnidus 尼都斯（小亚细亚卡里亚的一座城市）272, 273

— library 图书馆 272-273, 321

Cocceius Auctus, Lucius, architect 科凯乌斯·奥克图斯，卢西乌斯，建筑师 334

Commodus, Emperor 康莫杜斯，皇帝 137, 180, 205, 214, 219

Comum 科摩（意大利北部的城市）198, 224, 334

—library 图书馆 198, 321

Congus, Junius 康古斯，朱尼乌斯 172

索 引

Constantine the Great 君士坦丁大帝 21, 184

Constantinople 君士坦丁堡 190, 203, 207, 223, 242, 295

Constantius II, Emperor 康士坦休斯二世，皇帝 186, 242

Constantius Chlorus 康士坦休斯·基洛鲁斯 194

Corcyra 考居拉 97

Corfidius, friend of Ligarius 考费迪乌，利伽里乌的朋友 88, 89, 174

Corinth 哥林多 9, 44, 100, 108, 332

— public library 公共图书馆 299, 321

Cornelia, mother of the Gracchi 高奈莉娅，格拉奇的母亲 49

Cornelianus, imperial secretary 科尔涅利努斯，帝国大臣 205

Cornelius Epicadius 高奈留·伊皮卡迪乌斯 71, 212

— librarian of Sulla 苏拉图书管理员 212

Cornelius, Lucius 高奈留，卢西乌斯 152, 331, 332

Cornutus 考努图斯

Cos 科斯 57, 272, 275, 306

— library 图书馆 274-275, 321

Cosconius, Servius Quintus 科司科尼乌，塞维乌斯·昆图斯 107

Cossutius, Decimus, architect 考苏提乌，狄西摩斯，建筑师 331

Crassicius Pasicles, Lucius 克拉西昔乌·帕西尔斯，卢西乌斯 5, 71, 212

Crates of Mallus 马卢斯的克拉底 5, 48, 50, 59, 68

— introduces literary studies to Rome 将文学研究引入罗马 50, 68

Crateuas, 'Rhizotomos' 克拉泰夫阿斯，"根须切割器" 75

— at court of Mithradates VI 在米特拉达梯六世的宫廷 75

— Pliny's views on his books 普林尼对他的书籍的看法 75

Cremutius Cordus 克勒穆提乌斯·科杜斯 139, 141, 176

Critolaus of Phaselis 法赛里斯的克里托劳斯 49

Croton 克罗通 321

— library 图书馆 321

Cumae 库迈（Cyme）9, 70, 80, 83, 110, 196

— library 图书馆 80, 321

Curtius Montanus 库提乌斯·蒙塔努斯 176

CurtiusNicias 库提乌斯·尼昔亚斯 57

Cyme 库迈

Cynoscephalae 锡诺斯克法莱 9

Cyprus 塞浦路斯 9, 300, 321

— library 图书馆 300, 321

Cyrene 昔勒尼 272

Cyrus [Vettius?], architect 居鲁士, 建筑师 332, 333, 344, 370

Cyzicus 西泽库 243

D

Damascus 大马士革 361

Damian of Ephesus 以弗所的戴米安 218

Decrianus, architect 德西亚努斯, 建筑师 214, 339

Delos 德洛斯（旧译提洛）267

— library 图书馆 267, 321

Delphi 德尔斐 22, 232, 242

— library 图书馆 241-242, 321

Demaratus, Corinthian nobleman 德玛拉图, 哥林多的贵族 9

Demetrius, Martial's copyist 德美特利, 马提亚尔的抄写员 179

Demetrius Lacon 德美特利·拉科 230, 306

Demetrius of Magnesia 玛格奈昔亚的德美特利 84

Demosthenes 德谟斯提尼 312

Dertona 德托纳 224

索引

　　— library 图书馆 224, 321

Dicaearchus of Messene 墨西涅的狄凯亚库 67, 84, 85, 86, 174

Dio Cassius 狄奥·卡西乌斯 137, 138, 154, 204, 214, 223, 337, 338

Dio Cocceianus of Prusa 普鲁萨的迪奥·科塞亚努斯 166, 308, 310

Diocles 狄奥克勒

Diocletian 戴克里先（罗马皇帝）, Emperor 188, 191, 194, 205, 342

　　— Baths and library of 浴场和图书馆 194, 195

Diodorus Siculus 狄奥多洛·西库卢斯 100, 177

Diodotus, Cicero's teacher 狄奥多图, 西塞罗的老师 77

Diogenes Laertius 第欧根尼·拉尔修 157

Diogenes of Seleucia 塞琉西亚的第欧根尼 49

Diomedes, grammarian 狄奥墨得, 语法学家 22

Dion 狄翁

　　— library 图书馆 270, 321

Dionysius, son of Didymus 狄奥尼修斯, 狄狄姆斯的儿子 151

Dionysius of Halicarnassus 哈利卡尔纳苏斯的狄奥尼修斯 13, 14, 17, 287

Dionysius the Thracian 色雷斯人狄奥尼修斯 69, 111

Dionysius 狄奥尼修斯 83

　　—librarian of Cicero 西塞罗图书管理员 83, 112

Diophanes of Mytilene 米提利尼的狄奥芬尼 49, 59

　　—teacher of Tiberius Gracchus 提比略·革拉古的老师 49

Diophanes of Nicaea 尼西亚的狄奥芬尼 67

Domitian, Emperor 多米田（罗马皇帝） 6, 137, 138, 140, 182, 184, 185, 204, 214, 217, 243, 335, 336, 337, 343, 353, 371

　　— banishes philosophers from Rome 把哲学家逐出罗马 182

　　— collects books for public libraries 为公共图书馆收集书籍 6, 184

　　— library 图书馆 344-345

— redevelopment of Palatine Hill 帕拉丁山上的重建 184, 336

Domitius Marsus 多米提乌·马苏斯 121, 142, 213

Dorus 多鲁斯 164

— mentioned by Seneca 塞涅卡提到过 164

Drusus Julius Caesar 德鲁苏斯·朱利乌斯·凯撒 352

Drusus Julius Germanicus Caesar 德鲁苏斯·朱利乌斯·格马尼库斯·凯撒 352

Duris of Samos 萨摩斯的杜里斯 56

Dyrrhachium 狄拉基乌 232, 236, 307, 308, 364

— library 图书馆 236, 321

E

education 教育

— Athens 雅典 48

— Museum in Alexandria 亚历山大里亚的博物馆 48

— Rhodes 罗德岛 48

— role of the private library 私人图书馆的作用 49-50

— up to the time of Augustus 一直到奥古斯都时期 49-50

Elephantis (Elephantina) 厄勒芳迪斯 139, 155

Eleusis 厄琉息斯 100

Empedocles of Acragas 阿拉伽斯的恩培多克勒 112

Ennius, Quintus 恩尼乌斯, 昆图斯 32, 34, 35, 36, 38, 44, 46, 49, 53, 54, 55, 67, 68, 115, 141, 169, 172, 230, 242

— Greek originals 希腊著作 34-36

— his library 他的图书馆 35

— his life 他的一生 32

— 'museum' in Rome 在罗马的"博物馆" 32

— 'reincarnation of Homer' "荷马的再世" 35

Epaphras or Epaphroditus family 以巴弗提家族 313

Epaphroditus, Domitian's secretary 以巴弗提，多米田的大臣 182

Epaphroditus, grammarian 以巴弗提，语法学家 217

Epaphroditus of Chaeronea 喀罗尼亚的以巴弗提

Epaphroditus 以巴弗提 201

— library 图书馆 270

Ephebeion in Athens 雅典的青年会所 50, 248

Ephesus 以弗所 223, 231, 232, 237, 238

— library 图书馆 237-241, 321

Epicadius 伊皮卡迪乌斯

Epicharmus 厄庇卡尔谟 32, 34, 54

Epictetus of Hierapolis 希拉波利斯的爱比克泰德 265, 309, 312

Epicurean school 伊壁鸠鲁派学派 248

Epicurus 伊壁鸠鲁 64, 312

— Garden of 的花园 228

— School of 的学校 248

Epidaurus 埃皮道伦 272, 276, 278

— library 图书馆 276-278, 321

Eratosthenes of Cyrene 昔勒尼的厄拉托斯塞尼 35, 85

Eretria 埃雷特里亚 267, 321

— library 图书馆 267, 321

Eros, Freedman of Cicero's wife Terentia 厄洛斯，西塞罗的妻子特伦提娅的自由民 125, 152

Eros, Virgil's librarian 厄洛斯，维吉尔的图书管理员 152

Eudemus of Rhodes 罗德岛的欧德谟斯 48

Euhemerus of Messene 墨西涅的欧赫墨鲁 32, 34, 54

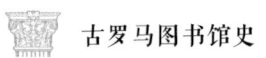

Eumolpidae 欧谟匹戴亚人 97, 113

Euphorion 欧弗里翁 139, 143, 352

Euphrates of Tyre 推罗的幼发拉底（河） 198

Eupolis of Athens 雅典的欧波利斯 89, 174

Euripides 欧里庇得斯 32, 34, 35, 226

F

Fabius Pictor, Quintus 法比乌斯·庇克托尔, 昆图斯 13, 22

Faustinus, Julius 福斯蒂努斯, 朱利乌斯 178

Favonius, Marcus 法伏纽斯, 马库斯 58

Fidentinus 费丹提努斯 179

Fidus Optatus 菲杜斯·奥普塔斯

Flaminius, T. Quinctius 弗拉米纽斯, 昆克修斯 9

Pantaenus 潘泰诺斯 232

Flavius Menander 弗拉维乌·米南德 232

Flavius Metrodorus 弗拉维乌·梅特罗多洛 279

Flavius Pantaenus 弗拉维乌·潘泰诺斯

Flavius Severianus Neon, Titus 弗拉维乌·塞威里亚努·尼恩, 提多 232, 281

　— endows library at Sagalassus 在萨加拉萨斯捐赠图书馆 281

Flavius Vopiscus 弗拉维乌·伏皮斯库 140

Flavus, Verginius 伏拉乌斯, 维吉纽斯 176, 213

forgery 伪造 100

Formiae 福米埃 5, 80, 86

　— library 图书馆 80, 321

Fronto, M. Cornelius 弗龙托, 高奈留 310, 363

Fuficius, architect 富斐西乌, 建筑师 330

Fufius Calenus, Quintus 富菲乌斯·卡勒努斯, 昆图斯 67

索引

Furius Philus, Lucius 富里乌斯·菲鲁斯, 卢西乌斯 47

G

Galen of Pergamum 帕伽玛的伽伦 161, 166, 180, 205

— his books destroyed by fire in Temple of Peace 他的书在和平神庙中被火烧毁 180

Gallienus, Emperor 伽利努, 皇帝 255

Garden of Epicurus 伊壁鸠鲁的花园

Gellius, Aulus 盖留斯, 奥鲁斯 97, 114, 140, 161, 164, 166, 169, 180, 186, 212, 224, 245, 256, 257, 310, 328

— at villa of Herodes Atticus 在赫洛德斯·阿提库斯别墅 245

— in library of Temple of Hercules Victor at Tibur 在蒂布尔的大力神神庙图书馆 257, 363

— in library of Temple of Peace 在和平神庙图书馆 180

— library at Patrae 在帕特莱的图书馆 100, 115

— bookshops at Brundisium 在布隆狄西的书店 97, 113-114

Geta, son of Vitorius Marcellus 格塔, 维托留斯·马凯鲁斯的儿子 211

Geta, Septimius 格塔, 塞提米乌 205, 219

Glabrio, Manius Acilius 格拉里奥, 玛尼乌斯·阿基留斯 55

Gordian II, Emperor 戈尔迪安二世, 皇帝 202

— library 图书馆 202

Gordian III, Emperor 戈尔迪安三世, 皇帝 205

Gracchi 革拉古兄弟 49, 105

Gracchus, G. Sempronius 革拉古, 塞普洛尼乌 63

Granius Flaccus 格拉纽斯·福拉库斯 23

Grumentum 格鲁门顿 334

guild of writers and actors 作家和演员协会 28, 169

gymnasiums 体育馆

— Cos 科斯 231

— Delphi 德尔斐 241

— of the Ephebi 雅典人的军训制度 287

— Iasus 伊阿索斯 231

— Miletus 米利都 231

— Pergamum 帕伽玛 231

— Tralles 特腊勒斯 231

H

Hadrian 哈德良 184, 185, 186, 204, 215, 223, 224, 242, 243, 244, 245, 246, 248, 256, 257, 260, 263, 265, 279, 280, 299, 309, 312, 335, 337, 338, 339, 348, 359, 360, 361

Hadrian, Emperor 哈德良，皇帝

— head of his imperial library 帝国图书馆馆长 264

— his life 他的一生 242-243

— library in Athens 雅典的图书馆 4, 188, 248, 310-311, 342, 343, 348, 360

— library in Alexandria 亚历山大里亚的图书馆 263

— libraries in his villa at Tibur 他的蒂布尔别墅里的图书馆 255, 341, 348

— relations with philosophers 与哲学家的关系 265

Halicarnassus 哈利卡尔纳苏斯 287, 289, 314

— libraries 图书馆 287-289, 321

Hannibal 汉尼拔 111

Hegesias 赫格西亚 113

Heliogabalus, Emperor 黑利阿迦巴鲁斯，皇帝 191

Hellanicus of Mytilene 米提利尼的赫拉尼库斯 13

Helonius, customer of Atticus 赫洛尼乌，阿提库斯的顾客 96

索 引

— his library 他的图书馆 96

Helvidius Priscus 赫维狄乌·普利斯库 182

Hemina, L. Cassius 海米娜·卡西乌斯 14, 22, 23

Heraclea 赫拉克利亚 218, 287, 289

— library 图书馆 289, 321

Heraclides Ponticus 赫拉克利德·庞提库斯 112

Herculaneum 赫丘兰努 196, 226, 227, 245, 306, 373

— library 图书馆 321

Herculius, proconsul of Illyricum 赫古利乌斯, 伊利里亚的地方总督 255

Herennius, grammarian 赫瑞纽斯, 语法学家 125

Hermarchus of Mytilene 米提利尼的赫玛库斯 230, 306

Hermippus of Smyrna 士每拿的赫米普斯 67

Hermodorus of Salamis 萨拉米的赫谟多洛斯 330, 331, 337, 370

Hermodorus of Syracuse 叙拉古的赫谟多洛斯 88

Hermogenes, architect 赫谟根尼, 建筑师 330, 337, 369

Hermogenes of Alabanda 阿拉班达的赫谟根尼 153

Hermogenes of Tarsus 大数的赫谟根尼 182

Herodes Atticus, of Marathon 赫洛德斯·阿提库斯, 马拉松的 235

Herodes Atticus 赫洛德斯·阿提库斯 204, 218, 243, 244, 245, 246, 265, 299, 309, 363

— his libraries 他的图书馆 245

— his life 他的一生 244-245

— patron of Marcellus of Side 昔德的马凯鲁斯的赞助人 299

Herodicus of Selymbria 塞林布里亚的希罗狄库 273

Herodotus 希罗多德 287

Hesiod 赫西奥德 128, 155

Hiempsal II, King of Numidia 希普萨尔二世（非洲努米底亚部分地区的国

王) 76, 110

— 'Punic books' 布匿书 76

Hiero II, King of Syracuse 希厄洛二世，叙拉古国王 306, 307

Hierocles 希洛克勒 114

Hieronymus of Cardia 卡地亚的希洛尼谟 13

Hilarus, customer of Atticus 希拉鲁斯，阿提库斯的顾客 96

— his library 他的图书馆 96

Hipparchus of Laodicea 劳迪凯亚的希帕库斯 85

Hippocrates 希波克拉底 272, 273

Hirtius, Aulus 希尔提乌，奥鲁斯 86, 97, 113, 174

Homer 荷马 7, 29, 36, 54, 86, 141, 155, 176, 211, 242, 299

Horace 贺拉斯 4, 7, 22, 28, 43, 72, 97, 120, 121, 124, 128, 130, 131, 137, 143,145, 151, 161, 162, 163, 169, 175, 199, 217, 227, 333

— advice to writers about publishing 给作家关于出版的建议 128, 130

— his Sabine farm 他的萨宾农场 151

— relations with Sosii 与Sosii的关系 161-162

Hortensius Hortalus, Quintus 霍腾修斯·霍塔鲁斯，昆图斯 59, 93, 97, 113, 352

House 房子

— of Dionysus at Dion 狄翁的狄奥尼索斯的 270

— of Dionysus at Pella 培拉的狄奥尼索斯的 267

— of Menander 米南德的 226

— on the Palatine 在帕拉丁山上 63, 111

Hyginus, C. Julius 海因努斯，朱利乌斯 71, 136, 361

— head of the Palatine Library 帕拉丁山图书馆馆长 71, 136

I

Iasus 伊阿索斯 231

Indigitamenta 诸神分类簿 17, 24

J

Janiculum 雅尼库卢（罗马城中的一小丘，在台伯河左岸） 22

Jerome 杰罗姆, St. 212, 223

Jerusalem 耶路撒冷 264

Josephus, Flavius 约瑟福斯, 弗拉维乌 179

Julia Domna 朱利娅·多姆娜 205, 218, 219, 267

— her literary circle 她的文学圈子 205

Julius Africanus, Sextus, architect 朱利乌斯·阿非利加努, 塞克斯都, 建筑师 339

Julius Caesar 朱利乌斯·凯撒

Junius Arulenus Rusticus, Quintus 昆塔斯·朱尼厄斯·拉斯提库斯 182, 214

Junius Congus 朱尼乌斯·康古斯 172

Junius Optatus 朱尼乌斯·奥普塔斯 284

Junius Silanus, Decimus 朱尼乌斯·西拉努斯, 狄西摩斯 293

Justinian, Emperor 查士丁尼, 皇帝 339

Juvenal (Decimus Junius Juvenalis) 朱文纳（狄西摩斯·朱尼乌斯·朱维纳利斯） 184, 353

K

Kastri, Delphi 卡斯特里, 德尔斐 241

L

Labienus, Titus 拉庇努斯, 提多 141, 176

Lactantius 拉克唐修 54

Laelius, Decimus 莱利乌斯, 狄西摩斯 172

Laelius, Gaius, the younger 莱利乌斯, 盖乌斯, 年轻的 46, 47, 56, 58

— his life 他的一生 56

— in the Scipionic circle 在西庇阿的圈子 46, 47

Laelius Archelaus, Gaius 莱利乌斯·阿凯劳斯, 盖乌斯 57, 110, 172

Laelius Hermas 莱利乌斯·赫尔姆斯 70

Lampadio, Gaius Octavius 兰帕迪奥, 盖乌斯·屋大维 68, 107, 169, 172

— edits Naevius 编辑奈维乌斯 68

Language 语言

— Greek 希腊语 44

Laodicea 劳迪凯亚 76

Laurentum 劳伦图 198, 245

— library 图书馆 98, 245, 321

Lemnos 莱姆诺斯 204

Lenaeus Pompeius 列拿尤斯·庞培 68, 76, 110

— translates books from Mithradates VI's library 翻译来自米特拉达梯六世图书馆的书籍 76

Lentulus Lupus 伦图卢斯·卢普斯 57

Lepidus, Aemilius 雷必达, 艾米留斯 121

librarians 图书馆员

— Alexander 亚历山大 362

— Antiochus, Sulpicius Thales 安提奥库斯, 苏皮西乌·泰勒斯 362

— Cornelius Epicadius, Faustus Sulla's librarian 高奈留·伊皮卡迪乌斯, 福斯图斯·苏拉的图书管理员 71

— Dionysius, Cicero's librarian steals Cicero's books 狄奥尼修斯, 西塞罗的图书管理员偷走了西塞罗的书 83

索 引

— Eros, freedman of Cicero's wife Terentia 厄洛斯，西塞罗的妻子特伦提娅的自由民 125, 152

— Eros (Staberius?), Virgil's librarian 厄洛斯，维吉尔的图书管理员 1152

— Menophilus, Cicero's librarian 美诺菲鲁，西塞罗的图书管理员 112

— 'son of Apollonius' "阿波罗尼乌斯的儿子" 300

libraries, bilingual 图书馆，双语的 7, 27, 29, 133

Libraries 图书馆

— Academy of Plato 柏拉图学园 248, 309-310

— Acropolis 卫城 248

— of Aemilius Paullus 艾米留斯·保卢斯的 46

— Alexandria 亚历山大里亚 45

— of Apellicon 亚贝里康的 75

— Aphrodisias 阿弗罗狄西亚 289

— Apollonia 阿波罗尼亚 97, 151

— of Aristotle 亚里士多德的 75

Libri lintei 亚麻书

Licinius Macer Calvus, Gaius 李锡尼·玛凯尔·卡尔伏，盖乌斯 13, 17, 24, 215

Ligarius, Quintus 利伽里乌，昆图斯 88

literary circles 文学圈子

— Julia Domna 朱丽娅·多姆娜 205

— Lucullus 卢库鲁斯 72-74

— Maecenas 马凯纳斯 120-121

— Messalla 美萨拉 175

— the Scipios 西庇阿 48

literature 文学

— Atellan farces 亚提拉闹剧 11

— beginnings of Latin 拉丁语的开端 11

— Cato the Elder 老加图 44-45

— Cicero's views 西塞罗的观点 11

— historiography 历史编纂学 13-14

— influence of recitationes 朗诵的方法的影响 142-143

— New Comedy and Plautus 新喜剧和普劳图斯 36, 38

— new literature under Augustus 奥古斯都统治下的新文学 124-125, 130-131

— Odyssia of Livius Andronicus 李维乌斯·安德罗尼柯的《奥德赛》 28-29

— oral tradition 口头传统 11

— patrons 赞助人 174-177

— publishing practice 出版条例 168-174

— Song of the Arval Brethren 阿瓦尔兄弟之歌

— versus Fescennini 粗俗诗歌 12

Livius Andronicus, Lucius 李维乌斯·安德罗尼柯，卢西乌斯 5, 7, 27, 28, 29, 34, 36, 42, 46, 49, 53, 67, 97, 114, 115, 141, 168, 169, 203

— founds Collegium scribarum 创建作家和演员协会 28

— his life 他的一生 28

— his bilingual library 他的双语图书馆 29

— his patron 他的赞助人 28

— *Odyssia*《奥德赛》 27, 28

— principles governing his translations 他的翻译指导原则 29

Livius Salinator, Marcus 李维乌斯·萨利那托尔，马库斯 28, 142

Livy（Titus Livius） 李维（提多·李维乌斯） 12, 13, 16, 17, 38, 108, 141, 164, 182, 306

Lollius, Marcus 洛利乌斯，马库斯 161

Lucan（M. Annaeus Lucanus） 卢坎 144, 176, 213

索 引

Lucilius, Gaius 鲁西留斯,盖乌斯 44, 46, 56, 89, 107, 145, 169, 172

— his life 他的一生 56-57

— in Scipio's circle 西庇阿的圈子 46

— publication of his works 他作品的出版 57

Lucius Caesar 卢西乌斯·凯撒 107

Lucius Philus 卢西乌斯·菲鲁斯 58

Lucretius 卢克莱修 21, 64, 72, 172, 212, 230

Lucullus, L. Licinius 卢库鲁斯,李锡尼 72, 73, 74, 75, 76, 77, 78, 83, 100, 108, 109, 196, 201, 202, 217, 227, 332

—Cicero's and Plutarch's opinions of him 西塞罗和普罗塔克关于他的观点 74

— his library 他的图书馆 73-74

— his life 他的一生 72-73

— his literary circle 他的文学圈子 73-74

— his way of life 他的生活方式 73

— villa at Tusculum 在图斯库鲁姆的别墅

Lyon 里昂 188, 296

Lupercus, reader of Martial's poems 卢佩库斯,马提亚尔的读者

Lyceum 吕克昂 3, 248

Lycophron of Chalcis 卡尔昔斯的吕科佛隆 128

Lycus of Rhegium 瑞吉姆的吕库斯 45, 56

M

Macer 玛凯尔

Macrobius, Ambrosius Theodosius 马克洛庇,安布罗西乌斯·提奥多西 218

Maecenas, Gaius 马凯纳斯,盖乌斯 71, 120, 121, 128, 137, 141, 151, 154, 161, 174, 175

— gives villa to Horace 把别墅送给贺拉斯 121

— his circle 他的圈子 120-121, 174-175

— his house 他的房子 120

— members of his circle 他圈子的成员们 121

Mago of Carthage 迦太基的玛戈 67, 107, 293

— and the Carthage library 和迦太基图书馆 293

— his book on agriculture 他关于农业的书 67, 107, 293

management of library 图书馆管理 136-137, 360-361

Manilius, Manius 玛尼留斯，玛尼乌斯 47

Marathon 马拉松 218, 244, 245

— library 图书馆 245, 321

Marcellus, M. Claudius 马凯鲁斯，克劳狄 108

— his library 他的图书馆 108

— sacks Carthage 洗劫迦太基 108

Marcellus, M. Claudius, son of Octavia 马凯鲁斯，克劳狄，屋大维的儿子 133, 137, 154

Marcellus of Side 昔德的马凯鲁斯 299

Marcus Aurelius, Emperor 马可·奥勒留，皇帝 40, 140, 188, 204, 205, 245, 246, 363

— his library 他的图书馆 363

Mark Antony 马可·安东尼

market 市场

— at Side 在昔德 299

Marseille 马赛利亚 188

Marsus, Domitius 马苏斯，多米提乌 178, 352

Martial 马提亚尔 4, 161, 164, 177, 178, 179, 182, 184, 198, 199, 200, 211, 213, 214

索 引

— his bookseller/publishers 他的书商/出版商 164

— his faithful copyist 他忠实的抄写员 179

— worries about the fate of his books 担心他的书的命运 177-179

Martialis, Julius 玛提阿利斯，朱利乌斯 200

— his library 他的图书馆 200

Mausolus, King of Caria 毛索鲁斯，卡里亚国王 287, 290

Maxentius 马森修斯 339

Maximian, Emperor 马克西米安，皇帝 194

Maximus, Quintus 马克西姆，昆图斯 58

Megalopolis 麦格拉波利 57

Megara 麦加拉 100, 115

Melissus, Gaius 麦里梭，盖乌斯 71, 137, 361

Memmius, Gaius 美米乌斯，盖乌斯 64, 172

Menander of Athens 雅典的米南德 36, 38, 57, 212, 226

Menippus of Gadara 伽达拉的美尼普斯 67

Menophilus, Atticus's copyist 美诺菲鲁，阿提库斯的抄写员 112

Messalina, Valeria 梅萨利纳，瓦勒利娅 74

Messalla Corvinus, M. Valerius 美萨拉·考维努斯，瓦勒留 128, 130, 141, 175, 203, 212

— his literary circle 他的文学圈子 13

Metagenes, architect 梅塔奇尼斯，建筑师 329

Metellus Numidicus, Q. Caecilius 美特鲁斯·努米狄库，凯基利乌斯 69

Michelangelo 米开朗琪罗 194

Milan 米兰 223

Miletus 米利都 76, 110, 231

Misenum 密塞努（坎帕尼亚的海岬） 74

Mithradates VI Eupator, King of Pontus 米特拉达梯六世，本都的国王 68,

73, 74, 75, 76, 109, 201, 364, 373

 — correspondence with Asclepiades 与阿司克勒彼亚得的通信 75

 — his Greek environment 他的希腊环境 75

 —his interest in botany 他对植物学的兴趣 75

 — his library at Cabira 他在卡比拉的图书馆 74, 76

 — his life 他的一生 74-75

 — his scientific circle 他的科学圈子 75

Molon of Alabanda 阿拉班达的莫隆 48, 58

Monime, wife of Mithradates VI 莫尼姆，米特拉达梯六世的妻子 76

Mucius (G.=Gaius?), architect 穆西乌斯，建筑师 331

Mummius, Spurius 姆米乌斯，斯普利乌 58

Murena, L. Licinius 穆瑞纳，李锡尼 75

Musca, slave(?) of Atticus 穆斯卡，阿提库斯的奴隶 86

Museum in Alexandria 亚历山大里亚图书馆 3, 6, 32, 138, 264, 295, 312, 369

 — philosophical centre 哲学中心 48

Museum in Rome (Temple of Hercules and the Muses) 罗马的博物馆（赫拉克勒斯神殿和缪斯神庙）32

Musonius Rufus, Gaius 穆索尼乌斯·鲁富斯，盖乌斯 176, 213

Mylasa 密拉萨 287

 — library 图书馆 287, 321

Mytilene 米提利尼 59, 306

N

Naevius, Gnaeus 奈维乌斯，格奈乌斯 36, 46, 68, 169

Naples, Bay of 那不勒斯湾 63, 196, 227

Naucratis 瑙克拉提 287

Neapolis 尼亚玻里 58, 74, 124

Neoplatonism 新柏拉图主义 184

Nepos, M. Cato 涅波斯，加图 56, 96, 97, 113, 140, 163, 363

— his books 他的书 140

Nepos, Cornelius 涅波斯，高奈留 93

— biographer of Atticus 阿提库斯的传记作家 93

Nero, Emperor 尼禄，皇帝 137, 138, 144, 157, 176, 182, 190, 191, 213, 217, 275, 335

— Baths and Library of 浴场和图书馆的 190-191

—censorship 审查 176

Nerva, Emperor 涅尔瓦，皇帝 164, 336

Nerva, L. Cocceius 涅尔瓦，科凯乌斯 334

Nesis 奈西斯（岛）74

Nestor of Tarsus 大数的涅斯托耳 154

Nicaea 尼西亚 106

Nicanor, son of Arius Didymus 尼堪诺，狄狄姆斯的儿子 107, 151

Niccoli, Niccole 尼克利，尼科尔 92

Nicopolis 尼科波利斯 97, 265

Nîmes 尼姆 188, 297

— library in Temple of Diana 狄安娜神庙中的图书馆 297, 321

Nisibis 尼西比斯 76

Nobilior, M. Fulvius 诺比利俄，伏尔维乌 32, 142

Nonianus, M. Servilius 诺尼亚努，塞维留斯 143, 156, 157

NumaPompilius 努玛·庞皮留斯 14, 22

Numerianus 努米亚努斯, Emperor 皇帝 352

Nysa 尼萨

— library 图书馆 321

O

Octavia, sister of Augustus 奥克塔维亚，奥古斯都的妹妹 137, 153, 154, 335

— her library 她的图书馆 137-138

Octavian 屋大维

Octavius Avitus, Quintus 屋大维·阿维图斯，昆图斯 125

Optatus, Fidus 奥普塔斯，菲杜斯 116

— library 图书馆 116

Orbilius Pupillus, Lucius 奥比利厄斯·普皮卢斯，卢西乌斯 70, 169, 173

— has Pompilius's books published 拥有庞皮留斯出版的图书 70

Ostia 奥斯提亚 299, 334, 322

— library 图书馆 299, 322

Ovid 奥维德 4, 6, 21, 120, 124, 130, 136, 175, 176, 213

— exiled 流放 130-131

— his books 'banished' from public libraries 他的书被"驱逐"出公众图书馆 131

— in Messalla's circle 在美萨拉的圈子 130

— poems written in exile 流放时写的诗 131

P

Pacuvius, Marcus 巴库维乌斯，马库斯 57, 169

Paetus Thrasea, P. Clodius 派图斯·特拉西，克劳狄 176, 182, 213, 214

Palatine Hill 帕拉丁山 63, 80, 133, 299, 333, 336, 343, 344, 363, 364

Palatine Library 帕拉丁图书馆 71

Palladio 帕拉迪奥 190

Palmyra 巴尔米拉 357

Pamphilus of Alexandria 亚历山大里亚的潘菲鲁斯 312

索引

Panaetius of Rhodes 罗德岛的帕奈提乌 44, 46, 47, 48, 58, 59

— his life 他的一生 57

— in Scipio's circle 在西庇阿的圈子 46

— introduces philosophy to Rome 向罗马介绍哲学 48

Pantaenus, Flavius Menander 潘泰诺斯, 弗拉维乌·米南德 235, 236, 307

— priest of the Muses 缪斯的牧师 235

Pantaenus, Titus Flavius 潘塔诺斯, 提多·弗拉维乌 232, 235, 248

— library of 图书馆 232-235

— library regulations 图书馆条例 235

Pantheon 万神殿 242, 299, 338, 339

— library 图书馆 299, 339

Papirius, Gnaeus 帕皮留斯, 格奈乌斯 14, 23

Papirius Paetus, Lucius 帕皮留斯·派图斯, 卢西乌斯 70, 82, 111, 212

— inherits Servius Claudius's library 继承塞维乌斯·克劳狄的图书馆 70

Parthenius of Nicaea 尼西亚的帕提尼乌斯 139, 143, 352

Patrae 帕特莱 97, 100, 114, 169

— library 图书馆 115, 322

patrons, literary 赞助人, 文学 174-177

Paulus, plagiarist mentioned by Horace 鲍鲁斯, 贺拉斯提到的剽窃者

Pausanias 鲍萨尼亚

— description of Hadrian's Library 哈德良图书馆的描述 248

Pausanias of Caesarea 该撒利亚的鲍萨尼亚 245

Pedo, Albinovanus 佩多, 阿庇诺瓦努 178, 213, 352

Pella 培拉 49

— library 图书馆 47, 322

Perellius Faustus 佩勒利乌斯·福斯图斯 125

Pergamum 帕伽玛 3, 7, 9, 48, 57, 110, 133, 163, 166, 219, 223, 230, 231, 264,

272, 327

——Asclepieum library 阿斯克勒皮厄姆医神庙图书馆 278-280, 322

——gymnasium libraries 体育馆图书馆 231, 322

——library of the Attalids 阿塔利亚的图书馆 321, 322

Periclesof Mylasa 密拉萨的伯里克利 339

Peripatetic school 逍遥学派

Perseus, king of Macedonia 珀耳修斯，马其顿国王 9, 46

Persius 波西乌斯（诗人、斯多亚派哲学家） 144, 145, 156, 157, 175, 176

——his library 他的图书馆 144

Petra 佩特拉 357

Pharnaces, Atticus's copyist 法那凯斯，阿提库斯的抄写员 89

Philemon（the Elder）斐勒蒙（老） 38

philhellenism 亲希腊主义

——among the aristocracy 在贵族中 46

——of the Scipios 西庇阿的 46-47

Philip II, King of Macedonia 腓立二世，马其顿国王 284

Philip V, King of Macedonia 腓立五世，马其顿国王 9

Philippi 腓立比（希腊马其顿地区古城，今已毁）128, 284, 286

——library 图书馆 286, 322

Philiscus, philosopher 腓立斯库斯，哲学家 48

Philiscus of Thessaly 帖撒利的腓立斯库斯 48, 205

Philo of Larissa 拉利萨的斐洛 67, 77

Philocomus 菲洛科摩斯

Philodemus of Gadara 伽达拉的菲洛德谟 58, 227, 228, 230, 306

——at Piso's villa在庇索的别墅 227, 228, 230

——his library 他的图书馆 230

——his school 他的学校 227-228

索 引

philosophical circles 哲学圈

　　— influence of Pella library 培拉图书馆的影响 47-48

　　— philosophers and rhetoricians banned from living in Rome 哲学家和修辞学家禁止在罗马生活 48

　　— philosophy introduced into Rome 传入罗马的哲学 47-49

philosophy 哲学

　　— introduced into Rome 传入罗马的 47-49

　　— Epicureans 伊壁鸠鲁学派 58

　　— Sophists 诡辩家 204-205

　　— Stoics 斯多葛学派 43-44

Philostratus, Verus 菲洛斯特拉图，维鲁斯 204, 205, 218, 219, 223

Philostratus II, Flavius 菲洛斯特拉图二世，弗拉维乌，204, 218, 219

　　— *Lives of the Sophists* 《智者的生活》204

Philotimus, freedman of Terentia 斐洛提姆，特伦提娅被的自由民 152

Philotimus, Cicero's scribe 斐洛提姆，西塞罗的抄写员 84

Pinnius, Titus 庇纽斯，提多 66, 67, 106

　　— his library 他的图书馆 66-67

Piraeus 比雷埃夫斯

　　— library 图书馆 322

Piso , L. Calpurnius 庇索，卡普纽斯 111, 176, 213, 217, 228, 277, 305

　　— his library 他的图书馆 228

Pittacus of Mytilene 米提利尼的庇塔库斯 353

Plato 柏拉图 54, 88, 90, 141

Plautus , Titus Maccius 普劳图斯，提多·马西乌斯 36, 38, 40, 42, 46, 55, 67, 169

　　— his life 他的一生 36

　　— his works 他的作品 38

　　— influenced by New Comedy 受新喜剧的影响 36, 38

Pliny the Elder 老普林尼 14, 75, 76, 145, 174, 179, 198, 333, 334

— his library 他的图书馆 146

Pliny the Younger 小普林尼 145, 156, 198, 199, 202, 224, 352

— donates his library to his home town at Comum 将自己的图书馆捐赠给家乡科摩 198

— his library 他的图书馆 146, 199

— his life 他的一生 198-199

— his villa 他的别墅 245

— praises his uncle 表扬他的叔叔 145-147

Plutarch 普罗塔克 22, 56, 73, 74, 76, 112, 310, 328

Polemon of Ilium 伊利昂的波勒蒙 45, 56

Polemon of Laodicea 劳迪西亚的波勒蒙 204, 218, 244, 309

Pollio, C. Asinius 波里奥, 阿西尼乌斯 55, 70, 106, 128, 131, 132, 133, 136, 142, 343, 349, 352

— collaborates with Varro 与瓦罗合作 132

— enjoys Caesar's trust 得到凯撒的信任 131

— first public library in Rome 罗马第一个公共图书馆 131-133

— library 图书馆 131-133, 344

— location of the library 图书馆位置 132-133

Pollio, C. Postumius, architect 波里奥, 波斯图米乌, 建筑师 334

Pollius Valerianus, Quintus 波利乌斯·瓦莱里安, 昆图斯 164, 178

— bookseller/publisher 书商/出版社 164

— mentioned by Martial 被马提亚尔提到 178

Polybius of Megalopolis 麦格拉波利的波里比乌 46, 57, 59

— his life 他的一生 57

— in Scipio's circle 在西庇阿的圈子中 46

Polycrates, ruler of Samos 波吕克拉底, 萨摩斯的统治者 201

索 引

Polystratus, Epicurean philosopher 波吕克拉图, 伊壁鸠鲁哲学家 230, 306

Pompeii 庞贝 5, 80, 166, 196, 226, 373

　　— libraries 图书馆 224-226, 322

Macellum 古代食品市场 224

Temple of Fortuna Augusta 福耳图那神庙（罗马幸运女神）224

Pompeius, Sextus 庞培, 塞克斯都 58

Pompeius Macer 庞培·玛凯尔 136, 361

　　— head of the Palatine Library 帕拉丁图书馆馆长 136

Pompeius Saturninus 庞培·萨图尼努斯 352

Pompeius Strabo, Gnaeus 庞培·斯特拉波, 格奈乌斯 110

Pompeius Trogus 庞培·特洛古斯 56

Pompey the Great 庞培 59, 67, 76, 77, 78, 110, 196, 373

　　— acquires books from Mithradates VI's library 从米特拉达梯六世图书馆获得书籍 76

　　— inherits his father's books 继承了他父亲的书 110

Pompilius Andronicus, Marcus 庞皮留斯·安德罗尼柯, 马库斯 70, 173

Pomponia, sister of Atticus 庞波尼娅, 阿提库斯的妹妹 93

Pomponius, Lucius 庞波纽斯, 卢西乌斯 23

Porcius Licinus 波喜乌斯·李锡努斯 107

Posidonius of Apamea 阿帕美亚的波西多纽 48, 56, 59, 67, 112

　　— his life 他的一生 59

Probus, M. Valerius 普罗布斯, 瓦勒留 72

Procopius 普罗柯比 337

Proclus, grammaticus 普罗克洛, 语法学家 204

Propertius, Sextus 普洛佩提乌, 塞克斯都 120, 121, 130, 175, 344, 349

Prusa 普鲁萨 75, 308

　　— library 图书馆 308, 322

Ptolemy of Naucratis 瑙克拉提的托勒密 245

Ptolemais 托勒密亚 357

publishers 出版商 161-164

Publius Victor 普伯里乌·维克特 21, 202

Puteoli 普特利 80, 331

— library 图书馆 80, 322

Pydna 彼得那 9, 57

Pyrrhus, King of Epirus 皮洛斯, 伊庇鲁斯国王 32, 107

Pythagoras 毕泰戈拉 32

Q

Quintilian 昆提里安 5, 7, 50, 161, 164, 198

Quintilius Varus 昆提留斯·瓦鲁斯 227

Quintus 昆图斯 178

Quirinal Hill 奎里那尔山丘（罗马）185

R

Rabirius, architect 拉比利乌, 建筑师 184, 214, 336, 344, 345, 371

— redevelopment of the Palatine 帕拉丁山重建项目 184, 336

recitationes 朗诵的方法

Remmius Palaemon, Quintus 雷米乌斯·帕莱蒙, 昆图斯 144

Rhianus , poet 里亚努斯, 诗人 139, 143, 352

Rhodes 罗德岛 5, 48, 50, 58, 59, 69, 77, 90, 272, 300, 306, 364

— library 图书馆 322

Rome 罗马 3, 4, 5, 6, 9, 11, 13, 14, 16, 21, 22, 23, 24, 27, 28, 34, 35, 38, 40, 44, 45, 46, 48, 49, 50, 55, 56, 57, 58, 59, 63, 64, 65, 68, 69, 70, 72, 73, 74, 75, 76, 77, 78, 80, 82, 84, 85, 86, 90, 91, 92, 96, 97, 100, 106, 108, 111, 119, 122,

索 引

124, 131, 132, 133, 142, 144, 151, 155, 156, 157, 161, 164, 166, 173, 177, 179, 182, 184, 185, 186, 188, 190, 198, 201, 202, 203, 204, 205, 211, 213, 215, 217, 218, 219, 223, 236, 242, 244, 245, 255, 256, 264, 268, 274, 289, 293, 307, 314, 331, 332, 334, 335, 336, 337, 340, 342, 343, 344, 349, 357, 363, 364, 369, 370, 371, 372

— libraries 图书馆 322

Romulus 罗莫洛 35, 106

Rudiae 鲁底亚人 32

Rufus, endows a library 鲁富斯, 资助一座图书馆 276

S

Sabines, territory of 萨宾人, 的领土 161

— library 图书馆 161, 322

Saevius Nicanor 色维乌斯·尼堪诺 173

Sagalassus 萨加拉萨斯 232, 264, 281, 284, 348, 357, 359, 364

— library 图书馆 280, 323, 359

Sallust 撒路斯特 70, 76

Salvius, Atticus's copyist 萨维乌斯, 阿提库斯的抄写员 89

Sammonicus, Serenus, the Elder 桑莫尼库斯, 塞雷努斯（老）218

— his library 他的图书馆 201

Sammonicus, Serenus, the Younger 桑莫尼库斯, 塞雷努斯（小）202

— his library 他的图书馆 202

Samos 萨摩斯 56, 201, 323

— library 图书馆 323

Sarsina 萨尔西纳 36

Saura, architect 蜥蜴, 建筑师 335

Scaevola, P. Mucius 斯卡沃拉, 穆西乌斯 13, 16, 17, 23

— *Annales Maximi* 《大年代记》 13

Scaevola, Q. Mucius 斯卡沃拉，穆西乌斯 47, 58, 77, 331

Scepsis 司凯昔斯 323

— library 图书馆 323

Scipio Nasica, P. Cornelius 西庇阿·纳西卡，高奈留 38, 47, 142

— demolishes first Roman theatre 拆除第一个罗马剧院 38

Scipionic circle 西庇阿的圈子 46, 47, 48, 56, 77, 142, 203

Scopas 斯科帕斯 151

Scopelianus of Clazomenae 克拉佐门尼（地名）的考普利安斯 204, 218, 244

Secundus, bookseller 塞孔杜斯，书商 164, 178, 179

— handles Martial's works 处理马提亚尔的作品 178, 179

Secundus of Athens, 'the silent philosopher' 雅典的塞孔杜斯，"沉默的哲学家"

sophist 智者 244, 265, 312

Sedigitus, Volcacius 塞迪吉图斯，伏卡西乌 107, 172

Seleucus, grammarian 塞留库斯，语言学家 139, 155

Seneca, Lucius Annaeus 塞涅卡，卢西乌斯·阿奈乌斯 142, 156, 161, 164, 176, 184

Septimius Severus, Emperor 塞提米乌·塞维卢斯，皇帝 179, 180, 200, 201, 205, 219

Septimius, Publius, architect 塞提米乌，普伯里乌，建筑师 370

Serapio of Antioch 安提阿的塞拉皮奥 85

Serenus, Quintus 塞雷努斯，昆图斯 218

Servius, grammarian 塞维乌斯，语言学家 16, 23

Servius Claudius (Clodius) 塞维乌斯，克劳狄 69, 70, 82, 111, 168, 172, 212

— his books acquired by Cicero 他的书被西塞罗购得 82

— steals an unpublished book 偷一本未出版的书 69

Severus, architect 塞维卢斯，建筑师 214, 335, 336

Sextius Paconianus 塞克提乌斯·帕康尼纳斯 139

索 引

Sextus, friend of Martial 塞克斯都，马提亚尔的朋友 178, 349

Sibylline Books 《西彼拉圣书》 27, 122, 134

Sicyon 昔居翁（伯罗奔尼撒半岛东北部的一个城市） 100

— library 图书馆 100, 323

Side 昔德 299

— library 图书馆 299, 323

SiliusItalicus 西留斯 352

Silenus, architect 西勒诺斯，建筑师 329

Sinnius Capito 辛纽斯·卡皮托 180

Sinope 昔诺佩 76

— library 图书馆 231, 323

Siro, Epicurean philosopher 西洛，伊壁鸠鲁派哲学家 227

Sisenna, L. Cornelius 西森那，高奈留 107

Smyrna 士每拿 156, 204, 218, 219, 231

— library 图书馆 231, 323

— Museum 博物馆 231

Socrates 苏格拉底 58

Soli 索里 300

— library 图书馆 300, 323

Sophocles 索福克勒斯 34

Soranus , Q. Valerius 索拉努斯，瓦勒留 58, 107

Sosibianus, poet 索西比亚诺，诗人 200

— library 图书馆 200

Sositheus, Cicero's 'reader' 索西塞乌，西塞罗的"读者" 83

Statius , P. Papinius 斯塔提乌，帕庇纽斯 182, 198

Stertinius, literary scholar 斯塔提乌斯，文学学者 48

Stertinius Xenophon, Gaius 斯塔提乌斯·色诺芬，盖乌斯 274, 275

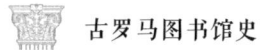

— endows a library 捐赠一座图书馆 274-275

Stertinius Xenophon, Quintus 斯塔提乌斯·色诺芬, 昆图斯 274

Stesichorus of Mataurus 马托鲁斯的斯特昔科鲁 54

Stilo Praeconinus, L. Aelius 斯提罗·赖柯尼努斯, 埃利乌斯 17, 36, 55, 58, 64, 67, 69, 169, 180, 269

Stoa（Stoic school）斯多葛学派 3, 48, 248

Strabo 斯特拉波 56, 83, 100, 108, 231, 334

Suessa Aurunca 苏埃萨·奥伦卡 224

— library 图书馆 224, 323

Suetonius 苏维托尼乌斯 28, 50, 59, 65, 68, 70, 124, 131, 136, 137, 140, 142, 156, 173, 180, 198, 212, 264, 275, 361

Sulla, Faustus 苏拉, 福斯图斯 72, 83, 152, 168

— his library 他的图书馆 83

Sulla, L. Cornelius 苏拉, 李锡尼·高奈留 72, 74, 75, 78, 83, 93, 100, 196, 212, 217, 332, 349

— his library 他的图书馆 83

Sulpicia 苏尔皮西 175

Sulpicius Rufus, Publius 苏皮西乌·鲁富斯, 普伯里乌 47

Sulpicius Rufus, Servius 苏皮西乌·鲁富斯, 塞维乌斯 58

Syracuse 叙拉古 34, 56, 140, 154

— library 图书馆 154-155, 231, 323

Syros 叙罗斯 323

— library 图书馆 323

T

Tabularium 国家档案馆 343

Tacitus, Cornelius 塔西佗, 高奈留 198, 274, 275, 335, 352

索　引

Tamphilus , M. Baebius 坦皮鲁斯, 拜庇乌斯 14, 22, 96, 142

Tarentum 塔壬同 8, 9, 11, 27, 212

Tarquinia 塔尔奎尼亚 9

Tarquinius Priscus 塔奎纽斯·普利斯库 9, 13

Temples 寺庙

— Apollo 阿波罗 122, 133, 134, 136, 137, 151, 153, 344, 349, 362

— Asclepius 阿斯克勒庇俄斯 275, 276

— Minerva 密涅瓦 29, 53

— Saturn 萨图恩 16

— Venus 维纳斯 132, 215, 336, 338, 343

— Vespasian 韦斯帕西安 224

— Zeus 宙斯 357

Teos 忒奥斯 323, 330

— library 图书馆 323

Terence 特伦斯 40, 42, 46, 56, 57, 58, 72, 169, 173, 212

— his library 他的图书馆 212

Terentia, Cicero's wife 特伦提娅, 西塞罗的妻子 111

Tertullian 德尔图良 58

Thales of Miletus 米利都的泰勒斯 112

Thamugadi 塔穆加迪 232, 290, 364

— library 图书馆 290-293, 323

Themistius 忒弥修斯 207

Theocritus of Syracuse 叙拉古（地名）的特奥克利托斯 32, 125

Theodore of Gadara 伽达拉的西奥多 139

Thessalonica 帖撒罗尼迦 267

— library 图书馆 265-267, 323

Thrasyllus 塞拉绪罗 139

Thucydides 修昔底德 64

Thyillus, customer of Atticus 叙依鲁斯, 阿提库斯的顾客 96, 100

Tiberius, Emperor 提比略, 皇帝 49, 139, 140, 143, 176, 182, 352

— his libraries 他的图书馆 363

Tibullus, Albius 蒂布卢斯, 阿比乌斯 175

Tibur 蒂布尔 255, 260

— libraries 图书馆 257, 323

Tiro, M. Tullius 提罗, 图利乌斯 111

— publishes Cicero's correspondence 出版西塞罗书信 111-112

Titus, emperor 提多, 皇帝 137, 138, 184, 213

Tomi 托弥 21, 176

Torquatus, Titus 托夸图斯, 提多 58

Toulouse 图卢兹 188

Trajan, emperor 图拉真, 皇帝 185, 186, 214, 235, 236, 237, 242, 243, 307, 335, 336, 342, 360, 361

— Forum 广场 311, 340, 348

Tralles 特腊勒斯 231, 357

Trebatius 特巴提乌 333

Trier 特里尔 188, 223, 295

Troy 特洛伊 35, 124

Tryphon, bookseller 特里丰, 书商 164, 179

— handles books by Martial and Quintilian 处理马提亚尔和昆提里安的书1 64,179

Tubero 图伯洛

Tucca, Plotius 图卡, 普罗提乌 121, 125, 228

Tullia, Cicero's daughter 图利娅, 西塞罗的女儿 78

tutors, private 家庭教师, 私人的

索 引

— grammatici 语法学家 68-72

— philosophers 哲学家 43-44, 47-49, 204-205

— rhetoricians 修辞学家 107

Tyrannio the Elder, of Amisus 老提拉尼奥，阿米苏的 5, 75, 82, 83, 84, 109, 111, 201

— his library 他的图书馆 83

— praised by Cicero 受到西塞罗表扬 84

Tyrannio the Younger 小提拉尼奥 111

U

Universal Library of the Ptolemies 托勒密的世界图书馆 45

V

Valerianus, bookseler 瓦莱里安，书商 179

Valerius Cato Publius 瓦勒留·加图，普伯里乌 57, 107

Valerius Flaccus, Lucius 瓦勒留·福拉库斯，卢西乌斯 44, 55, 85

Valerius of Ostia, architect 奥斯提亚的瓦勒留，建筑师 334

Vargunteius, Quintus 瓦恭泰乌，昆图斯 68, 169

Varro, M. Terentius 瓦罗，特伦提乌斯 36, 55, 64, 65, 66, 67, 69, 77, 88, 89, 91, 92, 93, 97, 100, 106, 113, 132, 141, 169, 174, 202, 217, 227, 306, 330, 339, 349, 352, 370

— his library 他的图书馆 67

— his life 他的一生 64-65

— his writings 他的作品 66-67

Verus, Emperor 维鲁斯，皇帝 245

Vespasian, Emperor 韦斯帕西安，皇帝 179, 180, 248

Vettius, Chrysippus , architect 威提乌斯，克律西波，建筑师 333, 344, 370,

372

Vienna 维也纳 178

Vibius, slave of Atticus 维庇乌斯，阿提库斯的奴隶 84

villas 别墅

— of Cicero 西塞罗的 80

— on Delos 德洛斯的 267

— of Hadrian 哈德良的 255-262

— of Piso 庇索的 227

— of Pliny the Younger 小普林尼的 199-200

Virgil 维吉尔 7, 16, 29, 72, 120, 121, 122, 124, 125, 128, 130, 131, 141, 142, 152, 166, 169, 173, 174, 175, 211, 227, 242, 353

— bequeaths his writings 遗赠他的作品 125

— his librarian 他的图书管理员 125

— relations with Augustus 与奥古斯都的关系 124-125

Vitruvius 维图维乌 133, 153, 267, 293, 327, 328, 329, 331, 333, 337, 343, 344, 357, 369, 370

— Greek architects 希腊建筑师 329-331

— Roman architects 罗马建筑师 331-339

— writes *De architectura* 写作《论建筑》327-329

X

Xenophon 色诺芬 45, 274, 371

Z

Zeno of Sidon 西顿的芝诺 227

❁ 后记

在《古罗马图书馆史》中，我们梳理了米诺斯文明和迈锡尼文明档案书籍形成的历史条件——一系列的书写线性文字A和线性文字B的泥板——还梳理了从前苏格拉底时期到罗马帝国衰落这段时期存放莎草纸卷的私人和公共图书馆。这些图书馆的共同点是他们拥有了真正的书籍：莎草纸卷，所有的希腊和罗马文献都写在上面。

罗马文学的出现和发展受到了希腊传统的影响，这一过程始于公元前3世纪的最后二十年，但这并没有引起知识分子的世界观和书籍世界的突然变化。此外，除了作为战利品的大量藏书被易手带到罗马外（包括马其顿国王和米特拉达梯六世的皇家图书馆以及亚历山大里亚和帕伽玛图书馆中的大量藏书），在以希腊语为官方语言的世界里，书籍的生产和传播没有受到任何阻碍。直到公元前1世纪，希腊世界伟大的学术和书籍中心仍然位于雅典（那里有各种哲学学校）、亚历山大里亚（亚历山大博物馆和图书馆）、帕伽玛（体育馆及其优秀的图书馆）和罗德岛。然而，此后，随着罗马第一个公共图书馆（约公元前39年）的建立，以及凯撒想把罗马打造成整个帝国无可争议的学术中心和希腊罗马文明知识宝库的抱负，希腊世界学术和书籍中心的位置也随之发生了变化。很多大型图书馆都建在帕拉丁山上皇室的辖区内，每一位新皇帝都会对这些图书馆继续进行扩建，并丰富图书馆中的藏书，之后又建了更多的附属于广场和浴场的图书馆。不仅如此，罗马贵族也努力将希腊人的理念和行动移植到罗马的生活方式中，并在自己的豪华别墅中建了书房和图书馆。在奥古斯都的领导下，双语图书馆被建立起来。这些图书馆有专门存放希腊语和拉丁语书籍的独立建筑，或至少有独立的区域，这两种类型的书籍拥有同样的地位。在凯撒时代结束后，随着图拉真皇帝的即位和来自东方各行省的一个新的罗马公民阶级的出现，东方修建了越来越多的公共图书馆，其中一些建在希腊化世界的历史中心，另一些则建在罗马帝国各个新的殖民地。从狄拉基乌到塔穆加迪，从迦太基到萨加拉萨斯，独立的图书馆和其他附属于学校、体育馆甚至康复治疗中心的图书馆，这使任何喜欢读书的人都有可能学习到希腊罗马文学，从而为一种具有纯粹地方性特征的新文学的繁荣奠定了基础。

这幅希腊罗马的书籍地图并不是一夜之间发生改变的，变化的过程是循序渐进的，在不同的时间影响着不同的地方。公元4世纪早期，随着基督教的崛起和对希腊罗马文学的重新评价，罗马的书籍地图发生了巨大的变化，因为书籍的形式也发生了转化，即形成了由莎草纸或羊皮纸组成的抄本。基督徒和异教徒之间的冲突也带来了灾难性的变化，它导致了大量的书籍被焚毁或将原来书籍上的文字完全清除，再改成别的文字。

本套丛书第三卷将涵盖帝国权力转移到新首都君士坦丁堡之后基督教文学在东方的发展，以及书籍在拜占庭文明中所充当的角色。我们还将详细讨论那些在帝国宫廷的环境中仍然活跃的大型图书馆，以及那些在修道院和其他学术中心出现的图书馆。最后，我们将重点关注在拜占庭帝国的知识生活中，特别是在巴列奥略王朝（Palaeologian，属于拜占庭最后一个朝代，公元1259—公元1453年）和意大利文艺复兴时期，那些属于学者和文人的图书馆。